本书惠承

乐俊民严赛虹基金会赞助出版

智性与反思

——严力研究（下）

Intellectuality and Reflection:

A Study on Yan Li (II)

邱辛晔 选编

易文出版社

I Wing Press, New York

Intellectuality and Reflection: A Study on Yan Li (II)
Edited By Qiu Xinye

Published by I Wing Press, New York
iwingpress@gmail.com
September 2024, First Edition, First Printing
ISBN： 978-1-961768-06-2

智性与反思——严力研究（下）

邱辛晔 选编

文本校对：憬　禾
装帧设计：王昌华
出 版 人：冰　寒

出　　版： 易文出版社·纽约
版　　次： 2024 年 9 月第一版，第一次印刷
字　　数： 总 450 千字
定　　价： $50.00

Copyright © 2024 by I Wing Press, all rights reserved.
No part of this book may be reproduced in any form or by any electronic or mechanical means including information storage and retrieval systems, without permission in writing from the publisher. The only exception is by a reviewer, who may quote short excerpts in review.

作品内容受国际知识产权公约保护，版权所有，侵权必究

下册目录

第二部分 评论与对话（下） 353

用更强烈的点穴法表达观念
　　——严力访谈录 / 353

森林中的一棵树
　　——诗人严力专访 / 362

以自己为邻 / 368

严力：画布上的黑色圆舞曲 / 378

严力：把诗稿缝在画布上 / 384

中国诗人的那张脸：严力 / 387

用最黑暗的方法头也不回
　　——诗人、画家严力专访 / 391

严力：诗人是理想者也是行动派 / 401

感受严力的纽约 / 406

对失去美好事物的考问
　　——严力《还给我》解读 / 410

关于艺术融合兼谈诗人的自觉性 / 414

2018年"在艺"视频直播实录 / 418

聊聊三个重要的年份 / 437

嚴力演講：畫出體內的風景，以詩歌建設文明 / 447

嚴力：詩，作為一樁超現實裝置 / 487

不能让"喊"再次睡过去 / 490

读出纽约传奇的关键词
　　——严力小说精选集选编后记 / 494

领航者
　　——读严力诗歌有感 / 501

严力，在纽约另起一行　/ 504

中国唯一一本写 911 的长篇小说　/ 534

严力：首次与二十一世纪共进晚餐　/ 538

从一个虚词到一个时代的见证者
　　——严力诗歌走向与剖析　/ 550

诗评三篇　/ 556

"建设内心的文明"
　　——严力油印诗集观察　/ 563

Yan Li, Prototype for A New Generation
　　A Tribute to A Friend Who Changed My Life　/ 578

Situating The Artist:
　　Yan Li and the Interstitial Urban　/ 594

严力的反思性诗学与诗歌写作　/ 615

第三部分　媒体报道..688

海外新诗座谈纪实
　　——第一届法拉盛诗歌节纽约圆满结束　/ 688

"诗意当代：我与我的 40 年——严力绘画个展"
　　在临港当代美术馆举办　/ 696

第二部分 评论与对话（下）

用更强烈的点穴法表达观念

——严力访谈录

采访人：林善文 2012.9.30

严力，当代著名作家，诗人、画家，1954年生于北京，1985年从北京赴美国留学，现居美国纽约。1987年在纽约创立一行诗社并出版《一行》诗刊，任主编，已出版的主要诗集有《严力诗选（1976—1985）》《这首诗可能还不错（1985—1989）》《黄昏制造者（1989）》《严力诗选（1990）》《严力诗选（1991—1994）》《多面镜旋转体（1989—1999）》，已出版的中短篇小说集有《纽约不是天堂》《与纽约共枕》《纽约故事》《最高的葬礼》《母语的遭遇》《遭遇911》，已出版的画集有《从我开始修补（2000）》等。

问：首先谢谢您能接受我的采访，在国外的华人作家里，大概您是第一个写出以911事件为主题的小说的吧，我指的是您在2002年出版的小说《遭遇911》，这部小说其实就是911事件发生后不同的人的表现和心态变化，您用虚拟和纪实互相交错的写作手法为中国读者打开了另一个对911事件的独特视角，想问的是，您是如何想到写这部小说的，911事件给您留下的什么，对您的写作有很大的影响吗？

严：这部小说的写作原因很清楚，那就是为什么在如此"文明"的时代，还会有自杀性的人体炸弹出现。小说的创作过程得益于媒体的不断报道，使我在集中解决某些情节的时候可以跳开，因为许多东西其实只要点到为止，读者并不比作者缺少知识。我得出的结论是：人类文明的发展史到了二十一世纪之后，也只是一个初级阶段，因为还有民族、国家、宗教等集团利益的诱惑，这些利益将拯救战争，不是拯救和平。9.11事件给我留下的是所有的知识分子在思维判断上都应该是独立的，要以个人为本位，不是以民族、国家、宗教为本位的。所以，教育是很重要的，因为每个人出生之后，如果没有良好的、全面的教育，都会引发偏激的东西。伊斯兰国家有过于偏激的宗教教育，美国有过于优越的国家强权的灌输……如何解决是很难的事情，人类文明的发展所进入的轨道，也许一开始就偏离了应该有的真理之路，比如强大的宗教信仰，我这样说是因为作为一个艺术家，我认为任何扼杀个性的集体意识都具有犯罪的伏笔。"遭遇9.11"这本书的写作使我注意到文明史的穴位多么重要，点穴和梳理皮毛有着天壤之别，使我对以后的写作要求更高，也就难以轻易地去动笔写作小说。

问：您是朦胧诗歌的代表人物，当然，有很多评论家说您是朦胧后期的代表，而且，还说您的诗歌在20世纪90年代才显现出重要的意义，这个评价也许与您在国外有关。但是我注意到，在您去美国到现在，您一直在参与着当代汉语诗歌的发展，并且保持着旺盛的创作，您不仅是在诗歌方面，而且在小说方面也有突出的一面，您用您的独特视角为我们展现了华人或者说是华人艺术家在国外的生存状态，那么您所说的"带母语回家"是什么意思，是否意味着您在写作中对汉语的青睐还是与您的处境有关？

严：说我是后朦胧既是事实又不是事实，原因是我在1975年至1985年写作的诗歌，在朦胧诗大量发表的时候，没有发表过，它没有作为朦胧诗来影响当时的人，但是，我写了这些诗。甚至到现在我在当时写的诗歌也还没有在国内以集子的形式出版。所以，人们更多的看到的是我在1985年出国后所写的诗歌。我也是出于现代诗不容易被发表的经验，于1987年在美国成立了"一行诗社"并出版"一行"诗刊，帮助国内的年轻诗人发表他们的诗歌，这是一个话语权的问题。至于带母语回家也就理所当然了，说到带母语回家，还有很多可说的，与你最后的一个问题一起回答。

问：您的小说在形式上特别开放，并且具有很大程度的荒谬性，用评论家的话说是注入了先锋的因素，对这个你如何看？

严：在大量信息涌现的当代，人们对一般的信息已经麻木，也就是说一般的信息刺激不了人们去思考问题了，作者所想表达的观念必须用更强烈的手法去点出问题的穴位，这也与广告学有关联，一般的广告不造成观众的记忆。所以如今的写作也一样，一个新的观念是作者从生活中提炼出来的"药"，让人单单吃药是比较枯燥无乐趣的，于是就必须把药碾碎做在菜肴里面，在吃食的同时又吸收了观念，这里的技巧是如何掌握分寸。其实，许多文艺形式都在摸索能让人更好地吸收的经验。

问：读你的作品很难想象您是50年代出生的作家，在您的作品中，我发现你特别关注现实本身，对现实您的观察很锐利，并且把你对现实的思考放大在您的作品里，这种放大有时候还转化为了幽默的想象，比如在您的小说《血液的行为》里您让主人公异想天开的让可口可乐替代自己的血，在一篇小说里您还让一条宠物狗喝多了打电话，使一个脚踩两只船的家伙露了马脚——这些看起来很怪的想象您是怎样琢磨出来的，它们对您的作品是否有着很重要的意义？还是您觉得这样写特别有意思，可乐？

严：这个问题与上个问题其实是一样的。关于幽默我想再说两句。幽默是许多不同的知识团结起来所产生的力量，幽默是文明的一种高度，幽默的利益是拉进入与人的距离，

幽默是一个良好的生活市场的基础。如果宗教、国家、民族的想法里面多一些幽默，我们就要给战争开追悼会了，而那些没有地方发挥作用的战斗机，估计就要被我用来当作宠物来养着玩了，比如在鸟笼里面养几架战斗机。

问：从朦胧诗开始，您几乎不间断的参与着当代汉语诗歌的发展，八十年代末您在美国创办《一行》诗刊，在汉语诗坛最为寂冷的年代，只手扶植起了九十年代众多国内青年实力诗人，在诗坛享有很

高声誉，您为什么会想到办这个杂志的？而且是在国外，我想您遇到的困难一定很大吧。现在《一行》的情况如何？

严：前面已经提到过一行的创办理念。现在一行早就完成了它的使命，因为大多数前卫的诗歌都没有发表上的困难，而且在网上交流也很快。一行作为一个已经出生的"人"，不能因为他完成了某种事业之后就把他活埋了，所以一行也被安排到网上去了，他的地址是：www.yihang.net 不过，他不再具有过去的色彩，他如今更像一个平民生活在平民应该有的寿命中，对现代的日常生活发表大家都在发表的感受。

问：您是从70年代开始诗歌写作的，而我则是1972年出生的，但是我发现在阅读您的东西并不像阅读其他作家的作品需要一个适应然后再深入的过程，这个我想要取决于您对新的事物的敏感和接受，在您的诗歌里，我有时候可以读到摇滚乐的节奏，而在您的小说里，尤其是您在小说〈遭遇911〉里把电脑和互联网作为主要道具，而您的绘画也明显的具有前卫的色彩，这也许可以说明一个作家可以在多种艺术形式里倾吐内心的话语，我想这大概就是您作品保持着先锋姿态的原因吧？我还忘了您的摄影作品，顺便提一下，在您出版的小说里，配的那些照片我非常喜欢。

问：其实关于您，大家最知道的是您的诗歌，比如您那首被广为传诵的《还给我》，在这里和您具体的谈论诗歌是需要浪费您的很多时间，只想问一个简单的问题，诗歌给您带来了什么？

严：诗歌给我带来的是如何更确切地表达人类的内心感受，因为对准确的追求，引起了对内心更深入的体验，也就更能理解作为同类的其他人的内心。诗歌在表达上还有一个特点：因为人类所发明的文字是有限的，我们不可能说已经发明出来的文字足以表达人类的内心了，于是诗歌用一些词语的撞击来产生词汇不能直接表达的意境，以此丰富了我们表达的范围与深度。诗歌最终还是为了人们更深入地了解自身，寻找生命的意义，

寻找灵与肉在和平范围里面所能达到的和谐。尽量克制愚昧的动物性，发挥积极的动物性，后者就是与大自然的生存环境结合人类

的智慧进行良性地互动。在我的那首"还给我"的诗歌中包含了这样的愿望。

问：目前，当代汉语诗歌出现了新的景象，60年代、70后甚至80后，口语诗歌尤其是下半身诗歌已经打破了以前第三代诗人所提出的种种诗歌观念，对这些你了解吗。您的观点是怎样的？

严：每一代人只能对自己的时代有所表达，这是前辈与后代都不能替代的。而每个时代都有历史时期的局限，这也就形成了各自的特色。作为新的观念，也是建立在以前的基础上而产生出来的，是继承与发展的现象。我认为目前的中国诗歌状态，正在形成一个新的飞跃，因为市场的全球化必定会引起对观念的全球化的讨论，这就提供了一个契机：是为某一个地区、某一个国家、某一种宗教、某一种制度来写人，还是为整个人类来写？是点作为民族之人的穴位，还是点作为人类之人的穴位？

问：好多人评价您的作品说是先锋与前卫，而同时也有很多人觉得先锋与前卫不过是个幌子，您是如何看的？它们仅仅是一种姿态吗？

严：要有所前进，前卫就是必须的。享受既有的成果也没有错，它们并不对立。对立的是只允许后者不允许前者，或者只允许前者不允许后者，两者都是独裁。我在探索前卫的同时也享受已经作为成品流行的别人的成果。百花齐放才是人类真正的生活氛围。在与人为善的同时尊重别人的选择权。

问：您曾经说过一句话，"中国现代诗发展到今天，已经把诗歌归还给了个人"，这个可以看作是您对朦胧诗到现在的当代汉语诗歌发展的总结吗？

严：从某一点来说是这样的。我希望有更多的独立思考的知识分子，少一些团体的、流行的思想集团。团体和流行都具有一定的盲目性，也是一种必不可少的过渡，但不要总是在过渡中，要成长就会导致最后的独立性。

问：随着互联网的飞速发展，网络文学开始兴起，网络诗歌也因此成为当代汉语诗歌不可忽视的力量，您经常上网吗？据我所知，一行诗刊也有自己的网站,对网络诗歌可以谈谈您的观点吗?

严:互联网是很优越的。信息的传递使人们有更多的数据来理解时代和人类自己。网络诗歌并不改变我们对诗歌质量的标准,它更多地激发创作诗歌的热情,在网上即兴创作其实是一种过渡,最后诗人还是会在网下修改之后贴到网上去的。互联网让诗人有更多发表的机会。

问:您在纽约生活了许多年,对美国这个国家您有什么样的感触?现在,美国已经打响了对伊拉克的战争,网络上也出现了大量的反战诗歌,对这场战争您怎么看?对国内诗人的反战态度,当然,也有一些诗人是主战的,您持怎样的态度?

严:美伊战争有一个媒体都不太愿意讲出来的事实:伊拉克是一个独裁的军政府。这一点对现代社会来讲,它的倒台没有人会说不好。可是,这不是一个能让其他国家对他发动战争的理由,因为这应该让自己的人民去推翻它。到目前为止没有一个国家运送武器或者派兵去支援伊拉克。美伊战争确实很复杂,其中有太多的各国的利益。联合国也无法说服伊拉克改革。作为化学武器这是一种说词,任何杀人的武器都是可怕的,武器能把人杀死的结果是一样的。所以美国所说的杀伤性武器比起美国的上千枚导弹又有什么不同呢?我这样说也是一种数据,让我们来思考。我肯定是反战的,也同时是反独裁的。

我同情那里的人民,我希望联合国能总结经验,为管好人类的社会秩序做出更多的努力。

问:您从事绘画创作已经有20多年了,您的作品曾经在纽约、东京、旧金山、香港、伦敦、巴黎的著名画廊和一些大学如美国圣劳伦斯大学、哈佛大学展出,想问的是,您的作品在国外受欢迎的程度如何?您的绘画作品我注意到,有一个"补丁"系列,您的诗歌和这个系列怎样的关系。还有,您觉得这两种形式哪一个对您更重要些?

严:既写小说和诗而且又画画,如何调节这样两种状态。另外会不会因为这样而使小说写不好画画也不能全力以赴,因为一个人不能"三心两意"。其实,这是我经常遇到的提问,所以也知道如何回答，我说当一个人只有一种工具的时候，干什么活都只好用这件工具，一个其实很适合用画画来表现的灵感出现在你的脑子里面，但是你只会写作，于是就勉强用文字来表现这个灵感。而一个画画的人如果有了一个可以用文字来表现的灵感，因为不善于文字就只好用颜色来表现。举我下面这首名为"线"的诗来讲吧：宏观是所有事物简捷的轮廓线/ 我把全部的线收集起来/ 打包运往纺织厂/ 然后我把所织成的宏观的布/ 剪裁成流行的款式/ 沿着女士们具体的曲线再垂延三尺。这首诗能用画来表现吗？你们在脑子里面想象一下……不能，因为诗是它最好的表现方式。另外一首关于维纳斯雕塑的诗，大家都知道维纳斯这座雕塑的双臂断掉了，因为没有参照的图片和文字记载，所以至今没有人说要给她恢复双臂，而我们也看惯了没有双臂的维纳斯，我写了一首诗，其中的一段是这样的：今天/ 我久久地坐在进餐的位置上反省/ 很小的食欲在很大的盘子里呻吟/ 身体中有许多个欲念来自遥远的前世/ 我清楚地忆起了她/ 我曾强行挣脱她的拥抱/ 她留在我脖子上的两条断臂/ 今世依然无法接上。你们再想象一下，它能用画面来表现吗？所以这样的灵感只有文字来接受表达的任务，因为文字最适合。反过来讲，适合画画的灵感和题材，文字也不能替代，比如我有一张画，一架从天而降的老式唱机的唱针搭在一个老农所戴的草帽上，草帽的螺旋纹暗示了唱片的螺旋纹，老农正在擦汗。此画的标题是：歌唱劳动。你们想象一下，我刚才对此画的语言解释有这个画面强烈吗？这就是说我有三件表达工具，一个灵感来了，先分析它适合用哪一件工具来表现，适合颜色线条的就用画，适合意会的就用诗歌，适合讲故事的就用小说来铺展情节。很多人认为角色转换是很难的事情，其实每个人每天都在角色转换，上班的时候是商人或员工，下班后是父亲或丈夫，与朋友一起喝酒时，又是另一个角色。当然还有一个时间划分的问题，个人的时间有限，你的时间划分了三份，而有的人就用全部的时间钻一样，会不会比你更好呢？我认为这不像搬砖头，你搬一个小时就没有别人搬三个小时搬得多，文学艺术的创作绝不一样，勤奋是需要的，但更多的是悟性，有没有悟性相差太大了。这并不是说我这三样东西都已经表达得很好，现在讲市场，如果我所进行的这三种创作都受到一定数量之观众读者的欢迎，才能证明我干得还不错。另外，我也是在不断的摸索，总的来讲，是对人性的体会，而每个时代承载人性的情节都有所不同，其他时代的人是不能替代的。所以，讲得通俗一点，任何文学艺术的作品都是在为以后的文明进程提供修正的数据，需要认真对待。

问：近年来，您一直在纽约和上海之间奔波，对国内现在的状况，你有什么样的感想？最近您有新的创作计划吗？

严：我这几年是经常回国，并开始在国内做些事情。不过我这里要说的是，它让我想起中国一句常常形容老华侨归国的话：叶落归根。因为这句话的含义是指老了之后必然想回家的感觉。现在留学生归国的情况却不是这样，而是年纪轻轻学业有成地回来了，或者甚至是认为在国外发挥不了才能而回来的，所以也不是另一句老话所说的"衣锦还乡"。确实，当前这个世界几乎所有有抱负的年轻人都在努力寻找适合发挥才能的地方，乡下没有就到城里，小城没有就到大都市，中国没有就到国外，国外没有再回中国。这一切当然是自然法则、人之常情。但是说到留学生回国，还有一点是绝对不能忽略的，那就是母语的原因，母语对一个人的生活质量所起到的作用要比想象的强烈得多，首先，一个人的母语是这个人身体中无形的器官，而其他有形的器官都依靠这个无形的器官来表达它们的感受，所以这个器官虽然无形，但重要性则是第一位的。一般来讲一个人形成母语的机会只有一次，虽然有些人出国后的英文说得很流利，但是绝对与母语的表达不能相比，所以当一个人的母语表达习惯已经形成，那么母语氛围就成为他（她）的生存之家了，这个家是永生永世的，这个家是文化和生活表达习惯积累下来的氛围，所以我认为，许多从国外回来的人都有这种融化在身体里的需要，起码，它在导致回来的因素里占有一定的百分比。这也就是说我自己就是有这样的原因才回来的。不瞒你说，关于这种回家的感觉，我就写过一堆诗，甚至讨论母语对人的性行为的影响。下面是一首我的名叫"回家"的诗：

回家了/ 我甚至把肩膀也脱下来放进衣橱/ 松弛下来的弹簧/

陷入自己的沙发

　　回家了/ 把与枕头失散多年的梦/ 还给睡眠

　　回家了/ 脸上的僵局不得不被打破/ 微笑从眼角奔向下巴/ 又奔回眼角

　　回家了/ 虽然茧子还在奔波的脚上/ 余音未消/ 但已转换成回味的咏叹调

　　回家了终于回家了/ 我看到的所有家具/ 比猫还会撒娇

　　正是因为有了海外生活在非母语氛围的经历，才让我觉得表达的重要性，而且还包括言说母语时的表情，这种表情也是从属于这个母语的，英文有英文言说时的从属表情。所以在经历了许多年的非母语的生活之后，回家后的这部分轻松是身体和精神两方面的，你的表情也能被别人读懂的地方，肯定是你的家了。当然，作为人类这个大团体，追求幸福的日常生活都是艰难的，人类有许多一样艰辛的事物，这就是人性的共性和普遍性，而相异的就是语言和生活的习惯，所以在普遍的艰难中再加上语言和生活习惯的改变，不就是更艰难了吗？所以有不少人说自己出国是"洋插队"，就是这个道理。

　　我曾经写过一篇名为"带母语回家"的长篇小说，发表在1995年第三期的云南出版的《大家》杂志上。因为我是1994年开始经常回国的，94年底开始写这篇小说，用了四个多月完成的。发表后，有人曾经就这个题目询问我的想法。我记得当时是这样回答的，我说许多人回国带电器产品和国内还没有的洋货，还有人带孩子回来探亲，我是带母语回来探亲的，"她"已经有很多年没有和"家人"团聚了。并且也有诗为证：让她们靠岸吧/在海外耗尽了淡水的母语/已经在用自己的血解渴。

　　当然我这里讲的是回国者语言上的那部分原因，现在有很多人是带着高新技术的知识回来的，他们能在母语环境中发挥这种高新技术当然是更愉快的一件事情，所以现在有许多更愉快的人叫"海归派"。

　　*中国南方艺术 2012.9.30 "严力访谈录"。 标题为选编者所加。

森林中的一棵树

——诗人严力专访

李天靖

严力很健谈。谈起生活,率性卓尔。

第一次见面,在上海虹桥水城路一家川崎火锅城吃火锅。网络诗歌的小鱼儿、湖南的诗人罗志成先生也作陪。

他的头发恰到好处地染成淡淡的暗红,抑或日久褪色。着条形衬衫,牛仔裤,显得潇洒利落而颇具现代。大家边吃边谈,一见如故,也许只有诗人往往能置身于现代人心理设防之外,独享一份自在自得的快乐。

他说很小就随父母去了湖南的一所干校,在离父母很远的县城读小学开始独立生活,十五岁就学会插秧、割稻。他说,很希望有机会回去再看一看那个从小学习、劳动过的地方。

他说生活不管把他扔到何处都能活下来——让我颇多感慨,这就是许许多多养尊处优者想成为诗人而终不能如愿的原因——记得在北京一次诗歌笔会上,邹静之先生说,谁能自诩为诗人?除了天赋外,你有没有一道春天的伤口?还需要学识,那就要不断地学习。严力留学美国,在一个完全陌生的国度学习,生活的种种磨难可想而知。为此,他写了不少关于《纽约》的诗,其中有这样的诗句:

到过纽约就等于延长了生命/一年就可以经历其他地方十年的经验/集中了人类社会所有种族的经验的那个人/名叫纽约

在纽约可以深入地发现/自己被自己的恶毒扭曲成弹簧/世界上许多有名的弹簧/都出自纽约的压力

住在纽约的蜜蜂们/甚至学会了从塑料的花朵里面吸出蜂蜜

严力说在上海曾尝试办了两个公司,但现在还是以绘画、写作为

生。他经常北京——纽约——上海三地跑,但他的根在中国这个故乡。他在他的一首《根》里这样写道:

我希望旅游全世界/我正在旅游全世界/我已经旅游了全世界/全世界的每一天都认识我的旅游鞋/但把我的脚从旅游鞋往外挖掘的/只能是故乡的拖鞋

他将社会读如一本大书、一所没有围墙的大学,而一生的学习就在其中;大半人生就这么过去了。但作为诗人他却有幸获得了一种世界性的眼光。

今年七月底要到爱荷华大学完成为期三个月的教学,每周上几节诗歌。这对他来说驾轻就熟而又游刃有余。

他说,上海与纽约居住上没有什么差别了,但在理念上、新闻上距离仍然很大。

严力很健谈,却让他的画自己言说。他给我一本名为《从我开始修补的新世纪》的画册——当时,我有点意外。

白封面凸现蓝天中的"我"字,勾撇锐利而张扬,笔画上却缝上不少补丁,这个意象的表现力,让我惊愕;画册的名字,显示了他画家诗人的勇毅、敏锐以及对人类终极关怀的热忱。

作为"修补系列",他给每一幅的命名都意味深长。譬如《在现代与原始之间》是一根蓝色电线,一端的插座插在电源上,另一端连通一把破旧不堪的折扇,令人联想到从扇子到电风扇以及空调的发明(文明)过程;《修补嚎叫的钢琴》则是一张布满针脚补丁的嘴巴,就连张嘴嚎叫微微伸出的一条肉色舌头上也缝上两块蓝布补丁……

在他一幅幅画中,修补的意象触目惊心,有书籍、光线、褥垫、衬衫、领带、酒瓶、眼镜、天空、脸庞、阳伞、座椅等等,意象多元的组合,使得一幅幅画获得灵性与自足生动的表达。每天被无数人目击而又屏蔽的世界,刹那间呈现出她的自身,既耐读而又发人深省。这个"修补系列"中出现机率最多的是不同颜色的苹果意象组合,都无一例外被或多或少打上了不同色块的补丁,诸如《养伤》《千疮百孔的欲望》《苹果的情节》《纽月连绰号都要修补》《甚至光线也是具有心灵的》等作品述说人类的情感在物欲横流的世界里二律背反的现状，却又持乐观积极的态度。他八十年代的姐儿们刘索拉说，严力近期的画有装饰性，苹果是伊甸园的春药，补丁是"创可贴"。严力说《修补更是一种审美方式》——只用画说话，显得豁达、平和，显得形而上，而令人心悦诚服——哲人常说，形象总是大于思想。

第一次我去严力家，走进他顶楼宽敞书房，两边墙上挂着显然是另一个系列的几幅画，它们是从窗景系列演变而来的：画中许多的具象，诸如人物、帽子、水杯、树的支干甚至树上的众多果实，以及高密度升空的气球都被画上严丝密缝砌墙的砖，令人窒息，飘在空中的气球居然是用砖头砌出来的！这种异化的大都市的和平被准确地表达出来，充满了对思维的刺激；对视觉的压迫感与冲击力。严力说这些画，就是他曾居住在香港、北京、上海和纽约等大都市里所感觉与领悟到的见证。城市异化的陷阱如今使多少人的生活目的渐次迷失，为争取几间砖石砌垒的空间，必须全力以赴地用一生中最宝贵的二十年甚至三十年来挣钱还清房屋贷款，这样大代价地用生命来换取砖头，肯定有什么地方错了，肯定是一种异化。说到如何解决，严力说这需要大量的讨论，比如说把住房搞成一种社会福利，目的是为了让有限的生命，能够更多地发展其他方面的文明。计划经济的观念并非错误，关键是这个计划由谁参与，更多社会不同族群的参与，才会有所平衡。

严力谈诗，谈得最多的还是诗歌。

他的这些画让我想起他的一首脍炙人口的诗《还给我》：

请还给我那扇没有装过锁的门/哪怕没有房间也请还给我/请还给我早晨叫醒我的那只雄鸡/哪怕已经被你吃掉了/也请把骨头还给我/请还给我半山坡的那曲牧歌/哪怕已经被你录在了磁带上/也请还给我/请还给我/我与我兄弟姐妹的关系/哪怕只有半年也请还给我/请还给我爱的空间/哪怕已经被你污染了/也请把环保的权力还给我/请还给我整个地球/哪怕已经被你分割成/一千个国家/一亿个村庄/也请你还给我

即使是画,这些"修补系列""窗景系列",也脱不开他一脉相承的诗的底子——一所谓的诗画同源。

严力说,这首诗的内涵应该说很丰富。你看,诗中"锁"的意象,就是对中国传统文化"路不拾遗,夜不闭户"的那种浪漫理想的怀念,也是对这种与人为善的观念的不断强调,现在谁出门时身上没有钥匙?人与人之间的处处防备已经到了某种过于极端紧张的程度。至于对大都市环境异化的批判,他说生活在大都市的孩子们只能在电影和录音带里面听听鸡鸣与牧歌了;请还给我/我与我兄弟姐妹的关系,这个经验一部分来源于文革时期,一部分则来源于金钱至上的现代生存竞争;最后,"地球上一千个国家/一亿个村庄"的意象,显然是对狭隘的国家、宗教以及种族主义的一种声讨。

他说讨论社会,就要从根上说,诗歌更是这样:一是分析人性,二是发展新的观念。

每一个个人要站在客观的立场上来冷眼看自己,针对社会事务,则应该发出自己独立分析和评判的声音,独立才能有机会批评自己,完善自己,也许更能深刻地理解人性,包括人的动物性。

他说独立是这样解释的:森林中每一棵树的位置是不可重复的!每一棵树看世界的角度都有差异,这是真理,无法改变。全面地看世界,就是互补,在互相交流的过程中去达到。

他身上的一种酷,是内在的。他的言谈举止时时闪烁智性的光芒。在关于人的能量问题以及对于人的尊重、环境因素、文明的发展等方面,他都进行着深入的思考。

他说人的本性中有很多能量往往是中性的,没有善恶之分,譬如嫉妒可以使人奋斗,但也可使人去破坏其他人;有些本性可以通过知识和观念甚至法律改造成积极的能量。作为个人,能从其他更多的人身上吸收营养来丰富和壮大,因此不能轻视任何人,譬如有些人反感某某人的某一点时,就把整个人否定了,其中也包括优点;在美国,对个人的尊重首先是用法律保证的,律师因为懂得法律条款,所以总统也是他们的客户之一。一个人的后天努力是必须的,因为有许多东西是不能选择的,譬如父母、家庭条件、母语等等,就因为这样,后天的努力更是我们评价人的方式，嘲笑他人所不能选择的母语、人种、家庭状况等等，简直是不能容忍的愚昧。说到文明，一句中国的老话叫"己所不欲，勿施于人"。但在全人类几千年的文明努力之后，依然是很不乐观的，文明在改造人的本性与动物性的过程中一直步履艰难，人与人的平等更多的是依靠法律的惩罚制度，也必须依赖公正的媒体监督。

他还说，在美国，许多学生毕业后对母校的捐赠是很流行的，证明了教育对人的重要，还有许多捐赠是给公共设施，譬如博物馆、图书馆，与学校一样，博物馆与图书馆也是与教育有关的，这就显出了教育和法律的质量与作用在美国被公众认同的程度。这是社会积极发展所必须要有的价值观念，它可以升华为精神的优良品质。

他说作为一个诗人，一是人与人平等的良知，二是对母语之发展的贡献。

说起语言，它的困境在于表达人性的丰富性面前常常捉襟见肘。譬如汉字，是不是已经够用，回答是否定的，因为人类内心的许多东西还要靠感觉、表情等等的肢体语言来完善，对一种情绪的描写，可能已经发明了四到五个词组，但还是有空间来创造新的词组的。随着时代的发展和新生事物（电脑等等新科技事物的命名和相关的操作名词），在当代的写作中这些新的词汇就可以移情和象征，譬如"点击"这个操作电脑的词，就很有生命力。严力马上现身说法，譬如，"我用激光般的速度点击再点击/追了十几个网站/当我终于可以下载你的感情时/你的版权却已经被他人收购。"严力还说，而另一些以前的词会被淘汰，不再对现代人有移情作用，譬如"蓑衣"，很多现代的城市人看都没有看到过，怎么能用它来象征或移情呢？譬如我在某篇文章里提到我祖母用的缝衣物时的顶针箍，许多现代人也没见过，当他们读到这个词的时候不产生此物的形象和相关的情感。所以，语言有时就像衣裳，挂在衣橱里五年不穿，就不会再穿了。因为有新的在不断替代。另外在外来语中，尤其是英语，有许多值得互相借鉴的语言表达优势。说起现代诗的出路，严力说，前不久还与江苏"扬子江诗刊"的副主编子川说起此事，他说，出路之一在于大力推广现代诗歌的朗诵,让它发出声音和诗人的表情,形成诗歌的立体性,完善对他人的传达。他说,他渴望经常朗诵,主要是朗诵自己写的诗。他对我说,他也很想到中学,甚至到小学去朗诵自己的诗。他已经从他二十多年来的诗歌写作中选出一些比较适合朗诵的诗歌,其中有:《蘑菇》《穷人》《根》《失约》《还给我》《我和太阳之间隔开着你》《永远的恋曲——维纳斯》等等。

严力在纽约十多年,他认为:"我无法想象一个已经写了五年十年中文母语诗的人还可以用第二语言去写诗。也就是我无法想象不用母语而用其他语言写诗能够成为优秀诗人。"只有在异国他乡,才更体会一个人与母语的血液关系,才更体会母语更能抵达表达的深度,文字有它的独特的历史背景、文化背景,必须把创作拿回母语的环境中让人阅读,只有同一母语器官的人们才能吸收全部的营养,不然总是有所欠缺的。

他说,世界上一切牢笼都可拆卸,唯有母语的牢笼无法跨越——这也就是为什么他在美国从1987年以来,与朋友创办汉诗《一行》诗刊的真正原因。至今《一行》已出版了总25期,发表了近千多位活跃在中国诗坛诗人的作品。

与严力见了两次面,真正的了解是在不断阅读他的作品(包括他不断创作的画和小说),没有比这更真实、更透彻、更深刻的了。

李天靖,诗人,上海"中文自修"杂志编辑
注:上海文艺出版社于2002年出版了严力的两本书:
1,《母语的遭遇》中短篇小说集。
2,《遭遇9.11》长篇小说。

2012.9 中国南方艺术

以自己为邻

刘索拉

严力是我们这代独树一格的诗人；是我们这代少有的能永远保持微笑的旁观姿态不停创作的诗人；是我们这代少有的能出色跳迪斯科和伦巴舞的诗人；是我们这代少有的会自嘲的诗人；是我们这代少有的不露伤痕不发酸的诗人；是我们这代少有的不捏造深沉的诗人；是我们这代少有的城市诗人。

我和严力的岁数差不多，从 80 年代起，就有了很多共同的朋友。直到现在，共同的朋友圈还在扩大。他是［星星］和［今天］的一员，那是一群在 70 年代文革最黑暗时期就已开始探索西方文化时尚和创作现代艺术的北京才子们。我不曾属于那一群，70 年代时，连仰慕这些才子的边儿都没沾上过。还是到了 80 年代，由于北京年轻艺术男女的朋友圈，才认识了跳起迪斯科就停不下来的严力。那时候他在舞场上属于聚光，尤其是和他当时的女友在一起跳伦巴舞，给我留下的印象颇深。

记得当时，我认识了很多的诗人和文人，唯有严力跟我说话的时候，我听不懂。因为他不说"人话"，你说今天真暖和嘿，他会用"另起一行"之类的话回答。你要是刚认识这样一个人，还真接不住这种对话！

但当时他属于我们那个朋友圈里一份子，我们就自然成了迪斯科的舞伴，这种舞蹈也没什么舞伴可言，就是两个人对着发疯，谁和谁都没什么关系，有时候突然能疯到一起了，看起来跟 hip-hop 舞蹈大赛有一拼，绝对没有伦巴舞那种雅趣。除了疯跳舞，不和他对话，想要知道他是什么人，就去看一句他的诗。

我认同他的诗句，还曾经为他一首诗"生命就像一座房屋"谱过曲。这个粉丝一当，就一直当到现在。从他 80 年代的诗一直看到他现在写的诗，我明白他比很多人都更早就做了对自己艺术态度的选择：在 80 年代最热火朝天的中国文化复兴一开始，当［星星］和［今天］的才子们最倍受中国和世界关注的时候，他就决定：

"叼着自己的影子
从阳光里
灯光里
甚至迷人的月光里
出去了
永远
出去了"
——（明天的一首狗诗。1986）

他很聪明地选择了作局外人的身份，无论是在八十年代诗歌狂热的国内，还是在九十年代世界热切注视中国诗人的海外，还是归国后各种身份的有空可钻⋯他都一直采取旁观，但并不等于停止和等待。这种局外人的身份，使他一直保持敏锐，一直创作力丰富，不停写诗作画，不停探索他自己的语言独到处和作为当代诗人看社会的视角。他似乎没打算继承或承传中国古代诗人意境；更没打算继承和承传五四或新中国豪情诗歌的壮语；也没打算崇尚俄罗斯乡野伤感文学；也更没打算效仿欧洲晚期浪漫主义的呐喊⋯没有很多现代诗人那种造作的拼凑文字来迎合读者的无知。他很早就选择了一种集各种"灰色"幽默之大成，更加有城市风格的，更轻松又刻薄，自嘲又一针见血，也更加代表当时中国城市青年的语言和情感：

"我梦见米饭在往历史的反方向走
走成米粒
走成稻子
走成种子
又走成米饭
啊
空前的孤独哇

尤其是在吃饱了之后
端着像空碗一样的土地
我的手在发抖"
——《孤独》1988

这位诗人为自己选择的人生态度和他选择的这种简约顺畅的刻薄文字，就像是演奏钢琴练习曲，一直演奏到今，在越来越看似简单的文字音阶中隐藏着诸多对中国当代荒谬的社会风情的嘲讽，对卑微的伪文学家们的挖苦：

尽管当事人在讲解与烹调无关的事
但他还是给身边带有政治光环的人
夹了一筷子表示弯腰的菜
——《现代文学》2014

回顾八、九十年代的中国诗歌界文学界，从中国到海外，诸位才子们辛苦而沉重地扛着中国各时代启蒙文化的承传，在世界对中国文学的种种偏见和误区中挣扎着显露头角，而严力干脆把一切都简化了，选择了最适合自己的姿态生活和写诗。他既没打算当中国的"波特莱尔"，也没打算跟"唐璜"争风流，更没打算跟"布莱克"竞争男性激素，也没打算承担当代中国文学的历史重任。看他的爱情诗歌，就能看到他除了要让自己从光中消失，还要让自己从"当大男人"和大情人的义务中也消失：

"脚踏两只船的时候 最紧张的是睾丸"
"她往我心灵深处更深的地方离去
更深的地方我还没有去过"

"我们之间
虽然有蛋黄和蛋清的感觉
但问题是
蛋壳在哪里"

"过去的朋友回来索取以往的情诗

但题赠已被改过
我常常置创新于羞愧的窘迫"

到了九十年代,他成了个父亲,还试图用惯常的局外口气来解释那掩盖不住的天然喜悦:

父亲的头衔证明了
游走的精子还会游回来
　　——(选自《父亲的头衔》1995)

他终于成了好父亲,不再依赖年轻时简单判断"我住在你那儿是否快活-(生命就像一座房屋。1985)"而行为,他在诗中形容了对生活的新体验:

看着自己在早市上拎着一袋食品
一袋
各种各样的叫卖声
一袋
经过精打细算的脂肪蛋白质以及维生素
一袋
生活的重量
日常是多么的自然
太阳拎着一袋自己的阳光
　　(《早市的太阳》1995)

中年的迷茫
成为了桌上的剩菜
要不要打包
我犹豫了很久
忽然发现
是在家中而非外面的餐馆
此时电视里传出了广告曲
我早就不在乎歌词的意义了
只要有优美的旋律

> 我就会毫不犹豫地跟着哼
> 哼是搅拌成糊状的生命
> 　　《感受》2012

他的幽默使对现实的投降变成聪明的局外姿态：

> 生活从来就没有获得过
> 顺畅表达自己的机会
> 因为生活不可能是顺畅的
> 这就像很多文章里的桥
> 经不起真实的过桥行为
> 所以一看到这些桥
> 就必须从水里游过去
> 　　《短句》2012

而他则把对社会的敏锐观察和失望变成不同的幽默画面：

> 消息传来
> 有点不真实
> 怎么说呢
> 就像避孕套
> 戴在了黄瓜身上
> 　　《诗歌口香糖》17.2012

> 你还知道只要使劲地踮起脚尖
> 几乎每个人都能看到灿烂的前途
> 问题是这个姿势坚持不了多久
> 　　《你知道》2012

他喜欢省字，喜欢点到为止。他明白真理的持续短暂：

> 真理的存在
> 就是在与你擦肩而过时
> 互相点一下头
> 　　《擦肩而过》2014

因此，他很明白，在大部分时间：

创新太难
在词语里造出所谓炸弹的人
常常只是几响庆祝自己生日的鞭炮
　　2012

这就是他的一种严肃，一种明白，"以"自己、以家、以社会、以国家、以功名"为邻"，是严力的诗句主题，置身于局外并不等于放弃，读者们能从他的诗句中找到对社会各种现象和对人生各种疑问的形容和严力式的解答。他其实绝对不会放弃诗的责任，可能是因为：

逆风正在梳出我的发型
为了美
不回头
　　1981

2015.4.22. 北京

序言中提到的几首诗如下：

　　生命就像一座房屋

你告诉我
打开的窗里不一定有人
关着的不一定没人
那么你回答我
没有床的房间里会有什么

你告诉我
没有窗的房间也有门
因为人必须要有交往
那么你回答我
人没有房间是否能行

你告诉我
没有人的房间没有生命
但是生命就是一个房间
那么你回答我
我住在你那儿是否快活
　　1982

明天的一首狗诗

明天
一条死后才成为野狗的狗
咬着这个世界没有松口
明天的诗也没有回答
咬住自己的罪行

明天
那些住够了城市的狗
将带领被家具软化了的楼房
冲进果园的怀孕期
咬住自己出生之前的原始形象不放

明天
狗牙已成为琴键
只有能咬碎骨头的音乐
才值得流行这个世界
明天
痛苦仍将是再版的乐谱
所以最流行的仍然是无奈的生活叹息
啊明天
明天的狗在医院里切除了它的看家本领
所以到处是离家出走的狗在异乡度假
天上也经常飘着一团团像狗一样的云

在追逐无聊的气球
它们沿着六月的上午和十二月的下午
在白天的左右
继续晒着无聊的舌头
它们无聊的幸福抑制了交配的野性
明天的狗在实验室里繁殖它们无聊的生命

明天的狗窝像一件衣裳可以到处乱挂
但是明天的狗皮被狗脱掉了
明天的一颗颗
狗一样的人造卫星
甩掉它那烧焦的尾巴之后
去太空做人了

啊明天
我也将会有这样的明天
所以今天
趁宽阔的太阳系
还没有被这群科学的狗封锁
我就叼着自己的影子
从阳光里
灯光里
甚至迷人的月光里
出去了
永远
出去了
  1986

  孤独

我似乎屈服在一切笔杆之下
看耐久的墨水与色彩浮于空中像灵魂般孤独

被书画过的纸张和白墙像尸体一样化为尘土
我好像看见米饭被播进了土地
胸中一片腐烂的前景衬托出空前的孤独
我使劲往那个方向走动
但是赶不上像尘土般下沉的夕阳
我梦见米饭在往历史的反方向走
走成米粒
走成稻子
走成种子
又走成米饭
啊 空前的孤独哇
尤其是在
吃饱了之后端着像空碗一样的土地
我的手在发抖
  1988

  父亲的头衔

一个新的头衔来到枕边
梦也跟着我一起尽职
忙碌就这样一环环地展开
和平的姿势就是脚踏实地
平行于婴儿的需求
太远的心曲还填不出歌词
视力退回到家庭不需要望远镜
也不依赖外界的热闹去围剿孤独
我的鼻息在摇篮遍默默地垂钓乳香
这是多么自豪的收获
父亲的头衔证明了
游走的精子还会游回来
  1995.11.3

早市的太阳

看着自己在早市上拎着一袋食品
一袋
各种各样的叫卖声
一袋
经过精打细算的脂肪蛋白质以及维生素
一袋
生活的重量
很久很久地
我继续站在路口品味自己的生命
日常是多么自然
太阳拎着一袋自己的阳光
　　1995.9

　　感受

中年的迷茫
成为了桌上的剩菜
要不要打包
我犹豫了很久
忽然发现
是在家中而非外面的餐馆
此时电视里传出了广告曲
我早就不在乎歌词的意义了
只要有优美的旋律
我就会毫不犹豫地跟着哼
哼是搅拌成糊状的生命
　　2012.4

严力：画布上的黑色圆舞曲

陈柯伊

初见严力，绝对猜不到他已年近花甲。时髦的红发、一身休闲装，手拎电脑包，能迈着轻快的步伐与你有说有笑地聊着。字里行间，他流露出来的是一位诗人的气质和一份经历岁月的淡然。时间和阅历沉淀了他对这个社会的看法，对人性的理解，也炼造了他处世的心境。

他的艺术创作涉及诗歌、绘画、摄影、小说等多个门类，他选择不同的表达方式释放不同的情感，但无论是何种形式，最终都是他自省与自身修正的精神归宿。他就像在各个艺术门类中跳着一支圆舞曲，轻快的360度旋转，旋转完一个圆圈接着又是一个圆圈，自始至终地旋转，而这旋转却又是无始无终，其中蕴含着一种他所理解的"人性的永恒"。

黑色，是逝去时代的生命象征

音乐与绘画作为两种不同的艺术形态，前者是无形无相的听觉艺术，后者则是有形有相的视觉艺术，严力选择用一张"黑胶唱片"将这两者结合起来，在圣歌画廊为观众献上了一场"画布上的音乐会"，这也是此次展览的名称。

为什么选择了黑胶唱片作为绘画的材料呢？这与他生活的那个时代与地点不无关系。80年代磁带与光盘的兴起，使得黑胶唱片在美国家庭中失去了地位。严力回忆，"美国垃圾车每周三到居民区收固体垃圾，很多人把唱片扔了，我当时就在思考是否可以把黑胶唱片作为绘画材料。85年我从中国出去，当时我们的认知艺术必须是在纸上或者画布上，没有想到任何材料都可以成为制作艺术品的材料。我在展览中看到安迪沃霍尔的罐子，之后便开始尝试将唱片与画布、颜料结合起来,甚至把唱片软化做成饺子。"1987年,严力开始在纽约制作"唱片系列",把淘汰的黑胶唱片当作材料,与丙烯颜料和画布放在一起创作,直到1993年中断。后来在2001年到2007年制作了"砖头系列",08年把"唱片系列"和砖头系列合为一体,成为"砖唱系列"——也就是这次画布上的音乐会的"主旋律"。

在严力看来,"音乐会"在此其实是一种泛指,更多的是指思想、色彩、时代、语言等各种元素之间的交汇与碰撞。他的作品中那些露着肚皮扭动的人就像沉溺在舞曲中的人,暗指MP3、MP4这一代的人,借以表述当代的一个现象:"谁不愿意整天沉浸在莺歌燕舞之中呢?可我们的生活并没有那么简单。纵情的欢乐是需要基础的,而这个基础是需要人的付出,在这摇摆、旋转的音乐会中,实则透着一种人们对于生活的幻觉。"

当观众在现场走进这些作品,我们透过看画布上的黑胶唱片的反光便能看到我们自己的样子,将观众引导进入一种内省的状态,进而反观我们这个时代,思考这个时代的问题。这也是为什么艺术家说他发觉"唱片的黑色比颜色的黑色更具有生命力"。黑胶唱片,本是那个已经逝去时代的象征,许多音乐经典通过黑胶唱片得以流传,而它的材料在新世纪却象征了被淘汰。黑胶唱片在艺术家的理解中,既象征了音乐文化的承载,也象征了因强烈的竞争与科技发展而不断产生的材料及载体的淘汰。

在音乐剧《悲惨世界》中,年轻的人们在准备起义前这样唱道:

Red - the blood of angry men!(红色,是愤怒的热血沸腾!)

Black - the dark of ages past!(黑色,是被抛弃的愚昧世界!)

Red - a world about to dawn!(红色,是即将破晓的天空!)

Black - the night that ends at last!(黑色,是为长夜敲响的丧钟!)

黑色,似乎贯穿着古今中外每个时代,在不同的时代被赋予不同的意义。黑胶唱片的黑色,与歌中象征死亡与逝去的黑色不同,当它在唱片机上不停地旋转,演奏出的是一种生命的张力,当它定格在画布之上,则渗透出一种人性的永恒。

诗与画，是不可替代的旋律

诗歌与绘画，对于严力而言是不可替代而又缺一不可的两样东西。诗歌难以言喻时，他用绘画表达；绘画难以表达时，他用诗歌描述。他先是诗人，后是画家，而现在诗人严力与画家严力同时在成长。

严力有时在微博在会发一些短小细碎的诗句，他把它们叫做"诗歌口香糖"，"有味道你就多嚼嚼，没有就吐掉，不设保质期"。他说诗歌语言有绘画替代不了的部分："我有一首诗，说鱼钩在水里，很寂寞，自己游起来，游着游着，索性自己吞下了自己。在文字上你觉得它很巧妙，但就无法用绘画来处理。还有一首诗，说的是：一觉醒来，发现今天比平时美好，还发现手上有血迹，这才想起来，昨天晚上我杀了那根上吊绳。我仇恨这种自杀的东西，语言的直接带给人的强烈感受，这就是绘画替代不了的那个部分。"

他同时也强调"诗歌代替不了绘画的部分则在于颜色的强烈、色调的搭配给人带来的不同感受，那是一瞬间就会发生的事情，用不着语言翻译。这也就是诗歌与绘画相互替代不了的原因，也是它们至今独立存在的原因。各个类别有它不可替代的独特性，如果它们能互相替代，那么就只需要一种存在了。"对于他而言，绘画相较诗歌包含了更多的装饰性，"当我用那些完整的或者是破碎的黑胶唱片进行创作时，我会考虑构图、平衡、色彩关系。很多审美的、视觉的东西。首先你要眼睛看得舒服，人天生对色彩就会有感知。"

严力1973年开始诗歌创作，1979年开始绘画创作。时间相隔并不算长，而且可贵的是都坚持到了今天。说到他开始绘画创作的缘由，还是离不开他所处的那个时代。"当时的社会现状基本都是政治词语、阶级斗争词语，作为自然的人性，它想表达的东西很多，很多的东西被政治运动给压抑了。从1978年以后，社会慢慢开放，有很多东西可以进行表达了，因而有一种表达的冲动。"那时严力诗歌已经写了五、六年了，突然开始绘画，一方面是表达的欲望，另一方面也有家人和女友潜移默化的影响。

80年代初，西方现代各流派对中国艺术家产生了很大的影响。严力也是在这个时候接触到达利、玛格丽特、杜尚等西方艺术家的作品。超现实主义对严力的影响首先还是源于他的"诗歌情结"。"因为超现实主义一开始是诗人做的，但超现实主义的诗歌中包含了太多的实验性的东西、下意识地写作，没有广泛流传，但它们的理论和诗歌精神让绘画的人受益。包括超现实主义开始用一些综合性材料、包括拼贴的方式，都对我产生了影响。"

在严力看来，其实每个人都可以用各种各样的形式来表达自己想要表达的东西。如果一个人时间够，诗歌、摄影、绘画都可以尝试。"拿我来说，绘画、诗歌、摄影、办杂志我都做过了。其实所有的东西都是在表达你的思想和你的感情。"

看严力的诗歌、绘画、摄影、小说等等，会发现他一直在尝试以不同的形式表达自我，在探寻一种与自我情感相契合的语言，无论是诗歌还是绘画，创作对于他而言都是一个不断地反省、向内心深处回归的过程。

记录这个时代是你的责任

仔细看"砖唱系列"作品，我们不难发现作品更多的还是关注当代的社会现象。包括《都市是她的梳妆台》《花季时节的音乐性》《时代的肚皮》等作品中所表现的"肉体、城市、欲望"等等这个时代的象征。严力在他的"砖唱系列说明"里写道："窗户和砖头象征了禁锢、向往、空间、资本运转和社会发展，房地产在全球都市人生活中所占有的经济指数越来越高，砖头更象征了都市人被昂贵的物质生活费用压迫后还要被码放整齐的命运"。严力将他的作品紧密地与这个时代联系在一起，他认为"你活在当代，记录这个时代是你的责任。"

的确，我们这个时代的人所获得的感知、感受都是其他任何一个时代的人都感觉不到的，正如我们无法记录100年前的事件也不太可能记录100年后的生活。每个人只能记录他所在时代的生活，"其实，文明就是这么积累下来的，像敦煌壁画中所记录的宗教艺术，让我们看到当年的色彩、造型，他们对神的敬仰。我们看到唐朝、宋朝的瓷器，每一个时代有不同的物件、不同的舞台的记录方式，你活在这个时代，你就可以用你的方式记录它。但人性的东西，在某种程度上有一定的永恒性。从人类诞生到现在，人类身体里的器官没有被换过，功能没换，几千年前人类所感知的情绪其实和现在是一样的。所以很多东西，是千年不变的。"

对于人性这种"永恒性"的认知，与严力在美国的生活感受也不无关系。他刚去到美国的时候，不同的文化，不同的表达方式、不同的生活哲学给他带来了一定的冲击，但是一两年之后，他却发现很多东西都是一样的。"那就是人性中的喜怒哀乐、嫉妒、自私这些都是一样的，只是表达的方式不一样。"在严力的作品中，他更关注的也是精神层面、是人性本身。

从自己做起，这个社会才有希望

科技信息发达的今日，每个人每天都面临"信息轰炸"，信息的量大到使人们来不及消化，也丧失了消化习惯，接收到什么就是什么，来不及思考人本身究竟需要些什么。"在某种程度上，现在人的独立思考能力已经不够了。现在极端物质化、极端器官享受化，造成了一些危机。"

艺术创作随着时代的发展也已经非常多元化，但在多元化的背景下，人们往往还是更关注物质层面，而忽略精神诉求。"现在所谓的报道都在谈一张画的价格而不是谈它的内容，谈它对社会的作用。金钱这个东西就是太具体了，太表面了、太器官了。因为活得太器官，你才会在乎它值多少钱，如果你活得精神一些，你看书、和朋友聊天，根本花不了多少钱。所以我们现在要调整风气，鼓励人们多阅读、多去做一些精神建设，物质其实是很有限的。"

严力举了一个简单的例子："有一天，苏格拉底带他的弟子去集市转了一圈，转完之后对弟子说：'原来这个世界上还有这么多东西我用不着的！'这样的认知在千年之前就已经存在了，只是我们不宣传它，所以我们又变得盲目了，这也证明人类的文明走回头路是很容易的。"这或许又印证了艺术家所说的永恒性，懂得这样道理的人一直都在，可不愿意懂也不愿意这样去做的人总是占更多数。

"很多人问我，你觉得中国的文化传承有没有希望、中国人的素质有没有希望提高等等问题。我说其实很简单，你提问的人从你做起，我从我做起，每个人从自己做起，这个社会才有希望。从今天开始，从自己做起，一切问题就解决了。谁都知道什么是好的行为，什么是雷锋。"从严力的话中，我们可以看到这是一个艺术家从记录社会问题到反映社会问题，再到艺术家社会责任感的最好体现。对于一个艺术家而言，只有基于时代责任感的创作，才更具有发人深省的力量与普世的价值。

采访到最后，再回过头走进严力的展览，似乎更能感受到唱片的黑色在画布上所展现的生命力、他绘画中的飘飘然的诗意以及艺术家对这个时代的沉重的记录与反省。他的作品中渗透出一份从容与惬意，但又不乏自省与鞭挞。

想来某个春风沉醉的夜晚，踩着黑色圆舞曲的节奏，嚼嚼他的"诗歌口香糖"，听听他"画布上的音乐会"，定是美事一桩。

严力：把诗稿缝在画布上

黄 茜

诗歌不是技艺，而是一种存在方式。它影响到生活的各个方面，一位诗人，不管他写诗或者不写，他看到的世界、体验的情感与自我的关系，都会与众不同。严力是诗人，也是画家，作为画家的严力从作为诗人的严力那里汲取了无穷的养分。

提到严力，不能不提到"星星美展"。1979年，举国疯魔的时代刚刚结束，整个绘画界还在专制体制的压迫下死气沉沉。一群年轻的"在野"画家，为了伸张艺术独立与个性自由，自发组织了第一届"星星美展"，为中国现代艺术破土萌芽敲响了前奏。严力就是他们的一分子。2013年10月27日，严力的个人画展"星星星星星星"在3画廊举行。当再次谈到"星星"的往事，严力的情绪有些激动："我可以很骄傲地说，'星星画会'的主要成员都还在坚持创作。因为我们这一代人，直到现在，其理想主义和责任感都还没有熄灭。我很替这一群人骄傲，每个人都在继续努力，没有一个人松懈，也没有被物质的社会打败。"

严力的画是一种图像诗，或者说是巧妙的思维的图解，充满了17世纪英国玄学派诗人推崇的"巧智"。这些线条简括清朗的水墨画，诉诸理智更多于视觉，它们引导着人们思辨和想象，并像破解繁复的数学题一样，最终给人以智力的愉悦。

里尔克说诗人是风中的旗帜，敏感于时代最微小的变动。严力是一位嗅觉极灵敏的艺术家，用画笔记录和反思着扑朔迷离的当代史。每一个新鲜或扭曲的现象，都自然地进入他凝练的语言，并通过联想的化合，拓展成表意丰富、妙趣横生的图像系列。他的画作几乎全是符号化的，没有深不可测的技巧，却有荒诞的歧义和幽默的况味，像神秘的微笑、亘古的谜题，呼唤观众去做创造性的解读。

"砖头系列",映射的是当代中国大肆建造钢筋水泥建筑的场景。在这幅名叫《哪里是家园》,有些超现实主义风格的绘画里,高耸入云的树木、漂浮的和悬挂在树上的气球,全都由砖头砌成。也许因为人类无限度地追求舒适,连树木也遭到了异化;也许在未来的世界,真正的森林已经湮灭,人类只能筑造水泥的森林,寄托对自然的怀念和忧思。"补丁系列"也是对人类破坏性行为的反思。

　　"@系列"是严力的新作。对严力来说,@是一个极其当代的符号,是到达另一个主体、另一种精神、另一片时间的方式。@代表着连接和交流的无限可能性。所以一只口衔@的鸟,在枯枝上等待着同类,而另一只鸟在电脑前查看鸟类的历史;所以自由女神手里的火炬变成了骄傲的@符号,这是对美国人所标举的自由和近期"棱镜事件"暴露出来的美国情报机关无底线监听个人信息的讽刺;另有一位相貌高古的古人手捧着@标记的电脑,@成为连接历史和当下的工具,让单向度的时间变得可以逆反、交流、共存。

　　严力有幅画叫做《将诗稿缝在蝴蝶的翅膀上到处飞》,这是一种青春不老的理想主义。事实上,他的每幅画作都是一个诗意的结晶,一组发光的诗句。他又是很后现代的,用简短的语言消解宏大叙事,对现实只做反讽的介入,手法轻盈,点到为止。蝴蝶从来都是灵魂的象征,他将诗稿缝合在精神的翅膀之上,带着沉思和反省飞入混沌忙碌的世界。他那有些冷峻和荒诞的修辞术,让我们吃惊、微笑并停下来思考。正如他自己说的那样:"用漂亮或扭曲的画面提出问题并记录这个时代,是当代艺术家必须承担的责任。"

　　美术文化周刊:你是如何开始画画的?

　　严力:16岁的时候在北京第二机床厂工作,有个从印尼回来的室友是画画的。有时候他会用速写画我在宿舍的状态。当时画画是很私人的、不能公开的事。对"文革"我们首先要有一个背景意识,即那个时期有很多事是不能做的。当时我就觉得,画画跟文字一样,可以记录一些时代的东西和一个人成长的过程。

　　1978年,我认识了一个女朋友李爽是画画的。我一直想尝试,1979年就真开始画了。才试了两个月,组织"星星美展"的人来家里看画。本来是要看我女朋友的画,但他们看到我的画,认为我的画更好。所以就邀请我参加了"星星美展"。因为"星星画会"的组织者本来也是地下刊物《今天》的成员,所以,在"星星画会"里有五六个人,先是参加了《今天》(《今天》是1978年年底成立的),不到一年以后,当"星星画会"建立时,原来《今天》的人又变成了"星星"的成员。

美术文化周刊:"星星画会"的成员如今的状况如何?

严力:"星星画会"在1980年办了第二次展览之后,在1981年申请第三次展览时就不允许了。因为当年我们的行为太过激,就被打入了另册,不允许画展再办下去。从1981年开始,"星星画会"的人陆陆续续都出国了。后来我们在香港做过"星星十周年"的展览;在日本,又小范围地做过十五周年、二十周年的展览;直到2007年,我才在今日美术馆策划了一个"星星回顾展"。

美术文化周刊:和其他诗人画家一样,绘画一直是你的谋生方式?

严力:我一直同时是诗人,又是艺术家。我一直办展览,卖画。非常幸运的是,我的画都能卖,我写的东西也都能发表,在台湾、在香港、在美国,甚至在大陆。我最近几年在大陆的《新民晚报》每周的周末版上写《诗歌口香糖》,已经写了整整6年,没有停过一个礼拜。我很感谢《新民晚报》,因为他们在努力做这个事情,在他们看来,诗歌依然是文化的一个比较重要的模式。

美术文化周刊:诗歌和绘画能够互相启发吗?

严力:我们中国古人讲究诗画同源。后代人将诗和画隔开了,这是我们的罪过。无论诗歌还是绘画,表达的都是你的思想、你的哲学、你的感情。我只是将古人的诗画同源用现代人的方式继续做下去。有一些语言不能表达的东西,画能表达,一些画不能表达的东西,语言可以表达。诗歌和绘画加起来,能够完整地表达我的想法、感情和哲学思考。

*2013年11月11日中国文化报

中国诗人的那张脸：严力

李东海

在画家、小说家和诗人三种身份中，严力最成功的可能是诗人。严力曾经紧跟北岛、芒克，创办了中国第一个民间诗刊《今天》，一起写诗，一起为中国的朦胧诗努力奋斗。1985年他去美国留学，1987年在美国创立"一行诗社"和《一行》诗刊，最没有想到的是在他去美国这么长的时间中，他的诗歌与时俱进，竟然保持得比北岛、杨炼、多多等人的好，这是出人意料之外的。在美国，他的诗歌依然唱着祖国的小调，寻找着形而上的精神家园。严力是一个不事张扬但又能把一件事做好做到底的诗人。他既是朦胧诗的后卫，又是后现代主义的先锋。他的诗超越了朦胧派与先锋派，也就是说他既是现代主义也是后现代主义。这位已近七十岁的诗人，依然在写，前几年还出版了新诗集。下面我首先就他八十多行的长诗《与一九九八赌一把》做个简单的解读：

遇到名叫一九九八的对手只能一次而这个赌徒也逃避不了名叫严力的我

那就开赌

这副历史的牌被资本主义和社会主义轮流

我手心发痒

我迫切需要人性的资金在下跌的文学股票市场上周转与一九九八年面对面坐下

我知道全世界没剩下几张白色的虎皮而灿烂的黄金像人口一样只增不减我要赢的东西在地球的口袋已经很少我想输掉的却太多太多

——选自吴昊《中国九十年代诗歌精选》

在1998年到来之际，站在大洋彼岸的严力有许多想法：他想与1998年赌一回，想把丢失的人性、把社会主义的尊严赌回来。他要赢的东西，在今天的地球上已经不多，但想输掉的东西实在太多。

发牌吧/我胸有成竹地想输掉那/几亿颗核子弹以及各种化学武器/当然还有几亿颗/刚刚得过诺贝尔和平奖的地雷/我祝愿一九九八的手气势如长虹/带着赢到的这一切去成为历史

——《与一九九八赌一把》

诗人站在人类的广角上，想在二十世纪末赢得和平，但这是诗人的愿望，也是每个心底善良的人必须具有的愿望。但这善良的愿望被"九·一一"美国双子楼的坍塌打破了！

恐怖主义的爆炸袭击，军事主义的四处挥戈，世界和平的愿望仍在声嘶力竭。所以诗人的忧虑开始蔓延，1998年我们如果不能赢得和平，那么我们也不要赢得灾难：

但怕就怕/它的手气比我还差/把它的灾难输给我/我看到一九九八的眉毛上有元旦降下的雪/正在融化/看来它想赢我的热血在额头上沸腾/我应该趁机把艾滋病和癌症也一起押上/让它多赢走一些人类的垃圾

1998年，诗人在为我们祈祷，也在为灾难诅咒。让艾滋病和癌症都随着1998年成为历史吧！1998年我们能否赢得民主吗？

一九九八的脸上是民主的微笑吗/我要赢的就是被不断运动/所形成的人类社会成熟的皱纹/如果我在不远的将来能赢到它的春天

《与一九九八赌一把》，严力赌出了诗人的气魄，赌出了诗人的良知，赌出了诗人的才华。这是1998年诗人最自豪的一件事。二十多年前北岛写出了《回答》和《宣告》，此时严力又写出了《与一九九八赌一把》，写出了《对我来说》《跨世纪的问答》和《寻找扳机》等，真是不易。一脉相承又与时俱进，这是严力的过人之处呀！

芒克在《瞧！这些人》中回忆严力时这样说："那时小上海严力穿的总是与众不同，细细的裤腿或喇叭裤，尖尖的皮鞋，有时还穿女式的。在那个年头敢这样穿的人不多！但严力似乎根本不在乎街上别人的斜眼和恶意，他照样神气活现地走自己的路，满脸美滋滋的。"

从芒克的这些回忆中我们就可看到：青春期的严力，就是一股子的反骨精神。他不会被别人的思想和主张所左右。他是深入思考和不断前进的诗人，他走在时代的前面。

对我来说/美国是一所监狱/它用自由把人们关在里面/对我来说/美国太残酷/它把人生之梦做得过于极端/对我来说/美国是一个太公开的幽会地点/它甚至让三个情人一起见面

——《对我来说》

严力是最有资格谈论美国的人了。在美国生活的二十年里，严力不是仅仅为了在美国生活，而是在形而上的精神上，他要对美国做一种深刻的分析、比较和思考。他的这些思考已经开始在他的大量的作品中涌现了。北岛也是这样，如果看了北岛的《失败之书》也会感到。我们的诗人已经在理智地分析、考察和思考了。所以严力在这首诗中接着说：

对我来说/纽约就是美国/华尔街躺在那里被金钱吵得无法入睡/它让你想到蚊子在吸完你的血之后/付给你几张崭新的美元

《对我来说》这首诗是诗人在美国生活的理性分析。诗人用通感、反讽等手法，将诗歌的幽默，一挥到底。诗歌的严肃、肯定以及嘲讽、否定尽在眼底。于是诗人给了我们一个真实的美国和全面的美国。诗人在《纽约》一诗中继续分析着美国：

在纽约可以深入地发现/自己被自己的恶毒扭曲成弹簧/世界上许多有名的弹簧/都出自纽约的压力//与罪犯和股票每分钟有关的新闻节目/百老汇的闪烁与警车的嘀鸣/街上的即兴表演/纽约这个巨大的音响设备/让你的肌肉在皮肤底下情不自禁地跳舞

——选自杨克主编《2001中国新诗年鉴》

这也是一首长诗，在此，我只想将它提及，而不想展开和赘述。我在这想就新世纪的问题，就严力的诗歌再谈一点：

诗人在哪里上班？
但是他说
他要在二十一世纪的第一天再次成为一个诗人！
他将继续受雇于新的世纪在时代的一号办公室上班
——《跨世纪的问答》，选自《1999中国诗年选》

这是跨世纪的问答，是历史向诗人的提问，也是诗人对新世纪的回答。在诗歌受到冷落的时候，真正的诗人依然会在二十一世纪的第一天再次成为一个诗人，他受雇于新的世纪，要在时代的一号办公室上班。如此铿锵的回答，只能出自铿锵有力的诗人。

谁是你的老板？/但是他说/他要在二十一世纪的第一天/把激情穿在身上去上班/新世纪对他来说/是一个非盈利的时间概念/所有的赞助都来自/人类对商业禽兽的失恋/所以只有爱情/才能成为他的老板

诗人只受雇于爱。诗人把对大地、天空和人的爱，饱含在飞扬的激情中，把它写成诗行，献给人类。二十一世纪不会让诗人失望，诗人也不会让二十一世纪失望。

首先诗人严力就没有让二十一世纪失望，他的《幸福》和《寻找扳机》依然精彩、深刻，我会在其它时间继续谈他。

2016年浙江文艺出版社出版了严力《悲伤也该成人了》的诗集，诗集精选了严力近一百首新作。严力的诗歌依然老辣和尖锐，他保持了自己当年诗歌的锐气。

现代最诗刊2024.5.原文发表于2000年

用最黑暗的方法头也不回

——诗人、画家严力专访

采访人：羽菡（上海）2016 年

2015 年 11 月 13 日
巴黎出事了
警察和军人在搜捕恐怖分子
有人问
这时候诗人何为
诗人是自己的警察
每天搜捕体内的恐怖分子
更不会把他们释放出来
如果这种功能的软件
能流行人体世界
那么
出事的不会是巴黎
也不会是地球

  2015 年 11 月 13 日，巴黎发生恐怖袭击案，当时严力正参加一个诗会，有人问，像这种时候，诗人能做什么？严力沉吟片刻，写下了《诗人何为》。

  "在这首诗里我强调人的修养，要用修养用价值观来克制体内动物性的东西，把克制变成一种习惯。"严力说，在他看来，写作是人类文明发展必不可少的东西。因为它是在让你形成一种修养，把动物性克制掉，然后用善良的一面与人交往，否则就是丛林规则，弱肉强食了。是文明让人类懂得保护老人和小孩，保护妇女，人类才能更良性地更文明地超越动物性去发展。

  翻阅严力新诗集《体内的月亮》，《清明感怀》《还给我》《谢谢》

《另一种骨头》等，讲述着关于世界的真相，对孤独、异化、荒诞、绝望、自省、自由等人的存在命题的诉说。记得特朗斯特罗姆说过，诗是一种积极的禅坐，它不是催眠，它是唤醒。是的，唤醒做一个有尊严的普通人的愿望，唤醒对人类更高文明的向往，也是人类的一种自我救赎。

《一行》是记录者

羽菡（以下简称羽）：您 1973 年开始诗歌创作，原因与文革那段历史有关，诗歌是情绪的一个出口，面对惨重的历史，写诗是一种见证。您怎样看待那些苦难？

严力（以下简称严）：在那个动乱年代，大搞阶级斗争，人性被扭曲，社会道德丧尽，中国经济倒退了 20 年，这是整个民族的耻辱。一个社会的文明，它必须要反省，反省是为了引起警惕，不能再搞疯狂的个人崇拜，而且公检法不能失效，让人们记取经验教训，这代价太大了。

羽：您当年创办的《一行》诗刊（创立于 1987 年纽约的中文刊物）是新中国成立后，大陆的中国人到美国以后创办的第一个文学刊物。现在很多腕儿级的诗人，最早作品就是发在《一行》上的。

严：《一行》诗刊较全面地记录了 1985 到 1992 年之间两岸三地现代诗歌作品的发展情况。那个时期国内的意识形态比较严，发表的渠道很少版面很少，谁来记录？《一行》就是一个记录者。《一行》发表过诗歌的诗人有：梁晓明、伊沙、莫非、于坚、西川、孟浪、默默、柏华、陈东东、王家新、顾城、张真、江河、欧阳江河、郑单衣、肖沉、海上、傅维、芒克、刘自立、徐江、李笠、桑克、雪迪、王小妮、多多、吕德安、韩东、杨春光、古冈、曾宏、杨克等四百多人；发表过西方诗歌的诗人：布罗德斯基、德列克·沃尔科特、布考斯基、爱伦·金斯堡、米沃什、默温、加里·斯耐德、聂鲁达、马库斯·胡伯、鲍勃·迪伦、叶普图申科、安德烈·普鲁东等。《一行》于 2000 年停刊。

羽：可以说，您创办的《一行》诗刊完成了一个重要的历史任务。

与您同时写诗的人，有些人早年写了不少诗，后来不写了，也有写到最后江郎才尽的，至今您仍然保持了旺盛的创作力。

严：这世界一直发生不好的事情，我必须要写他们，我有话要说。巴黎事件如果没发生，我也不会写，写诗的整个过程也是个反省的过程，你会多角度看待这个事情，琢磨怎么去表达。写诗的最终结果是为了能让人的行为更文明一些。

羽：您被伊沙称为"现代汉诗智性一脉的宗师"，您的诗对语言有很好的控制力，将个体存在的历史语境揭示得如此真切，比如《他死了》（1974）《还给我》（1986）《酒和鬼相遇之后》（1987）《深邃》（1987）《负10》（2009）等，都是收集的历史证据，忠实地记录并讲述关于世界的真相。《鱼钩》（2000）表达最极端的无奈，最终自己把自己一口吞了下去。《负10》以顶针辞格、犀利之笔写对忘却文革创伤的反思。

> 以文革为主题的
> 诉苦大会变成了小会
> 小会变成了几个人的聊天
> 聊天变成了沉默的回忆
> 回忆变成了寂寞的文字
> 文字变成了一行数字
> 1966—1976
> 老张的孙女说等于负10。

严：我在《事物是它们自己的象征》中有篇《自序：历史的缩影》，这是一本更多以图片、诗歌和绘画来叙述个人某个阶段经历的书，是我在中国北京七十年代到八十年代中期的生活和创作。中国当年的《今天》杂志也好，"星星画会"也好，其实是在追求一个人的正常表达，追求自己的权利，然而在一个非正常的年代，却会使人付出很高代价。

严力从1973年开始诗歌创作，他生命状态的压抑来自于那个扭曲的时代，来自受重创的家庭，爷爷——上海的名中医严仓山，因给许多"坏人"看病而获罪被逼自杀,父亲严世菁到五七干校后又被带走隔离审查,四年后患肝病去世。1970年夏天,他从父母所在的湖南五七干校独自回到北京,按照初中毕业的年龄等待北京社会路中学的分配。他在社会上遇到了压抑的同类,其中包括芒克、多多、北岛,他们一起写不满社会的诗,然后把它锁进抽屉。

1978年8月,严力拥有了自己第一本用手刻蜡纸印出来的诗集《存荐集》。1982年他印制了油印诗选《公用电话》。

诗歌口香糖

诗歌口香糖(600片装,有味道就多嚼嚼,没味道就吐掉)
生产期:2008年1月—2016年
保质期:因人而异
生产者:严力

羽:您有一些短小精悍的诗作登在《新民晚报》周日的都市版上,已连续登了八年。

严:这些小诗我管它们叫"诗歌口香糖","有味道你就多嚼嚼,没味道你就吐掉。"这么多年来写诗对我最大的训练是如何进行准确的表达,而不是去绕圈子。如果一首诗中意象太多,读者可能看不懂,这样诗作就不能很好地分享给大家。

羽:是的,有很多现代诗读起来晦涩、玄奥,内容庞杂而干瘪,造成了读者和诗人的隔膜,而读者只会与自己心灵亲近的诗歌产生共鸣。关于您诗歌的特点有各种评论,刘索拉说您"选择简约顺畅刻薄的文字",海岸认为您的诗歌"靠意象支撑",也有人评价"严力诗歌总是单纯的,表现在视角的简单以至于语言的简单"等等,你认同这些评论吗?在诗歌写作上您做了哪些探索?

严:任何评论都不重要,重要的是:我写当代现实生活的题材,写一些永恒的题材。诗是多棱镜地反映现实,每一首诗就是一个面,如何立体地准确地表达出自己的思考是我的责任。有没有一种可能,同样的题材我用当代汉语写,写得容易理解,准确或更巧妙,这也是对汉语的一种开发。能不能用两个不同的词语碰撞出第三个意思?

我曾经写过《才华》，我讲道理，一般讲到人性的根上，把深刻的道理简单地说清楚，是我一直以来追求的。

  《才华》
    是被有钱人承认
    还是被高官承认
    或被教授甚至百姓承认？
    很多有才华的人
    都希望被上面提到的所有人承认
    这确实难为了才华
  2013.7

建造内心的文明

羽：读您的诗，如醍醐灌顶，教给人们看世界的眼光。您写了不少好诗，跟您在阅读中汲取的营养有关吧。请问您写诗追求什么？

严：我的阅读一直没有停。不仅仅是书，其实我平时生活的经历都是在阅读，对我来说立体阅读比平面阅读更重要。我不仅阅读诗人的文本还阅读他的行为，辨别谁是真诗人，谁是假诗人。有的人诗写得不错，可品行很差，应该阅读哪个？也可以阅读他的文本，因为文本是理想主义的，一个坏人的理想主义可能也是好的。但是我更希望他的行为接近他的诗歌理想。

我阅读的目的是为了吸收营养，并不是为了挑错，攻击某个人。假如把一个人身上的营养比作维他命，没有一个人可以说自己的营养是全面的，这就需要兼收并蓄，但个人总有局限性，一个完美的人是不存在的。

所以我觉得写作最重要的是训练自己，建造自己内在的文明。我也写过长篇中篇短篇小说，散文杂文等，就是为了把思考更立体地表达出来，如果能表达到位并给他人分享是最开心的事情。如果作品能留存下去，甚至引起其他年代的人共鸣，那证明你有超越性，写到了对永恒人性的认识。

羽：您在短篇、中短篇、长篇小说中所塑造的人物也是如鲁迅的"杂取种种人合成一个"吗，谈谈您小说中典型人物的塑造。

严：我的小说并不描写某个典型人物做的典型事件。通常是针对中国人的情况，把美国人的好的体制、观念、价值观等，通过故事来表现，用好玩的情节来包装它，输送多元化的观念。写作时，我会假想一个读者在我面前，跟他讲故事，讲到调皮处，能看到他调皮的表情。我要考量我语言的灵活性、生动性。

严力强调，作为一个写诗的人，首先是建造自己内在的文明。另外，没有拿不动手段的手，只有拿和不拿的区分，所以诗人习惯对事物反省之后去选择什么该拿什么不该拿，也就是我们常说的取之有道，这个道就是道义之道。

爱情很简单

羽：您诗集中有首《我和太阳之间隔着一个你》，"我和太阳之间隔着一个你/你拥有两种光芒/你将感受我和太阳/谁的目光更亮更痴迷。"让我想到了您的爱情生活，来自诗人的爱的光芒比太阳光更亮。可是我发现，爱情这个主题偶尔出现在您的诗歌中，这是为什么？

严：因为爱情很简单，它是上帝设置的互补的需要，一种现实的存在，那我们还要给这必须存在的东西添加很多形容词吗？

羽：感觉您提到爱情表现得很冷静、节制。

严：不是冷静，其实我也可以赞美爱情，每个人都有爱的投入或受过爱的创伤。写爱情诗除了告诉你有多投入多创伤，不能告诉你更多。所以我赞美爱情还不如赞美母爱。爱情在现代社会很难说有多纯粹。爱情里有太多的条件，金钱、权力，漂亮与否这些太简单太清楚，没啥好说的。一旦条件变了爱情世界很容易塌方。我不写条件的东西，我写思想的东西，警惕所有的占有欲。我更注重人的个体存在。

排名，不是诅咒自己早点死吗？

羽：您在艺术创作方面得过很多奖项，比如"短诗'还给我'获美国国家诗歌图书馆编辑评选奖"还获得"首届长安诗歌节长安现代诗成就大奖""首届《新世纪诗典》2011年度的成就奖"等，您最看重哪个奖，为什么？

严：这么说吧，在没得奖之前，我看重任何一个奖项，在得奖多的时候，它是巨大的压力。

再往后写如何超越？你不能吃老本。我对自己的创作很严格，有责任感。我觉得写作确实是为了建造自己内在的文明，其他真的都不是那么重要。当然你的作品被别人分享，都在夸你好，自然会洋洋得意，但我早已过了洋洋得意的年龄。写作也好，画画也好，我平心静气，很平淡地看一切奖项和荣誉。

羽：现在经常会有媒体发布一些竞争性很强的诗人排名，您怎么看？

严：当代诗读不完，很难有一个公正的排名，你只能说某首诗歌是我今年看到的最好的，我代表个人选出自己喜欢的诗，没问题。还有，你是读了官方的还是民间的诗刊？民间和官方同样都存在话语权垄断的问题。所以，我对排名唯一的态度是不去理会它。

诗人排名不重要。在当代排当代人的名是沉不住气的表现，是自恋。新诗100年来确实有一些点击率高的像戴望舒、艾青、臧克家等，这些个可以说了，也说了八九不离十了。这个排名，不是诅咒自己早点死吗？有什么好排的！是名利造成了这些现象，一个真正的诗人应该超越名，超越利，超越权威、金钱等。

严力先生在二十世纪七十年代开始的三十多年的诗歌创作中，以极具个人性的智性写作，持续不断地将幽默、戏拟、谐谑的元素融入诗歌，在诗歌集体话语与宏大叙事的大背景下，对当代都市生活元素敏锐的开掘和后现代主义方式的探索具有先驱性价值，在中国当代诗歌普遍的现代主义取向中，独自构建了一种智慧的想象空间。特授予长安诗歌节现代诗成就大奖。【长安诗歌节首届现代诗成就大奖授奖词】

——长安诗歌节现代诗成就大奖评委会
2010年12月31日于长安

画体内的风景

羽：《事物是它们自己的象征》中有一幅"历史照片"：1985年8月，您与艾未未在世贸中心双子座广场前全裸合影，这种行为是为了表达什么？

严：那年我刚到美国，在中国这么压抑的环境下，什么都不能说，什么都不能表达。到了美国觉得很自由，我就想试一下这种自由的感受，很简单的想法，也就十几秒的时间，一脱一穿拍照留念。

羽：您要解除束缚，除了通过这种极端方式，还有别的方式吗？

严：比如这些唱片系列。当年我到美国，发现做艺术品不是我在中国学到的用颜色在纸上布上抹啊，任何材料都可以当做艺术作品的材料，这是我去美国后得到的第一个观念。我是88年开始做唱片系列的。我们曾经被禁锢了这么多年，我所有的画，是我体内的风景，是为了释放一些真实的东西，释放一些叫做勇气的东西。一个创作者是一个彻底的自由主义者，要用新的方式跨越一些禁区来记录这个时代，当然他首先是一个文明的公民。

1979年，严力开始绘画创作，为民间艺术团体"星星画会"的成员，参加了两届"星星画展"的展出。1984年在上海人民公园展室首次举办个人画展，是最早在国内举办的前卫个人画展。前辈画家颜文樑用书法题了画展的请帖，陆俨少、应野平、李咏森、王个簃为画展题了词。在这次展览中创作的《喝音乐》于1994年被上海美术馆收藏。

羽：奥登曾经说："一位诗人要成为大诗人，要必备下列五个条件之三四。一是必须多产；二是他的诗在题材和处理手法必须宽泛；三是他在观察人生角度和风格提炼上，必须显示出独一无二的创造性；四是在诗的技巧上必须是一个行家；五是尽管其诗作早已经是成熟作品，但其成熟过程要一直持续到老。"您觉得自己已经具备了哪些条件？

严：他说的都对。哈哈，我具备的就是：总是差一首好诗，总是差一张好画！

羽：不论是好画还是好诗，难就难在不同的阶段包括创作的最后阶段，总能写出不同于以往的好诗好画。

严：对，所以我不断在画系列的东西，不会说这个系列卖得好就永久画这个。在中国，有人画马、画鱼，不断地画，然后就成了艺术大师了，这跟思想没有关系，跟时代也没有关系。我觉得那是商品，他只是商品画大师，不是艺术大师。

羽：但现在国内很多人看的就是商品的价值。

严：因为在中国，对大师的称呼建立在技术和商品上，没有建立在责任和创新上。在英文里，大师是 The Master，各行各业都有，厨师是 Master Chef，这大师是平等的。

用最黑暗的方法头也不回

在严力家中有一张 1973 年的小画，画中的男青年正是严力，手中高举一只酒瓶，嗜酒的严力，曾经喝酒喝到胃穿孔，只为了饮一个自在逍遥。嘴里不羁地叼着一根烟，烟雾缭绕中映现出女孩美丽的侧脸，长波浪，长睫毛，迷人的微笑。作者是与严力同宿舍的郑振信，他说严力在幻想女孩子。当年两人都在北京第二机床厂工作，这张画完成后被严力藏匿在褥子底下，保存了下来。严力说，这件作品是那个时代唯一的一张现代派艺术作品了，1973 年的，可能全中国也就这一张。

《事物是它们自己的象征》，这是一本珍贵的画册，书名是美国诗人艾伦·金斯伯格 1987 年赠给严力的个人诗集上的题诗。画册扉页写着"此书献给我女儿的那一代人"。这本画册由一个澳大利亚朋友投资，伊朗出版社出版，美国诺曼·斯班瑟编辑并写序。封底引用了弗朗茨·卡夫卡的名言："我有很多的可能性，确定地；但你们知道它们是被压在什么样的石头下吗？"

严力早年对一种封闭性的反拨，表达了"人之所欲言而不能言者"，来进行对话以疗慰心灵，其艺术语言表现为"把一个人画成两部分来表现自我分裂与矛盾"（《抽烟思考者》）；必须到门外去追求阳光的发芽者（《追求阳光》）；《孤独时感到在为自己的舞蹈伴奏》，对画面的想象一直是他很享受的事情;《梦幻在京城》中,拥有一双蓝色羽翼的长发女子飞翔在紫禁城上空,再深再高的宫墙似乎矮了黑了;《你的想象力喝多了》在梦中与月亮对话。这里是他的梦想花园,他画运动的活的色彩,这些色彩不是像一种涂层似的覆盖在物体上,而是像不断发生的事件出现在它们的表面。严力艺术的自白正如他的《蘑菇》,逆风方向的顽强生长。

> 谁能说服自己
> 在阴暗的处境里
> 生命不见了
> 尽管是背着光
> 朽木
> 怀了孕

他画了很多内心的风景,唱片系列、城墙系列、补丁系列、@系列等。严力认为,人本身要面对很多的矛盾,每一代人都要成长一遍,重新体会一遍自身的动物性跟文明的矛盾,就看你怎么收拾它。

他的唱片系列前后做了七、八年,用掉了几百张唱片,完成了60件作品以探索这个系列的最佳可能性,寻求自身的突破。这种旧的黑胶唱片有一种历史感,是人类曾经的历史,赶上了这历史的严力完成的是对这个时代的真实记录,比如《MP3的一代人》。城墙系列提醒人们,生存在一个异化的环境里,天天在城墙里呆着的人们应如何保持人与自然的和谐。补丁系列,从人的体内修补,内环境环保了,外环境就不可能乱。@系列,连羊角都长成@了,意味着时代的新生,新时代的迷惑。现在他正构思着他的"构思系列"。

无论是写诗还是绘画,严力的创作都指向一个目标:探究人类到底有多大文明可能性?他一直没有停止过对生活、生命和人性的思考,谈到他今后的艺术追求和艺术发展方向,他说了两个词"创新""超越"。我想起了英国诗人T·S·艾略特的,"让诗歌经历永无止境的冒险。"严力却说他更欣赏狄兰·托马斯的:"用最黑暗的方法头也不回!"

(2016年5月15日)

严力：诗人是理想者也是行动派

王晶晶

人物简介：严力，诗人、画家、作家。1954年生于北京。1973年开始诗歌创作，1979年开始绘画创作。1985年留学美国，后在纽约创办《一行》诗歌艺术季刊，并开始写小说。现定居纽约和上海。

采访严力那天，是记者和他一周内的第三次见面——初见于《环球人物》创刊10周年的诗歌朗诵会，又约见于画家张伟的个展，然后才是对谈式的采访。他的故事很长，用他自己的话说："我经历了太多。"上世纪70年代，他是"今天"诗社与"星星画会"的成员，属于闭塞年代文艺圈里最先锋的那批人；80年代自费留学纽约，在异国他乡潇洒着、叛逆着；90年代开始，往返于大洋两岸之间，在中国待半年，在美国待半年。

当年与他一起叱咤诗坛的人，有的成了国际大腕，有的成了学院派，有的干脆放弃了诗歌，严力则一直在坚持写诗、作画，还间或写小说、搞摄影。"我一直没心没肺，什么都不想，就搞点创作。没想到也就这么活过来了"。

"摸着石头"画画

2016年，严力收获不小，他的诗选《体内的月亮》由作家出版社出版，这是他时隔21年后再次推出诗集。

诗歌就像是严力打开这个世界的第一把钥匙。"1968年年底，一个朋友给我看一首手抄的诗，是郭路生（笔名：食指）的《相信未来》，我特别受震动。'当蜘蛛网无情地查封了我的炉台/当灰烬的余烟叹息着贫穷的悲哀/我依然固执地铺平失望的灰烬/用美丽的雪花写下：相信未来……'那种强烈的个人色彩，和'文革'中的政治宣传作品太不一样了"。

两年之后，严力16岁，初中毕业被分配到北京第二机床厂。他先是认识了芒克，又陆续认识了多多、根子等人。到上世纪70年代中后期，整个社会的转型给了年轻人一种激荡人生的动力。有志之士读的谈的，都是柏拉图、亚里士多德、黑格尔、萨特。严力他们都不是物质化的人，也没有钱，就在精神的思考与随意的生活方式中，过着炫如夏花般灿烂的日子，每天写诗、画画，探索思想潮流，创作现代艺术。

1979年，严力"卖"出了第一张画。"买主是一个法国女人，叫安娜。当时我们根本不知道画能不能卖，应该卖什么价钱，卖给外国人会不会违法。有朋友就出主意，还是别要钱了，最好和她换个什么东西，就当是礼品，互相赠予。我觉得这个办法好，就给安娜说换个照相机吧。结果她第二天就坐火车去广东，然后到香港买了一台照相机，回到北京送给我"。再后来，才敢收外汇券。严力清楚地记得，那时的工资标准是一个月40元，而他们这批画家卖给外国人的画，一般在200—500元外汇券。

那个年代的一切都是在摸着石头过河。严力想办个展，朋友帮他联系了上海的场地，但必须要单位出证明或者专家发邀请函。这时候，画坛前辈颜文樑帮了大忙。颜老先生早在北洋政府时期就留法学绘画，也是首位获得国际性绘画大奖的中国画家。中国美术教育体系最早用的500多尊石膏，就是他从法国带回来的。颜老先生为严力发了邀请，1984年，严力个展在上海人民公园展览厅举行。当时陆俨少、应野平、李咏森等老画家都来声援。严力在画展角落放了几个意见本，展出18天，7本被写满，很多人说看不懂，但更多的人写的是"颜色太漂亮了"等支持的话语。

叼着自己的影子出去了

上世纪80年代在北京的生活，对严力来说，是肆意挥洒的。音乐家、作家刘索拉写道："由于北京年轻艺术男女的朋友圈，我才认识了跳起迪斯科就停不下来的严力。那时候他在舞场上属于聚光，尤其是和他当时的女友在一起跳伦巴舞，给我留下的印象颇深。"

但实际上，北京的日子再快活，也抵不过外边世界对严力的吸引力。1981年，他就写下了诗句：我希望旅游全世界。1986年，他启程了，就如他自己在一首诗歌里所写："我就叼着自己的影子/ 从阳光里/ 灯光里/ 甚至迷人的月光里/ 出去了"。

"我办的是自费留学。去的时候，身上有一些卖画的钱。但那个年代，再有钱的中国人，到了美国，也就能维持一段日子。"那时严力压根不考虑生计，刚到纽约他就开心地和朋友跑到世贸大厦下边赤身拍了一张照片，对严力而言，那真是不疯魔不成活的时期。

落脚的地方是纽约东村9街。那是纽约一片艺术的土地，吸引了很多年轻人、前卫艺术家、叛逆者，也是中国艺术家聚集的地方。比严力晚来一年的张伟，就住在11街。"有段日子，我们热闹极了，好像在北京的圈子都搬到了纽约，大家每天'勾结'在一起，什么正事都不干，就是聊艺术"。这个圈子里来来往往的人很多，后来大家陆续回国后，严力一度非常寂寞。

"到了国外以后，最大的变化其实不是别人怎么看你，而是你怎么看待自己。几乎所有艺术家，刚走出国门之后都会尝试一些新风格，因为眼界打开了，看到能作画的材料原来有那么多。可其实西方能有那样的作品是因为有那样的教育和文化积淀，我们没有。所以有的人走着走着，就走不下去了，因为心底没有共鸣"。

严力则属于幸运者。在美国，他的大部分收入都来自于卖画。1986年刚去纽约，一个中国画家集体巡回展就在市府画廊、纽约凡萨大学、纽约州立大学举行。《纽约时报》当时做了报道，唯一选的配图就是严力的画作照片。于是，他的画在展出前，就被预订了。后来陆续又有几次展览，严力每次都能卖出几张画作。"那时我的生活费用很低，也没成家，也不上学。每天能写诗、画画就够了"。

有记者曾描述过他那时的生活：严力喜欢空白和简洁，他在美国的家或许没有床，有垫子，四面墙上挂着旧唱片做的装置。他提一个箱子坐飞机去，那是全部家当，于是屋里就剩书和杂志堆在角落。人们对他说，你不该这样，你每年卖画收益四五万美元，怎么看起来一无所有？怎么有些像那精神病梵高？

除了画，还有诗，跟着他一路从中国到美国

当时，严力所有的收入都分成了两块，一是用来买唱片做装置艺术，二是创办《一行》诗歌艺术季刊。"因为在国内的时候，很了解诗歌没有地方发表的苦闷。后来去了纽约，周围的华人很多，也想办这么一个平台让民间的诗人们发表作品"。

缺少经费，严力就想了一个办法，《一行》成立大会时，大概有四五十个人。"我就对这些人说：今后每3个月，每人都拿出一天的工资，充当印刷费用。而印刷厂的老板也是一位华人，给了我很多折扣"。于是从1987年到1992年，《一行》刊登了国内三四百位诗人的诗歌。

"每星期，我都能收到那么厚一沓稿件"，严力把手放在桌子上方与锁骨齐平的地方比画着，"有的信我一看邮费，20元人民币，你想那个年代，用半个月工资寄这一封信"。现在这些诗人，仍然活跃的还有近百位，其中10多位都是诗坛或学院里首屈一指的人物了。

诗人伊沙就曾在《一行》上发表过诗作。他曾回忆严力给他回信："他的信不算短，有时一句话胜过千言万语：'不出几年，你就会写出来的……'当日黄昏，我独自一人坐在陆军学院大礼堂外白色的台阶上反复读着这封信、这句话，心中一片潮湿。"

那个时候，严力还在创作小说。有编辑向他约稿："总是刊登你诗歌，你有其他类型的文章吗？""有。""那回去后给我看看。"一回家，严力立马坐下创作，一口气写了3个短篇，都发表了。"写到后来，我找到了一个最好的写小说的方法，就是想象对面有一个人，正在听你讲故事，我甚至能想象出他的表情"。

写诗首先是建设你自己内心的文明

伊沙有一个对严力的评价，在舒婷、欧阳江河、芒克、多多等一系列朦胧派诗人中，严力最初是平凡而不显眼的，但他却是最现代的，也比别人走得更远。

刘索拉则记得，"上世纪80年代，我认识了诗人和文人，唯有严

力跟我说话的时候,我听不懂。因为他'不说人话',你说今天真暖和嘿,他会用'另起一行'的话回答。你要是刚认识这样一个人,还真接不住这种对话。"

就像严力那时写的一首诗,"我已经旅游了全世界/全世界的每一天都认识我的旅游鞋/但把我的脚从旅游鞋里每天往外挖掘的/只能是故乡的拖鞋"。时隔多年,严力对《环球人物》记者说:"不要以为我的重点是故乡,我在写乡愁什么的。没那么简单,我很多东西是在里面埋伏着的,其实强调的是拖鞋,但直接说拖鞋是我故乡,人家会说这个人太狂。"

"我早年尝试过那种跳跃的风格,后来到了国外,也深入思考过关于诗歌的很多问题,技术上的,试验派、翻译体,西方的米沃什、庞德之类,我都研究过。要写诗,首先这个东西要触动你,才会写,写的过程中你在思考,对与错、写法、自己的价值观,写出的东西如何被接受,会有怎样的反应,这整个过程都在鞭策你,所以写诗首先是建设你自己内心的文明,而且最终要提高你自己的行为"。

他举例,去年巴黎发生恐怖袭击时,他写了一首《诗人何为》:诗人是自己的警察/每天搜捕体内的恐怖分子/更不会把他们释放出来。"诗人是理想主义的,但他也能是一个行动派,这理论上是可以的"。

无论是诗歌还是画作,严力的艺术都扎根于一种对社会的责任和思考。就像他在美国所创作的"补丁"系列画作,是觉得人心需要修补;"窗景"系列是都市人都有站立于窗前的经验,刻画都市人的内心。而在诗歌中,他想把最沮丧绝望的那一刻表现出来,想出了"我的鱼钩/终于在没有鱼的池塘里……满脸无奈地/一口吞下了自己";在以"星期六的阳光明媚"为题的诗中,他会写下"谈到自杀者到另一个世界以后/再自杀一次就回到了这个世界。"

"上天给了我们最好的工具——头脑,一个无价的机器整天在玩。"严力指了指自己的脑袋。他随口说的话,都像是一句诗。

《环球人物》2016年第9期

感受严力的纽约

冯 晏

我和严力是十多年的朋友，他的归属地始终是处于纽约和上海之间，诗人与画家之间。严力就是在这个"之间"的"路上"，一直围绕先锋艺术观念，对自己的诗歌与绘画创作进行不断地尝试。"在路上"这个词语就像是严力一直在实验与探索的创作状态。同时，也像他现在的生活，时而去西雅图探望女儿，时而与他美丽的妻子从纽约或者是上海飞往另外的国度。他创办在纽约的《一行》诗刊的名字，我的理解也是处于行走中的意思。与影响了包括鲍勃·迪伦等艺术家在内的凯鲁亚克的《在路上》那种探索自由之路的艺术精神似乎相互吻合。我不知当时严力给刊物起名时，是否与同时居住在纽约，并与之有一些交往上影响的金斯堡，以及垮掉派的创作理念是否有关联。

严力在到纽约留学的两年后，1987年就创办了这本对国内现代诗写作具引领性作用的先锋艺术团体《一行》，可以说他的《一行》诗刊，当时引入了国内一代先锋诗人对语言充满新的渴望，以及实验性探索的思维曲线。《一行》的出刊，所开启的是一扇中国诗歌通往世界的纽约之窗。

我这次来纽约，是在波士顿燕京图书馆参加活动后途径纽约回国，正赶上严力在纽约筹集《一行》创刊30周年纪念资料。从一个旁观者，我答应严力谈谈《一行》，是因为我对严力的观念性创作，多年来有一些相同的认知。

接受新的艺术理念，严力是天才。他的诗歌创作在先锋精神的"创意性"方面一直都是超前的，就像美国，永远把创造力的价值摆在首位。严力的诗，语言视角独特，总是在词语的结构上追求更多的意想不到。他的写作似乎对汉语诗歌在语言的创意方面保持一种强调和提醒，包括《一行》，也寄予了他对推进国内先锋诗歌创作所怀有的一份责任。是的，国内的先锋诗歌创作从80年代一直走到当下，从简单到复杂，严力的创作也在这些艺术经验的反思中随之演变着……。"还给我早上叫醒我的那只雄鸡，\哪怕被你吃掉了也请把骨头还给我"——严力《还给我》。这是严力近年来的诗句，在现实与超现实之间，语言强力，比起以前，他的创作增加了深刻的辨析。

一直以来，严力的绘画对他在诗句中向前深入的艺术观念时常起到一种补充效果。我除了看到过他作为星星画派成员时期的一些作品资料外，记得几年前我在北京赶上了严力在首钢改建的艺术区内的一次画展，那是第一次看到严力在绘画上使用一些老唱片做拼贴并置式的抽象表现主义创作。在那些作品里，我辨认出严力在诗歌作品里所融入的语调、音韵和旋律。也看到了同样居住在纽约的一些前辈诗人在诗歌创作中对音乐、绘画以及诗歌的连体呈现所留下的那些杰作与记忆。

纽约是严力的一件衣服。他的传统与前卫在体内冲突而和谐。如果说严力的诗与画作品所呈现出的是一种先锋性视听，他创办的《一行》，在时间的长河里便是其中那无声和沉默的部分。有时，沉默本身就是一场重要的诉说。

去年夏天，源于一个沙龙里的活动主题，我又系统阅读了有关纽约派诗人的一些作品。除了已经熟悉的阿什贝利、奥哈拉的诗歌，我又搜集阅读了贝里根、肯尼思·科克等诗人的诗作。"他在井底歌唱，而她通过燕麦杆、蟾蜍、木板，三条缠在一起的蛇，听见了他……。"（贝里根）。纽约派诗歌是我眼中创作水准最突出的一个诗歌流派。追求直接表现日常自我与日常经验，从中寻找出人预料的并列与无法预见的姿态是他们追求的方法之一。在阅读中，我联想起被纽约派诗歌中那些看似摈弃技巧的方法所影响的一些杰出的诗人和艺术家们。就像纽约的著名导演吉姆·贾木许曾在一篇访谈中说："纽约派诗人对我来说是教父一般的存在"。而这些影响在严力的诗歌与绘画创作中也是如影随形。

纽约派诗人的创作方法上与抽象表现主义绘画的艺术观念并行

并进。以勃洛克为代表的纽约画派所强调的潜意识和心理的力量元素，追求线与色彩的偶然性。以留给创作上更大的自由。这也正是纽约派诗歌所追寻的。所以双栖、跨界是生活在纽约的艺术家们被影响后的自然触及，就像严力，是诗人，也是画家。纽约派诗人阿什贝利是后现代派的代表人物，毕业于哈佛大学和哥伦比亚大学，在纽约之前曾在法国《论坛报》任艺术评论员。奥哈拉曾经是纽约现代艺术馆的策展人，他们共同的艺术理论和观念对先锋诗歌的发展起到了重要的引领作用。而严力于1996年写的关于纽约的诗，结尾是这样的："纽约，纽约在世界的心脏里面洗血，把血洗成流向世界各地的可口可乐。"这里有对纽约的调侃和赞美、有对商业化冷漠的批判、也有不择手段进行创新的含义。严力在纽约的很多个区域居住过，在居住了十年后写出了这首描写纽约的诗。

我始终是在这样的历史线索里阅读严力的。在一个发达国家，观念就是价值，因为它是人类精神世界向前行走的出口，创意和观念也是艺术指向未来的重要条件。

从严力近年来的诗作中，我不仅看到他引入了更多复杂与深邃，作品里还有更多对纽约存在过的各种艺术流派不同风格元素的兼容。"在清明感怀生命时／发现死亡没带走任何东西／种族、宗教、战争、礼帽、雨伞……／也没带走悼词与碑文"——严力《清明感怀》。这首诗，他以静观万物对词语的无声潜入，来表现他艺术经验丰富之后情深又淡然的生命状态。

这次在纽约，严力和他妻子郭卫开车陪我去纽约附近康尼岛海边散步时，他妻子给我看了几幅严力最新的绘画作品。这些作品比起以前我看过的更加趋于细密与纷繁。他在超现实中融入了更多的叙事，强调在同一个画面内表达不同的时间和空间。超现实主义与日常经验在同一幅画面中相融相衬。色彩比以前更加强力、丰富而透彻。

记得去年五月我在伦敦去泰特美术馆看展览时遇见了一个早逝的孟买画家布班·卡卡尔的重要展览，展览以一幅馆藏作品《你无法取悦所有人》为标题。给我带来的是一次视觉和心理上的全新震撼。他的画就是超现实与叙事相结合，在一幅画面表达多重空间。他的作品大多围绕着生与死，天堂与地狱，阶级区分，宗教信仰与日常生活相互映衬，丰富而深刻。而当我看到严力最新的几幅画作时，也是带给我这样的惊喜。他们的创作在我眼里方向相同，我的确不知道严力最新的信息来源对他创作的影响，我更相信这种智者见智，不期而遇。不断在前沿的理念上顿悟和超越，我相信严力的创新还会给我以及这个世界带来更多的意外和震动。

在从海边回来的路上，严力开车让我再一次经过那片夜色斑斓的曼哈顿建筑群；又穿过那座已不知进入了多少经典文学作品里的著名的布鲁克林大桥。在纽约夏夜的微风里，我似乎看见了惠特曼的背影、金斯堡的语言、阿什贝利的深邃，勃洛克绘画时的随意和偶然性。我默数着被纽约这座城市塑造过的诗人、作家和艺术家们，以及他们部分作品的名字，同时也看到那时候的严力，在纽约奔忙于《一行》。

2017 年 6 月

对失去美好事物的考问

——严力《还给我》解读

熊国华

严力在中国先锋诗歌界有着"常青树"之称。从七十年代的朦胧诗到八十年代的第三代，从九十年代的个人化写作到新世纪多元混合的现代诗，大浪淘沙，多少风云一时的诗人如过眼烟云，而严力却始终保持着旺盛的创造力和先锋姿态。他"以其富有亲和力的语感魅力和强烈的问题意识，不断激活人们对他的关注，同时，也有机地融入了不同时段的先锋诗歌进程，成为其不可或缺的活性因子……从接受美学的角度而言，严力的存在，无疑已具有了某种'经典'的意义。"

严力，籍贯浙江海宁，1954年生于北京，19岁开始现代诗写作。1978年参与民刊《今天》的诗歌活动。1979年开始绘画创作，并成为民间艺术团体"星星画会"成员。1984年在上海人民公园首次举办个人画展。1985年夏季去美国留学，1987年在纽约创办《一行》诗刊。著有诗集《这首诗可能还不错》《黄昏制造者》《严力诗选》《还给我——严力30年诗歌精选》《体内的月亮——严力诗选》，以及《严力诗画集》《造句的可能性》等十余种。令人惊奇的是，严力在诗歌创作的起步阶段，似乎就对诗歌语言有着本质的理解和运用，请看："思恋还在我床上过夜/以往的吻/从我的眼睛里面提出井水"（《他死了》1974年）；"走吧/夜路早已熟悉/为了把你的鞋给黎明穿上/光着脚/走吧"（《歌》1977年）；"全世界的每一天都认识我的旅游鞋/但把我的脚从旅游鞋里往外挖掘的/只能是故乡的布鞋"（《根》1981年）；"今天的耳朵一直占线到七十岁/好不容易拨通喂喂喂/传来的语言已经是一篇悼词"（《不要站起来去看天黑了》）；"夏日之后的秋阳全部涌入了果实/冬天我们顺风向南/直到把春天的墙根踩疼/疼到蝉群出洞之后还在吟叫"(《交流》1983年)。这些诗句似乎没有受到当时普遍流行的口号式的政治颂歌(或批判),以及直白的"假大空"的浪漫抒情诗歌的影响,而是运用来自日常生活的口语、意象的非常规组合,呈现出超现实的诗意空间,产生出一种语感的亲和力、诗性的张力和陌生化效果带来的令人惊讶的审美快感。这种对语言的敏感和诗性的把握,或许是严力诗歌从不过时的先锋意义之所在。

  严力诗歌的另一个重要特征是具有超前的强烈的问题意识,使之长期保持着与时俱进的先锋姿态。所谓"问题意识",主要是指对诗歌题材的发掘拓展。严力1985年留学美国后长居纽约,并经常出入美国、中国和欧洲等地,用中国的眼睛看世界,用世界的视角看中国,在多元文化的交流、对比、碰撞中,自然有不少新的发现,新的灵感。新移民生活使严力具有了更为开阔的国际视野和多向度思考,诗歌创作的题材涉及许多世界性问题,诸如种族、宗教、战争、人权、性别、腐败、赌博、恐怖袭击、生态环境等社会问题。请欣赏严力对现代化进行反思的名作《还给我》:

  还给我
请还给我那扇没有装过锁的门
哪怕没有房间也请还给我
还给我
请还给我早上叫醒我的那只雄鸡
哪怕被你吃掉了也请把骨头还给我
请还给我半山坡上的那曲牧歌
哪怕已经被你录在了磁带上
也请把笛子还给我
还给我
请还给我爱的空间
哪怕已经被你污染了
也请把环保的权利还给我
请还给我我与我兄弟姐妹的关系

哪怕只有半年也请还给我
请还给我整个地球
哪怕已经被你分割成
一千个国家
一亿个村庄
也请还给我
　　1986年

这首只有20行的短诗，容量却包含了诸多世界性命题：社会治安、农业文明、工业化、音乐、民俗、爱情、环境污染、人际关系、伦理道德、战争、殖民主义，等等。现代工业文明和高科技的迅猛发展，给人类带了经济繁荣和物质享受的同时，也带来一系列社会问题，使人类失去了许多原有的美好的东西。严力的《还给我》针对这种世界普遍存在的现实状况，用诗歌发出了"还给我"的心理诉求和强烈呼吁。这首诗写于中国大陆改革开放起步不久的1986年，不能不说诗人严力具有一种与生俱来的超前意识。

开头看上去，诗人的要求似乎很低，无非是"那扇没有装过锁的门"，"早晨叫醒我的那只雄鸡"，"我半山坡上的那曲牧歌"。这些其实都是诗人童年乡村生活的美好记忆，门不用装锁隐喻社会治安很好；雄鸡报晓、山坡牧歌，隐喻人与动物和土地的关系密切，这是一种田园牧歌式的生活。但是这些现在已经不复存在了，没有装锁的门被不锈钢防盗门代替，报晓的雄鸡被吃掉，半山坡放羊的牧歌也只能在磁带里听到了。但是，诗人仍然很执着地说"请还给我"！接着，诗人要求"还给我"的是爱的空间，与兄弟姐妹的关系。说明现代社会的爱情亲情友情也被物质化给疏离了，爱的空间、生活的空间都被污染了。但是，诗人很执着地说"也请把环保的权利还给我"！最后，诗人层层递进，顺理成章地要求"请还给我整个地球"，哪怕被分割了破碎了，"也请还给我"，代表人类发出最强烈的呼吁！这种已经失去（或者即将失去）的美好事物的不可逆转性与"还给我"的强烈吁求，形成一种极具张力的超现实语境，凸显了存在的荒谬与虚无，是对人类现代化工业文明的严厉拷问，对人类命运及其家园的终极关怀,也是严力诗歌特有的典型的黑色幽默。诗人评论家沈奇甚至认为:"在海内外产生深广影响的《还给我》,是足以印在联合国宪章首页而无愧的经典之作,世界性的命题与人类意识的角度,使一首短诗具有了史诗般的价值,而由此恢复了诗人的荣耀。"

这首诗在艺术形式上,可以说是中国古代《诗经》重章叠句的铺排手法在现代诗中的成功运用。尽管排列方式略有变化,但每一内在节奏的基本句式皆为:请还给我……哪怕……也请还给我。第一句为美好的事物,第二句为美好事物被破坏或消失,第三句为强烈要求。尤其前两句之间的对比形成巨大张力,增强了"请还给我"的合理性,使诗人对现代文明的审视与拷问,以及对人类命运的关怀,能够在读者心中产生强烈共鸣,具有震撼灵魂的艺术力量。据说,每当诗人用话剧演员般的铿锵声调朗诵这首诗的时候,全场无不沸腾,掌声雷动。中国古代诗歌的经典手法在现代诗中的合理运用,复活了汉语诗歌的辉煌。

2017 年 11 月 15 日

关于艺术融合兼谈诗人的自觉性

弘十四（上海）

　　艺术之间所以能够互相解读和激发，源于精神的同构。如果仅遵循意义，那不过是一场真理的游戏。我追求精神的品位和气质，尽管带有古典倾向，但仍然值得坚持。我们将精神品位通过形式化给展现出来，否则只是炫智行为。艺术的变迁从其表现形式看，是一种不断超越传统的精神虚构。但传统并非足够漫长，而且当我们在论及传统的时候，往往忘记了开端。解开艺术之谜，等于解开人与其诞生之谜。

　　正因为将人类归为进化论的解释，以及科学技术越来越承担了人类秩序建构的任务，艺术在放下传统包袱的同时，也放下了敬畏之心。在把艺术的创作等同于技巧的同时，不再关注精神的品位。诚然，技巧是外化精神的中介，但正如不同的演绎者会将同一部作品展现出不同的形态，主要源于他们不同的精神的品位和气质。这里，我们并不在于将精神的品位和气质区分出一个等级，事实上也无需如此。只要关注到这样一个事实就可以了：我们对艺术作品的描述所使用的修辞大致属于同一组范畴。

　　站在历时性与共时性角度分别描述，会给出不同的方式。以诗歌为例，大致再以西方为例，可以举出流派的变迁。这一方面是出于突破传统过程中对自身的认识也在不断变化，不仅艺术之间，而且科学、哲学（美学）以及与生活世界也在发生感染和影响。事实上，我们并不能把生活世界分割成多个不相关、独立的领域，以致时代精神风气所向，同时呈现出艺术作品之间的同构性。另一方面，不同时代的诗人之间仍然可捕捉到相似的气质。因为人性并没有发生基本的变化。尽管表现方式发生了改变，但诗人之间的气质具有承续，有的热情如烈火，有的沉静如湖水。这确实是一种中国式的体会。尤其是当站在空无之观和齐物一体的感悟下，捕捉这种精神气质上的传承性，更会默契于心。犹如不同种类好酒，尽管香型不一，但只要久藏深窖，都品质醇厚，令人沉浸。道家讲惟精惟一，我能理解的，就是在精神气质上修炼得炉火纯青。

理性时代开启了全面理解人自身的节奏。但概念化无法说清楚美及审美。康德用了愉悦，博尔赫斯也用了快乐一词。艺术既是一种天赋本能，也是一种理解力，但又不仅受其中一种规制，她是混沌而来。既是艺术家将自身置于世界与时代图景时的冲撞，也是个体与群体相处的失落之物。但无论如何，艺术也是在有限的范围内为人类秩序的构造，或者说发现秩序作出尝试。不仅文字、线条、颜料、图形，还是音律、声调、符号，都要在时间与空间中做出可解读的安排。超越只在于作品给出的方向。有时候就是以新面目的回归。中国人将艺术作为沟通天地人的一种方式，也是因为蕴含了这样的意味。我是从这二点去理解艺术家的精神品位的。我一直困惑于：莫非在艺术之间，久久存在着人文主义与反人文主义两条路线的纠缠？

品德是否等同于精神的品位，这确实是一个不大好回答的问题。我们将品德归为伦理范畴，伦理是群体秩序化的一个直接产物，与作为个体维度上的精神品位应有所不同。品德更多是围绕责任、义务和权利来展开。值得注意的一个现象是：艺术家大都在伦理生活中不怎么循规蹈矩。理解他们吧，因为他们要进入另一个秩序空间。人生一世，世代存续，一直在解决"与自己相处，与他人相处"的问题。他们只是在另一个角度对此进行了谋划。

在这里，我所讲的精神的气质主要是这样一种情况，比如，木心先生的诗，我能给出的是行云流水般风雅的感受。我所讲的精神的同构，也主要是针对气质而言：比如，严力先生作为诗人，同时还是一名画家，在他的诗画作品中均保持了一种相同的气质，如刀刻般的审思和硬度。而不同艺术家的作品之间也能发现这方面的一致。艺术家之间即使乍看下不似，但在大能之手的安排下，谁又能说究竟不二？这就是审美中所分别出来的东西，也是我们讲艺术融合及艺术之间相互解读的依据之一。若引入时代维度，还会发现其中的意识风向。

从最直接的角度看，美应是艺术家试图抵抗生命虚无以及时代困惑的一种自觉行为。也就是说，内心的一种冲突、焦虑或矛盾，将通过艺术，也就是在艺术的形式和内容中得到解脱与和解。但正如艺术才能是从天而降，有些作品带来纯真，有些带来深沉，也有些带来热烈或晦暗，但艺术家从来不会真正离群索居，也不会隔绝于某种传统，因此，作品的成熟度将与自觉性链接起来。抵抗也可以从其他方面进行，比如信仰，比如堕落。尽管这三者都不会是最彻底、最究竟的，但这就是人之为人所应面对的处境。冲撞或失落之物，最终由艺术家个人的精神品位和气质决定。

审美既是普世的，也是纯粹个人的。这是艺术家个体与众体间的一个秘密。西方的一系作品在个人主义表征下，有强烈的形而上学普世冲动。中国的一系作品，在叠嶂图景之中，释放了个体逍遥的意图。中西方的艺术比较当然不会如此简单。事实上，西方人的秩序感远较东方人更为浓厚。西方现当代艺术是对秩序的不断突围。中国还没有严格意义上的现当代艺术。这种对比，必须放在更为巨大的时空下才能获得有趣的观照。

诗人的自觉性还表现在，尤其是作为一名汉语言诗人，应该把汉语言的表达能力发现出来、挖掘出来。中国自古以来有很多汉字，到目前已经不再使用。我们现在很多的汉字词组，都是来源于近代从日本的再引进，这些日常在用的字词，所被赋予的意义，以及对意义的阐明，很大程度上得益于对西方的翻译。汉语言在表达方面能够提升到一种什么样的境界？这是我们搞文字的人应该认真思考的一个问题，也是需要主动承担的一项任务。语言在技术时代失去了它曾经的中心地位，但没有死亡，也没有退出人类活动的舞台。只要那个"相处"的问题存在，语言还将行使它的使命。

作为诗人，他不仅应该展现出汉语言在意义表达上的能力，而且能够充分展现出汉语言在表达美方面的能力。只有当我们感觉到一种语言，不仅能说清楚，而且还具有充分的美感的时候，这种语言才能够被真正地喜爱，才有资格生存下去。

诗人自觉性的第三个方面，就是他应通过文本去丰富人的经验和体验。我一直说，人生活在两个世界当中，一个是事实的世界，一个是文本的世界。我们的文字作品，包括诗歌，通过文字表述的张力，使我们获得了一种新的经验体会，而这种经验体会是实际生活中可能不会碰到的，也可能是不真实存在的，但是却会让我们有这种或那种惊艳的感觉，这是一个非常有趣的维度。精神本是虚构之态，在是与非是之间，在观想与印证之间。从这个角度讲，所谓的"诗意的栖居"在于由文字划出和给出的世界之中。

去把握诗背后的境界，去决定是否喜欢一首诗。艺术审美既是智力的，也是超越智力的。如果一定要用什么词语来概括，那么就是一条生命的修为之路。

2018 年 11 月上海临港

2018年"在艺"视频直播实录

花：今天非常荣幸邀请到一位艺术家来到直播间，在见到这位艺术家之前想和你们说件事儿，前两天我第一次参加了一个诗人的聚会，大家在酒过三巡之后，每个人读了一首自己的诗！

那天真的是非常感动，冬天的夜晚寒风瑟瑟非常冷，但是走在回家的路上，想起大家读诗的场面，就心里暖暖的。因为，在现实的环境中，很难看到这么坚持表达信仰的一些人，他们在写诗，创作，甚至在兼职着维持自己的热爱。

今天我隆重地介绍一下今天来到直播间的这位艺术家，他也是一位诗人。他会给我们来一段迈克尔杰克逊的舞蹈《BILLIE JEAN》

花：严老师您学舞蹈是什么时候的事情？

严：1978年。

花：是从爵士开始？

严：就是disco。正好那时候1978年邓丽君进入大陆，然后留学生也开始来了，所以有了disco。那时候正好是Michael Jackson开始流行。所以我们有时候跟留学生他们学的这个 disco。从 1978 年开始，所以也就是40年以前。

边说边坐下

花：大家可能不知道，我们现在所在的地方呢是一个雪茄的会所。也是严老师的藏家朋友。今天我是跳得气喘吁吁，严老师呢也是跳得high了，哈哈。

严：毕竟我65岁了，所以有些动作不是很到位，见谅哈。

花：哪有，心态年轻！

（正式谈话）

花：严老师，非常的荣幸啊欢迎您来到我们的直播间。现在正在临港美术馆举办个展，【诗意当代：我与我的40年】，严老师，咱们就先说说这个展览吧。

严：好的。正好我画画也是 40 年了，从 1978 年年底时候用钢笔在纸上画，后来就开始在画布上画油画。然后 79 年参加了星星画会，80 年星星画会第二届，84 年在上海人民公园展厅举办了我个人的第一个画展。那么，上海这个城市呢，其实跟我有缘，所以在 2018 年，正好是我画画 40 年的时候，做了一个回顾展。

85 年以前的作品，有一部分，85 年以后到了纽约，那时候我自费留学到纽约，然后又创作了一些画，其中有唱片系列，也有补丁系列，还有砖头系列和构思系列。所以有大概五六个系列 80 幅作品，作为一个阶段性的回顾吧。

因为我觉得我还要继续画，真正的那种回顾展的话，我觉得可能要到再过五年，再过十年再做。

（刚刚跳完舞的严老师气喘吁吁呢~）

花：好的，严老师我们稍微的轻松一下哈。刚才的部分比较热烈，我们来轻松一下。严老师我知道您写诗，那我这边想来考考您。就是我会用一个词，或者一种情绪，您可否用你写过的诗当中的一句来去描述它？

严：可以，没问题。

花：好那我随便提了哦！严力老师，第一个词我想问严厉，一种情绪的严厉。

严：其实严厉是一种比较温柔的东西，它的内心是温柔的。所以温柔的东西常常要用一种硬的东西去遮掩它。比如你对孩子比较严厉，其实你内心的愿望还是为了他好。所以好是一个柔软的东西，他不是严厉的东西。所以严厉这个东西看你怎么理解。我这方面的诗倒没有，画呢，这个画面很难去表现，但是呢你可以看再提一个问题。

（内心戏，严力老师，我也从您硬朗的外表下看到了温柔的心呢）

花：那我们就来说说永恒吧。永恒您想用哪句诗去阐释？

严：因为你看很多人都说呀，这个地方风景很好，那个地方风景很好。但是我认为最好的风景是，我写过一首诗，说"眺望，是我永恒的风景。"就是你眺望远处的那个姿势，是我永恒的风景。证明你一直在看你想看的东西。我把眺望变成了一个风景，或者也可以说，眺望的姿势，是我永恒的风景。

花：其实这个也让我想起了那句：你站在桥上看风景，看风景的人在楼上看你。明月装饰了你的窗子，你装饰了别人的梦。这个是卞之琳老师的一句诗哈。好，那永恒算是可以了，再选一个啊，严老师如果来形容喜悦，您会用哪句诗？

严：喜悦是这样，分很多种，什么样的喜悦什么样的喜悦。

花：您可以形容一种喜悦，用一句您的诗。

严：我能想到的一个喜悦的东西，就是说，有一种喜悦，是爱情上的，但是这个爱情可能不是那么很好的结局。有两个人很好，但是另外一个人离开了。一个人表达了一种愿望：你，原是鸟儿，远去，能令我的仰望更高。

花：噢，就是那种没有在一起有点遗憾的感觉。

严：对，但他愿意为她喜悦。这种喜悦是搅动心肠的。

花：是仰望的喜悦。

严：对，就是说我跟你很好，但是呢你有一个更好的出路，怎么办。他就说，你原是鸟儿，远去，能令我的仰望更高。

花：我能感觉到那种思念的情绪，仿佛是甜蜜的忧伤。那好严老师如果是形容爱情的话，您会选哪一句呢？

严：就是说你要表现一个爱情强烈，它的强烈程度，我写过一首诗，就是说，"你和我之间隔着一个太阳，你拥有两种光芒，但是你迟早会发现，你脚下的影子，朝向太阳。"我的光芒更亮，太阳都照不过我，让你的影子朝向太阳。我和太阳之间，隔着一个你。这够强烈吗？

花：的确很强烈！所以我感觉严老师您在生活中可能就是比较man power 的人吧？

一定是散发着太阳的光芒。

严：我创作有一个原则，我认为对于一个创作者来说，忧愁啊、痛苦啊、愤怒啊这些东西都是创作的源泉，要把它节省地使用，变成你的作品。但是跟朋友、家人之间，要把你的快乐分享给大家，要发光和发热。所以我一般很少，把自己的这种郁闷也好，痛苦也好啊，很轻易地倾诉给别人，我要倾诉的话，也是放到作品里去，而且还要升华。痛苦在你身上产生了以后，有没有一个好的东西能提炼出来？所以我们要把任何的历史的经验、战争的经验提炼出来，为的是以后不再发生，或者减少发生。

花：是的，而且严老师，我也觉得很多艺术家都很敏感，他对事情的感受力是很强的，有时候有极致的喜悦和极致的悲伤。所以您一般的情况下是把悲伤地情绪写在作品当中，快乐的一面分享给身边的人。我可以这么理解吗？

严：可以这么理解，还有一点就是要在快乐、痛苦之中总结经验，分享给别人。为了减少发生，甚至杜绝发生（痛苦）。

花：好，严老师最后提问一个词。如何形容"青春"？

严：青春在某种程度上需要一些升华。所有年轻的人的青春，我理解为他的成长过程中的一种能量，这种能量要好好使用。很多人使用不当，比如说别人一激你，说这个事情你敢不敢去做，那么很多年轻人会因为别人一激，冲动去做，然后引起很多后遗症，甚至犯罪。那我就觉得青春是要好好保护的一个东西。我觉得作为青春，学校也好家长也好，有责任对这种青春期的孩子，多一些指导，引导他们。说实话，青春就像一朵花打开，但是，很多人会忽略，只看见一个形象，没有听见里面的声音。其实你把花朵开放的时候的声音放大一千倍，你能听见它的声音。

花：那是需要非常的细微和细致。

严：所以青春需要珍惜这是第一点。第二点，要把它升华到有一种审美。青春是一个美的东西，我们要想它保留，所以很多人写了很多关于青春的诗，关于青春的描述，都是为了保留美好的记忆。

花：嗯，心态年轻很重要。我觉得啊严老师刚才在看您跳 disco，包括跟朋友们在一起聚会，都觉得您充满活力，您觉得现在您自己的心态大概是几岁？

严：是这样，当你很自信地创作，然后当你觉得确实很快乐，那时候这种心态永远是年轻的。这种心态建立在你能不能跟朋友一起互相分享快乐。所以我现在跟上海这帮朋友呢，比如今天来了两位嘉宾，一个古冈，一个陆渔，我们经常互相享受大家在一起进行脑力碰撞的快乐，比如大家朗诵朗诵诗，谈一谈国外的生活经验，国内的生活经验，其实本身就亦是生活的、亦是知识的、亦是审美的快乐。所以它是一个良性的循环，所以呢，我觉得这种朋友之间的聚会其实是很原始的状态啦，很早就有的聚会式文明就是沙龙。我们中国古人，热爱琴棋书画。比如说你收藏了一张画，把一帮朋友叫来，喝茶，把这画挂起来欣赏这就是中国式的沙龙，这件作品，好在哪，大家互相讨论讨论。然后喝多了，马上灵感来了，然后马上一首诗就出来了，这也叫雅集。就是文雅的人士集中在一起。讲到琴棋书画还有一点，就是我们把每种器官的享受加入了审美。音乐有了歌词，有了更多的探索；绘画，有时代的描述，有情绪的描述，其实都加入了审美。我们一开始的器官享受都是动物性的，人类知道能把审美加进器官享受之后，产生了知识、产生了修养。光是说遵守法律的话，遵守法律的人不等于一个有修养的人。遵守法律之外，作为一个文明人，还要有修养。所以修养就是琴棋书画，读书、艺术、文学这些东西。

花：对。您让我想起了马斯洛的生存理论，他是在你生理需求、基本物质需求满足的基础上，才开始追求一种精神上的这种丰富和愉悦。好，严老师，您刚才说喝酒的时候会写诗，所以您的诗一般是喝酒的时候作的吗？（大笑）

严：中国的诗歌传统很多年了，大家家喻户晓的比如李白，但是我的经验当中不是每个人喝完酒都能写诗的。每个人酒后的情况是不太一样的，有的人酒后就开始吹牛了，有的人酒后开始打架了，还有的人酒后就睡觉。但正巧，我很幸运，我喝完酒后就能写。所以说有一部分人是喝完酒能写诗的，但是这个诗每次我写完放在一边，要让它跟我拉开距离几个月，甚至半年，我再拿出来修改。所以我一般发表的诗，最起码都是几个月或半年以前写的。我为了跟它拉开距离并能够把它修改得更好。因为当时写的是喷涌的激情，它写完了有一些东西可能是啰嗦的，还有一些东西是你认为你把所有的信息交代在诗里，其实不然。

当你激动地写一首诗的时候，其中你脑袋里有一些信息，不一定被你写进去，但是你自己读的时候，这两个信息是合在一起的，你认为完整了，事实上这两个信息在你脑袋里没有进去，（花：那在哪儿呢？）不，你读的时候，比如说这首诗有六个信息，你写出了四个信息，有两个信息没写出来，但它在你脑海里，你写出的这两个信息跟这四个信息在一起了，变成六个信息了，但是任何一个读者，他只看到四个信息，另外两个没有，但你看的时候在里面。所以我要拉开距离，等这两个信息消失了，我再看，别人看不懂啊，那我就要修改了。

花：所以您会要花很多的时间，去认真修改自己的诗。

严：对，要认真对待，然后一次次去磨合。这也是我创作的一个经验吧。

花：嗯，艺术作品有时候是灵感一蹴而就的，有时候需要后来不断的修改和练习。严老师我们今天的标题您是诗人也是画家，您觉得自己更喜欢诗人和画家的哪个身份？

严：我觉得我是一个思考者。因为所有的艺术门类其实都是在表现你的思考，只是承载的东西不同。有些人掌握的表达的工具多一些，比如我可以用诗、画、小说、摄影。那么当一个灵感来了，这个灵感是比较适合摄影的，我就用摄影去表现它；如果这个灵感比较适合文字的，我就用诗歌；如果觉得这个灵感里头包括了好几个幽默的情节，那我就用小说。所以这样也让我节省了很多灵感，不会说一个适合绘画的灵感我去用小说表达。（花：嗯，您可以自由地切换。）因为我掌握的工具多了，我思考出来以后，我会选择适合它的载体来表达。

花：好的。我知道严老师您今天也带来了一些早期的您的作品。能不能给我们直播间的朋友分享一下呢？大家其实现在可以到我们的临港美术馆看看我们严老师的个展。

严：这个是我在1991年在纽约拍的。如果这个作品有题目会限制别人的想象，我当时的考虑就是拍海枯石烂的爱情。我就说，在一个酒杯里，爱情是有度数的，因为它是装白兰地的酒杯，而且两个人在kiss。它是一个陶瓷的东西，很多地方都可以买到，是一个比较经典的旅游产品。为什么我说创作要用摆拍才行。一个好的风景，比如黄山风景，每天有成千上万人在那拍，那你怎么表现你的特殊性，如果这个风景当中有一部分是摆拍，它是原创的，是别人不能copy的。所以我在摄影当中，我也拍摄一些风景，所以我更多的是摆拍。（拿出另一件作品）还有一件这是环保题材。我就不多说了。因为我曾经写过一个，把污染当作一种强奸。那么由强奸想起了这个避孕，就是要避免污染产生的后果。所以用了这个避孕套。

花：嗯。我想起了您的《还给你》那首诗。（严：对。）

严：这个是比较幽默的。因为我们有一句话，关于性的。欲火重燃。那么这个我怎么表现它呢？我觉得摄影能表现它。（拿出另一幅作品）我用了一个教学用的人体骨骼，它在翻看Playboy杂志，但是他那个地方点了个蜡烛，叫"欲火重燃"了。（捂脸笑。花：我都不好意思了严老师。）这个就是说一个词你怎么表现它，我就是觉得是这样一个表现。（再拿出一幅作品）还有一个就是比较超现实的。这也可以联想很多东西，叫生殖力。就剥开橘子以后里面是个鸡蛋，你可以联想很多，比如造假，中国的情况，或者是变异，人们因为科技有很多存在方式都变异了。橘子剥开里面是个鸡蛋，这也有一种诙谐在里面。（花：对对对诙谐。）

严力：那你要说我写实的，也有一些风景的。（再拿出一幅作品）当时在布鲁克林大桥这边拍的，当时那个双子楼还在的时候，1991年拍的。01年它就被撞掉了。（花：啊，那个时候还在！成为古董了现在）所以摄影也是记载历史。（另一张）那这张也是，我是从新泽西方向拍的，世贸中心还在这。它记载了历史，后来发生的悲剧使它成为了历史。（所以这也是摄影的魅力哈。对，摄影有很多功能。）

花：我觉得严老师您艺术的表达形式非常地多样，您在自由地游走于它们之间。而且看您的一些作品，这个摄影作品是在美国纽约的时候拍的是吧？是在85年去的纽约？（严：对。）

严：当时的情况是，刚刚改革开放不久，中国有很多东西都是很滞后，教育啊，日常各方面的条件啦，所以我理解为，你总是想向往更好的教育，更好的可能性。而且正好那时候从80年81年中国开放的自费留学，所以我85年就自费留学去了纽约。因为有一个亲戚在美国担保，他可以负担你的学费，有一个学校认为你的作品可以，就接收你。那么我有了外国留学生的签证，又有了当地人作担保，那么你就可以自费留学。我就是这样过去的。

花：所以当时去国外的时候感觉更自由了吗？更好了吗？

严：我认为在那个年代出去，确确实实对你有很大的帮助，它这种强烈的对比，就让你知道世界还有这样的生存、这样的体制、这样的模式，加上你的经历，这种对比太强烈了。

花：比如呢？

严：作为画家首先是色彩。你到纽约的时代广场，一看那些霓虹灯的颜色，中国85年之前还是灰蒙蒙的，广告都很少，霓虹灯更少。就是你从一个灰暗的地方到一个非常灿烂的地方，而且你会发现，全世界不同的人种在那都有。你突然觉得你到了一个外星球。再加上纽约那个时期的艺术发展得很好，有东村，有SOHO，那每天晚上都有画展开幕式。我就经常去看展览，展览给你很多启示，最大的启示就是，作为一个视觉艺术作品，不光是用颜色往画布上堆颜色、把东西画得像才叫艺术品。在国内的时候我们都这样认为嘛，到了那我才发现，所有的材料都可以作为制作艺术品的材料，只要你做出来别人认为好看。

花：所以它没有限制？

严力：没有限制，现在就更没有限制。你想想全世界每天多少人在这个平面上画画，为了竞争谁的更好看更有思考深度，而且视觉这个东西不需要翻译，所以你就想象每天有多少艺术品在生产。（花：有多少能被大家记住）对，就因为这种强烈的竞争，它的难度，真要做得好是要下功夫的，所以我到了美国碰巧发现了黑胶唱片，地摊上、旧货摊上都在卖，为什么？因为它作为一个以前的技术被淘汰了，因为后来磁带啊、光盘啊出现了那么黑胶唱片什么概念呢？在西方每家每户都有几百上千张，这是他们的传统。一旦被淘汰，每家每户清理的时候都有一大堆出来。结果我用这个唱片当一个黑色的颜色用，我就做了唱片系列。而且唱片系列让我的作品又多了一个维度：任何有听黑胶唱片记忆的人，在看我的画的时候，有意识无意识地都会想起他听过的黑胶唱片。所以我的画在观者的脑海里又多了一个音乐的维度。

花：我记得当时看黑胶唱片系列的时候，觉得它是一种信息化碎片的拼接这种感觉，有点像 disco 的感觉。

严：对，它肯定是跟音乐有关。唱片就逼着观者联想到音乐。

花：那时候您也做了一个诗刊。

严：对，先成立了一行诗社，然后做了诗歌艺术杂志《一行》，怎么会想起做这件事情呢？是因为八十年代中期在纽约的这些人，有来自大陆、香港、台湾的很多文化人士，这个群体很活跃，因为大家都在找创作的可能性。同时，写作的人也有很多。画画的人可以画画，那写作的人怎么办呢？我就弄了一个诗社，同时因为我在国内的经验，诗歌它是比较小众的，也比较敏感，在某种条件下刊登不容易。那么我就想，有这么一个平台可以刊登诗歌。

花：也算是把大家聚集在一起，有这么个氛围，也是一个沙龙吧？

严：对沙龙式的。

花：持续了多久呢？

严：10年。

花：这次展览的补丁系列，也是跟那个时期有一些关联吧？

严：当然。补丁系列其实就是环保的。因为地球被人类用得千疮百孔，还有一个东西也是千疮百孔，就是我们的内心，因为竞争，因为政治，因为各种运动等等，我觉得就需要反省。其实修补就是反省，把以前做得过分的地方进行修补。比如说工业革命产生了那么多的后遗症，包括污染、雾霾等等。修补就是反省的意思。

花：说起反省，我想问问您对成长经历的一些思考。很多时候艺术家的一些成长在某种程度上会给艺术家一生的创作和情感带来影响。我知道您童年的经历也是非常跌宕起伏吧？

严：是的，我出生在北京，之后就被父母送到了上海，跟着我爷爷奶奶长大，因为我父母那时候很忙，他们都是解放前加入共产党的，49年以后他们就很忙，没有时间照顾我，生下我之后就送到爷爷奶奶家。要说童年，到我12岁的时候，文革就发生了。关于文革大家都知道，就不多叙述了。在这期间我爷爷受了冲击，被关押，在1968年4月自杀了。直到1978年才给他平反了。我父亲也是因为文革期间因为没证据的政治罪名，被隔离审查了4年，4年后放出来就患了很严重的肝炎，因为营养不良，于是又治疗了大概3、4年，他在1981年就去世了。那时候我进了北京第二机床厂，当装配钳工，住在宿舍里。所以呢，这个背景就是我到小学五年级的时候文革发生了，一下十几年，没有机会上学。然后1970年就进了工厂。19那年我16岁。

花：很难想象在您那么年轻的时间段，父母、爷爷这种家庭的变故发生。您当时是不是非常的痛苦？

严：嗯，这个是一种突然地隔断，你要去消化它，但是某种程度上让这种消化变得容易一些，是因为周边很多朋友的父母都是这样的遭遇。那也是时代产生的悲剧，现在被反省了很久，现在时代必须要往前走，也必须要反省，让那种悲剧不再发生，就像我刚开始说的那样，很多痛苦你要将它变成作品，是为了让这类事情更少发生，乃至不再发生。

花：您把这些事情和情绪写进诗歌里了？

严：对，我夸自己一句吧，我还算挺自强的，都是自学的，自学地写东西，自学地画画，因为我的坚持，我觉得我还是做出了一些可以给大家分享的作品。

花：那一定是，今天可否给我们分享一首写父亲的诗？

严：可以的，在《悲哀也该成人了》这里头，有一首，我给大家朗诵一下。名字叫《酒量有限》，是怀念我父亲的：

我和我父亲，从来没有通过电子邮件，
也没有打过手机，
他更没有请我吃过麦当劳，
我知道这是废话，因为他死于被文革蹂躏的日子里，

现在我和他有时候可以哼哈几句，
那也是在我酒后的恍惚中发生的，
所以，这就成为我喝酒的一个理由。
我总是想喝到他能与我打手机，通电子邮件，
不吃麦当劳，也能喝一杯星巴克。
可是呢，事到如今，要喝到这几样事情都能发生，
必须拥有上帝的酒量才行。

（画外音），直播间里的观众朋友留言说：严力老师是一个创造力特别旺盛的诗人画家，从来不浪费一个灵感，不用诗歌的话就会用绘画来表达。

花：这是我们直播间的朋友对您的一个分享。因为我感觉到这首诗有一种浓浓的对父亲的一种思念。

严：对的。你刚才说到的还有一首，我想朗诵的就是，一个关于生命的东西。因为生命它有意外，有运动造成的后果，有战争，对吧？现在还有车祸，还有什么东西。但是生命作为人类的整体，它是在不断地循环延续的，所以我们对生命，第一要珍惜，第二要看到它是循环延续的，我们要让这个循环延续变得更美好一些。所以我写到生命，这里面也有中国人宗教情结里的前生后世，（花：轮回）对，有轮回有基因。这首诗就叫《我是雪》：

我是雪，我被太阳翻译成水；
我是水，我把种子翻译成植物；
我是植物，我把花朵翻译成果实；
我是果实，我被父母翻译成生命；
我是生命，我被岁月翻译成衰老；
我是衰老，我被死亡翻译成雪；
我是雪，我被太阳翻译成水。

这也是轮回。生命虽然要珍惜，但也要让这个循环延续变得美好些。

花：这首诗的创作，当时是怎样一个情景？

严：这个情景是我看到在我很年轻的时候，就刚才讲到的文革期间，我在北京，阳光灿烂的日子那段时间里，就有这么一个电影嘛，我就是这样一个小孩，挂着一把钥匙。那时候经常看到死亡，有的人自杀了、有的人被打死了……再加上后来到了纽约，在纽约看了很多关于二战的电影。

花：严老师我想问一下，就是比如说您的诗里面有一些自杀或什么，当时您的家庭发生这样的事情，您有过很极致的痛苦的那种感受吗？

严：肯定有啊。这个东西它可以变成一种能量，我觉得愤怒也好、痛苦也好，它是一种能量，这个能量如果你用在艺术创作，去总结经验，就是我刚才一直提到的，就要让它不再发生或者减少发生。但是如果你把这种痛苦变成一种复仇，那你就可能最终走到极端，就像人体炸弹。那些反省二战的影片对我也有教育意义。（花：所以艺术在某种程度上成为了您情绪的一种抒发方式。）因为已经发生的事情我不能以复仇的名义再去杀人，我觉得人类就是要有这种反省，就是要你把这个能量用在让这类的事情不再发生，减少发生的努力上。

花：在某种程度上来说您还是很坚强的，因为有些人可能经受不住这样的考验或者说打击，他就选择了一种极端的方式。但您就依然很正能量。

严：有时候不一定是坚强就能解决的，而是要形成人生的价值观，有了积极从善的价值观，很多事情处理起来就容易了。要宏观一些，再悲惨的事情，你要去努力去反省，大家共同来反省，让它不再发生或减少发生。永远是这样。

花：好的谢谢严力老师，我也希望以后您有更多的快乐分享，未来的生活也越来越好！到这儿呢，我也想跟直播间的朋友说两句，因为今天严老师的朋友两位诗人，也来到了我们直播间。您能不能来一起介绍一下呢？

严：古冈，他是一个学者型的诗人，上海诗人，写诗很多年了，也出过很多诗集，我跟他认识有20多年了，老朋友了。另外一位叫陆渔，他原来写古典诗，也在美国留学过，后来回来创业，又写现代诗,也做艺术收藏,他热爱雪茄并愿意与朋友分享,今天这个地方就是他推荐的。我觉得正好适合我,因为90年代初我也开始抽雪茄。现在请陆渔来说两句吧。

花:一起吧,古老师也一起。那个时候是在国内认识的还是在美国认识的?

严:有的是通信认识的,有的是网上一个平台交流诗歌,我和陆渔互相交流诗歌。

陆:跟诗人说怎么认识的,不妥当,诗人,我跟李白不认识,但我们认识很久了。

花:噢!神交!

陆:关公战秦琼是好玩的,但是李白对苏轼是很正常的,他们经常接触,经常在一个灵魂或者一本书里接触。

严:说得好,在诗歌里头的各种人生观价值观,这种诙谐、幽默,一看就好像认识很多年啦。

花:好,今天就邀请相识很久的老朋友们叙叙旧,首先请谷老师来说一说,您眼中的严老师是怎样的呢?

古:我们是1984年的时候相识的,到现在也有34年了。当时我跟严力不认识,有一天下午我下班经过人民公园门口,看到有一个画展,当时因为画展也不多,觉得这样的画的风格挺吸引我,我就进去看了。我记得当时是看到严力跟上海一些朋友站在当中一个桌子边,我看完这些画之后呢想上去打个招呼,又觉得不认识,有点犹豫,就没去打招呼。我看了他的画,为什么说对我冲击力很大呢?因为当时他的画有一种超现实主义特征。比如有一幅画我刚才跟严力也聊起,那个画的名字叫《空虚》,大家可以看一下那幅画,很简洁,前面有一个栏杆,栏杆上有一个衣架,衣架上吊着一个皮带,但是奇特就奇特在它的投影是一个人,这个人投影按照物理原理是不可能在那儿的,空的衣架和皮带以及鞋带投影出一个人,所以这个在当时给我触动很大,是超现实主义的一个令人印象深刻的表现。

花:而且严老师在那个年代我觉得您的作品已经非常先锋,非常超前了。包括您当时的星星画会,古冈可能也是在诗歌中先相会,后来一见面，诶~这是您写的啊！

古：有可能。哈哈！这么浪漫啊~

严：对，作品是人的延长，延续。他已经见到我延长出来的那部分了。

花：就是未见其人先见作品。

陆：艺术，是艺术家的微信。诗歌是诗人的 Wi-Fi。他们可以用这种方式进行交流。我跟李白就是很好的朋友，虽然我没见过他。

（古：神交，这个就叫神交，它是跨越时空的。）

我有一个老师叫梁实秋，我也没见过他，他教了我如何更好地使用文字，他们都说陆渔你有时候文字很傻，但大多数文字很干净，很简单。就是梁实秋老先生以前说的：写东西啊，你出来之前，删，先砍，再删，最后再减，删无可删了，你才能拿出去给人家看。所以我们也很熟啊，当然我没见过他，这不重要。

古：我刚才听你们聊，提严厉对吧，实际上严力的作品给我的感觉也是很严厉的，就是冷抒情，有点硬，很硬朗。那么现代主义往往是推崇这种硬朗的东西，表面看上去是很冷的。诗歌那种抒情一般是热抒情对吧，严力的风格呢就是冷抒情，但是这个冷还没有冷到骨头里，底部反而是热的。

（花：就是冷酷的外表，火热的心）

古：而且他这么处理的话，这样的风格处理我们当下的生活比较亲切。如果我们当下用李白、杜甫、普希金这种风格，就不合适了，对不上，就是不太真实。所以这一点严力是严厉得很到位。需要这种严厉。

严：这次展览，有一个系列是砖头系列，讲的是中国，还有世界各地高楼大厦疯狂地建造。我有一张画自己很满意，因为它跟现在都市的拥挤有关，我藏了好几年，然后拿出来展览了，（陆拿出画册，指着那幅画：他必须得留给我）没有办法，他是好朋友嘛，一眼就看上了，就留给他了。

（陆：就收藏了这幅，叫拥挤的和平。）

严力：（因为这幅画是把现代建筑这种拥挤和都市的人的拥挤，

很好地结合在一起。（花：这是你在美国看到的感受吗？）不，在中国。北京也好，上海也好，现代建筑的这种挤压感，和在地铁里的人的这种挤压感，正好这两个东西结合在一起我画的这个，色彩也比较忧郁。这幅画我很早画的，放在家里想自己留下来，这次展览展出了，一旦展览了，别人就说你已经展过了，那就应该让人可以收藏，就被陆渔看到了。

陆：我是第一眼看中的，我之前收过严力的唱片系列，也非常棒，给你看看（翻画册展示）。他在给谁写信，写什么不重要，写给谁很重要。

严：这就交代了一个情节，写给谁，你可以设想这是一个女孩子，被好几个男孩子看中了但是都想知道她会给谁回信，这种情景我们都面临过。

陆：我不大愿意听艺术家解释他的作品，刚才他说的我一句没听。我的第一感觉就是，这些人都在墙里面。你知道这个墙里面的感受，对吧（花：束缚），比如现在你要看一个什么东西，你被屏蔽掉了，或者哪一天你说错话被屏蔽掉了，对你来说这个就是墙。但是呢，这么多人挤在这个墙里面，它题目又牛逼，叫拥挤的和平。当然中国有几十年没有战争了，多和平，多舒服，但是有很多感觉还是在墙里面。所以其中道理我不再阐述下去了。你看这个气球是多轻盈的东西啊，应该打点色泽、光线上去，但没有，他这个冷光，打上去是一块块砖，你看砖的气球能飞起来吗？砖和气球两个属性是完全不同的东西，代表什么，就代表一种反抗。所以我看到了反抗，压抑和反抗。然后阴郁的色泽，那种临界点的反抗。一个好的当代艺术家，如果没有反抗精神，对我来说是没有冲击力的。

花：陆先生我想问一下您写诗，那您自己画画吗？

陆：画画的，但是我把自己定义为票友。就是我票诗、我票画、我票戏曲、我票收藏、我票雪茄，粮票的票啊，不是嫖客的嫖，然后我票音乐、票旅行、票朋友，我还收藏艺术品。

花：那我想问问您如何看待严老师的诗和画作呢？

陆：刚才谷冈老师说得非常到位，从学术上来定义，严力老师是非常当代，甚至于后现代的。他有一种冷幽默，看他的画和他的诗一样，泛着冷光的冷幽默。但是我还想继续说下去，其实严力是一个非常热的人。他就是在北极的几百米几千米的冰块下面，其实它的地壳跟我们的温度一样，甚至更热。当然他不愿意把他的岩浆喷发出来，身为艺术家，克制是很重要的。他的诗就是我所说的克制，非常地克制。就像刚才谷老师说的，当代很多人喜欢抒情，但是为什么作为我们当代诗人来说，我们比较冷眼看待抒情诗人。你看有些诗人朗诵出来的诗歌非常有力，但是我们都比较警惕和比较冷眼，觉得它还不够高级。当代艺术，抒情诗需要被克制的。因为千年抒情抒下来了，宗教让你抒情，国家让你抒情，爱情让你抒情。我写了几百首爱情诗，你不能总在抒情，你要让自己冷静下来。所以呢严力对我来说他是非常克制的，这非常重要。另外我觉得严力作为我们常称他为一个万宝全书，诗歌他牛逼，绘画艺术也牛逼，他也懂音乐，他还非常懂雪茄。我抽了28年雪茄我在上海私人圈子中比较尊重的雪茄客就是严力。他抽雪茄的时候，我感觉他是在抽雪茄，很多人抽雪茄是在装逼。他懂红酒，我很愿意把我收藏的最好的红酒，拿出来给严力品。他懂戏曲，他懂舞蹈你看他自己也会跳。而且他也是非常牛逼的旅行者。我经常听很多人说是纽约的严力，也听很多人说他是西雅图的严力，我把他拉入上海的严力，有很多北京的朋友说他是北京的严力。我不知道他是哪里的严力，所以他是非常牛逼的一个旅行者。我很难想象，一个诗人像他这样热爱生活，他热爱生活和艺术的每一个角落。所以这个才构成他创作生命的基础。我很难想象一个没有这方面素材的人能够创作很牛逼的东西。另外一点，我如果单从文字上谈严力，我觉得他是一个乾坤袋。就是再大的东西，他都有本事写成一个点。以前很牛逼的有些诗人能够把一个点写成一个世界，这个也是非常牛逼的。我就感觉我有办法从一个点写一个世界，我就觉得我很牛逼，但是严力他跟你相反，再大一个世界、一个爱、一个什么大的事件，最后都会化作一个点在那里，而且这个点是用语言构建的。所以他是个乾坤袋，他跟其他诗人不一样。

古：我再补充一下，陆渔兄谈到他这个点，我想更深入的讲这个点是怎么来创造诗意的。给我感觉他用的方法是反讽的，也有一点戏谑，有种嘲弄、冷幽默的感觉。除了冷幽默你去看他诗的风格，一个亮点在什么地方，在最后的结尾。他结尾有一点类似禅宗的顿悟一样，突然跳出来一个跟前面的叙述的极大的反差，突然来一个超越，这个超越往往就是一种顿悟。跟禅宗不完全一样，但是确实跟日常生活的逻辑是不一样的，是反生活的逻辑。你深思一下他内在又有一种联系，一种很深的呼应的东西。我是觉得他的诗歌是这样一种风格，我觉得用机智形容不够，更是一种机警，除了机智以外还有警觉。

花：我觉得很克制，我一直能感觉到那种强烈中又有克制的感觉。

古：对对对，他很克制，但是为什么说警觉呢，他有机智的这种想象成分，但是他机警呢，警又有那种更大的东西。有一种对社会、人生一种警觉的东西。包括刚才说到的那个砖头。我看到那个画的感觉，可能严力是生活在纽约，也生活在上海，是这个世界上砖头最多的地方，钢筋水泥最多的地方。我觉得严力直觉是很强的，他写诗歌未必会意识到很多别的东西，但他实际上触及到很多是我们现在全球的、人类共同命运。因为我们要反思的话，我们必须要反思，当房地产，当商业开始起来之后，它对我们个人生活到底意味着什么？难道这就是终极的幸福吗？砖头其实就象征着，人类怎么去反抗这种背后资本对人的压力。因为房地产是资本。你像现在上海的房价那么贵，得利的是哪一个阶层呢？这是在说商业跟人类的一个内在关系。严力是通过艺术、通过绘画、通过诗歌，用艺术的语言去触及这个本质，他的深刻在这里。

花：谷老师您刚才提的这个问题非常好，也是我们当今社会值得大家去深思和反思的问题。因为我觉得上海节奏一直是非常快，包括很多人都在追求着物质的满足，你看很多人买艺术品他真的懂艺术吗？也未必懂，其实是在追逐资本的复利。还有一些人他没有那么多情怀或者是审美的基础去了解诗歌、文学、艺术，而这些恰恰是非常宝贵的，能够给人精神生活以极大的滋养，所以我觉得在当今这个时代，您觉得从一个文化的角度来说，我们能做些什么，来让更多的人去关注艺术，或者是走近文化？也许和经济基础有一些关系。

古：我觉得这个跟经济基础不一定成正比。像我们在80年代的时候往往有一些错觉，觉得经济好了以后，我们的文化、素质都会好，其实这不是个时间的问题。

严：是一个欲望的问题，因为欲望不能克制的话，它会膨胀。为什么他要有好几张床，其实一个人只能睡一张床，所以欲望有时要警惕的。因为它会让你追求更多地占有。所以欲望要克制，就好像我每年大扫除的时候，我就发现，不要轻易带物质回家，它们不会自己离开。对不对？

古：这是一个问题。所以如果你本身有很多的资产，也占有你很多的精力去打理它，那么对我们创作者来讲是需要警惕的。因为太多财产会分散你的精力。

花：嗯，欲望是无止境的。

严：所以对创作者来讲，他更多是要把精力投入在创作上，把更多的经验，其实还是那句老话，把以前历史上发生的坏的事情，在以后的生活中能够减少发生，或者让它不再发生。其实我们文明努力的都是这些东西。但是欲望呢在这个物质时代确实让很多人失去了方向。当年哲学家苏格拉底的弟子带他去集市，他很少去集市，他去集市转了一圈回来说：还有这么多东西是我用不着的。这就是警惕。

花：我觉得现在还有一个普及和分享的过程。在这里插播一句哈，我们在艺也一直在做这件事情，在艺目前也是中国最大的艺术社区，有350万垂直艺术类精准用户，覆盖了中国一二三线城市，并为两千多家艺术机构，提供服务。包括严老师也可以分享自己的诗歌、艺术感想在我们中国平台上。由于时间的关系，我们就简单聊到这。这次也非常感谢陆老师提供的场地。今天就要不是时间有限我也非常想听二位聊一下关于雪茄的话题。

陆：以后有机会聊一下，我写了40几首关于雪茄的诗，其中有一首被收进雪茄博物馆。以后有机会就聊雪茄和艺术，或者雪茄和诗歌。

严：诗神、酒神，其实酒神也包括雪茄。我是这么理解的。全人类哪怕再庸俗的人也能理解,这个东西有诗意。为什么?就是说每个人心里都有诗意的东西,看你能不能把它挖掘出来。我们在座这几个写诗的人,包括你,因为也做音乐,其实我们是传承人类的诗歌精神。

花:我们对它都有爱。

严:对,诗意本身就是一个美好的东西,它本来就有,除了自我享受,还有分享。最后我们的作品就是为了传承诗歌精神。它是共通的,中秋节的时候在北京世纪坛中秋国际诗会的时候,伊朗有一个吟游诗人他带了一个鼓,圆圆的,它在伊朗就叫满月。所以全世界人对月亮都有一种美好的希望。而互联网最早就是在中秋发生的,我在这把我的目光 Wi-Fi 投射到月亮上,它把我的目光 Wi-Fi 投射到我在其他地方的父母姐妹的眼里,月亮是中转站,所以说互联网是必然会产生的,因为很早我们就用月亮来传播我们的目光啦!

花:在诗歌里面更能缩短这个距离,形成精神上的交流。

严:就像陆渔说的早就认识李白了,其实这就是诗歌里的互联。

花:是的,这也是艺术的魅力。好,今天非常开心,跟三位老师在诗情画意的午后交流分享。我再次真诚地邀请各位朋友,到临港美术馆去看一看严老师的作品,画册和诗集。严老师的书籍,在网上都能买得到,有作家出版社,也有浙江文艺出版社等等。所以,欢迎朋友们去走进作家背后的故事,以了解更多。

谢谢朋友们,我们下期再见!

聊聊三个重要的年份

采访：南方周末记者朱又可 发自上海临港2018年

65岁的严力，经朋友撺掇，在上海临港当代美术馆旁的酒吧里跳起了迪斯科。他绘画历程的四十年回顾展正在这个美术馆展出，于2019年2月初结束。早在1970年代末1980年代初刚刚打开国门的北京沙龙圈子里，严力与中央音乐学院作曲系的刘索拉碰到一起时就常常喝酒、跳舞的，这也是对四十年前的回味吧。

1970年，不到16岁的严力从湖南衡阳的干校回到北京国家科委的大院等待分配，正好碰到从白洋淀回来的芒克，接着又认识了多多、岳重，从此开始学着写只能锁在抽屉里的诗。1970年底他被分配到北京第二机床厂做装配钳工的学徒工，因父母都在湖南的五七干校，他只能住在工厂的宿舍里，碰巧宿舍地下室堆了工厂图书馆被关闭后锁进去的各种图书他就悄悄打开宿舍地下室，偷搬出文革前翻译的不少外国文学书作为消遣阅读。1979年，严力被芒克拉进《今天》杂志。

因为他前女友李爽的关系，1978年他认识了无名画会的张伟、李姗等人。在民间的无名画会1979年6月举办展览的刺激下，《今天》的成员包括黄锐、马德升、钟阿城、曲磊磊和严力等人于1979年9月创办了星星画会，标志着中国先锋艺术的滥觞。严力自此跨越诗歌和绘画，且坚持至今逾40年。可他因文革原因只上过小学五年，其他都是自学的。

星星画展只办了两届三次就被迫中止了，星星画会的成员在1981年后大都出国了。1981年发生了李爽跟法国外交官同居被判了两年刑的著名事件。严力则是在1985年自费留学去了美国的纽约。

严力发现像北京一样，纽约也是中国文化人集中和来往的地方。北岛、芒克、顾城、刘索拉、谭盾、陈逸飞、陈凯歌、顾长卫、徐冰、谷文达等，都曾在纽约相聚。他把那段时间称为"中国文学艺术家的纽约新浪潮"，那个时代从 1985 持续到 1995 年左右，因为之后大多数的艺术家都回国继续发展了。

其实对于严力来说，他一生中遇到的不仅是北京和纽约的两个文化沙龙，还有他爷爷在 1930 年代上海沙龙的记载。严力的爷爷严苍山，跟柔石、潘天寿是浙江宁海同乡好友。柔石到上海住过他爷爷家，后来柔石被国民党杀了，1949 年后，他爷爷把柔石留在他们家的遗物交给了国家。浙江宁海最先盖了柔石纪念馆，潘天寿则在文革平反后，于 1990 年代也盖了潘天寿纪念馆。2018 年初，宁海县批准开建严苍山纪念馆。严苍山是上海有名的中医，柔石带他去给鲁迅看过病。严力的爷爷解放前在上海行医的口碑很好。解放后，他做了件比较大的事：把历朝历代常见的中药配方形成的"汤头歌诀"编辑成正、续集。现在中医学院学生都要学习背诵的。

我出生在这样的家庭，既有过国民党背景的，又有共产党的，还有我爷爷是名医，高官、名人也见过不少，都是一个个的个人而已。"严力说，"记得我爷爷说过，没人敢碰皇帝，但医生可以。所以我对医生很崇拜，对每个人的个人局限性也早就有认识，谁也别太膨胀，这个意识我从小就有。"

严力爷爷家住在卢湾区新天地对面太仓路上的一栋两层的小楼，从 1 岁开始到 12 岁，严力被在北京国家科委工作的父母送到上海跟着爷爷奶奶住。2018 年出的《国医名家严苍山诞辰 120 周年》首日封，印的是 1950 年代他爷爷和王个簃、潘天寿、应野平四个人合画的一幅画，潘天寿说他爷爷的书法好，题字就由他来写。

另外严力爷爷的爷爷是宁海有名的画家，并擅长指画。到了严力的爷爷这辈，就收藏了很多古人的字画，比如郑板桥、仇英、何绍基、吴昌硕、王震等等，还有近代一点的画家作品，潘天寿是他爷爷的同乡兄弟，潘天寿当时在浙江美院当院长，每年到上海就住他爷爷家，他收藏潘天寿的画有很多张。但是 1966 年 8 月红卫兵抄家时的一把火烧了好几个小时，全没了。上世纪三、四十年代的上海有各种各样的民间文化社团，他爷爷参加了一些画画和写诗的社团，社里有郑振铎、诸乐山等等文化圈的名人，文人一起喝茶、喝酒、聊天，谈论哲学、绘画、音乐等等。1949年是个分割线，这帮书法家、画家中，有一拨人去了香港，一拨人去了台湾和美国，还有一拨人留在了大陆。当时这些社团有的持续了两三年，有的持续了七八年，抗日战争和随后的解放战争把它隔断了。"我在编辑我爷爷的纪念集时，发现他的生活就像当年我们1980年代初北京的沙龙一样，也像后来在纽约的沙龙，文人需要互相激励和刺激，才会加速创意的竞争。"在画展期间，严力接受南方周末的采访，谈了他与星星画会40年的故事。

1979，星星画会

1979年6月，我在北海公园的画舫斋看了一个叫"无名画会"的展览，一些静物写生、风景写生，跟"文革"期间的政治宣传画当然不一样，都是一些日常的东西。其中的几个画家，张伟、李珊是我认识的。1978年我认识了我的女朋友李爽，她是搞舞台美术的，她周围的朋友也都是画画的，其中就有张伟和李珊。看了无名画会展览之后，《今天》的两个成员黄锐跟马德升他们召集了一个会，商讨组织一个美术团体，办自己的展览。会后的一天黄锐来我家看李爽的画，因为李爽那时候家里的空间比较挤，就在我家画画。黄锐看到墙上的几幅画说，这画够前卫的。我说，这是我画的。他说，那你一定要参加星星画会，你这画很新颖啊。当时黄锐、马德升和我都因参与《今天》的活动而相识，还有钟阿城、曲磊磊等人，加上一些朋友互相介绍的，就有了十几个人，就办了星星画会第一次展览。另外，当时刚开始讨论画展时画家唐平刚说，我起码要展出30幅。别人说不行，太个人英雄主义。所以他后来没有参与。因为展览场地很难找到，北京市美术家协会也说排不出时间为我们解决场地，于是我们就看中了美术馆门外拐角处的街头公园，来个露天展，于是在1979年9月26日，我们在那里开了我们的第一个画展，当时人山人海。但第三天我们的画就被扣了，说影响社会秩序，不能展览，我们都很着急。经过商议，1979年10月1号早上9点我们在西单民主墙集合，打出横幅"要艺术自由"，从西单游行到北京市委大楼递交请愿书，要求解决展览场地，市政府最终答应将与北京市美术家协会商议解决。游行之后一个星期，当时北京市美协主席刘迅来电话说，把你们插在11月下旬，可以在北海公园的画舫斋继续展览。这个得以继续的展览从11月底办到12月十几号，第一届星星画展延后展就这样成功办成了。之前在美术馆门外我是展出了7张画，延后到画舫斋展览时，又加进去3张，一共是10张，从此之后我就越来越喜欢画画了。

在美术馆墙外展览时，当年画首都机场泼水节壁画的袁运生也来看过，他看着我的画说，严力，你用的灰色真的很漂亮。这增加了我的自信和享受，因为有人说喜欢，而且他是专业的。到了第二年1980年，我们直接找了全国美协主席江丰，提出办第二届展览的要求，希望他能先看一下我们的作品。过了几天江丰来了，我们把新的画都集中在黄锐家里，他看了看，没有表态就走了。过了两个星期左右，他的秘书来电话，说可以给你们安排展览，在中国美术馆里面。我们一听乐坏了，上一次我们是在门外，现在能去展览了。第二届是1980年8月举行的，非常成功。最多的一天，门票记录是8000多人，大家排着长队。就在这次的展览期间，有一个法国留学生安娜指着我的一张画，问我卖不卖。那时候中国的私人企业还没有开放，卖画的事情谁也没有经历过，我就把马德升、曲磊磊、黄锐等几个星星画会的人叫到角落，说有人要买我的画。他们都说好事，可是怎么定价，是不是违法，大家都不知道。万一违法呢？就是投机倒把了，而且卖东西不是还要开发票吗？我们都不知道该怎么办了。我突发奇想，那能不能用最古老的方法以物换物呢？他们都很赞成。那时候作为个人，几乎没有人有照相机，照相机一般都是单位的，于是我想到了照相机。我就转身去问安娜，我说能不能用这张画换个照相机？安娜一听挺高兴，第二天，她从北京坐火车去了香港。三天以后她递给我一个盒子，里面就是一台照相机。这是我人生第一次进行的商品"交易"。

到了1980年12月，政府突然宣布取缔所有的民间刊物，而西单民主墙则要搬到西城区的月坛公园里面，原因是影响社会秩序。这种收紧的形势导致我们星星画展之后的展览也就没戏了，而文学刊物《今天》也被勒令停刊了，虽然它变成文学研究会又坚持了半年多。

不过，此时逐渐开放了出国留学，并也陆续有人可以与外国人结婚了。虽然1981年出了一个李爽事件。但后来邓小平特批，在83年，比劳教两年的期限提前两个月把她释放并去法国完婚。

其实从1981年底开始，星星画会的这些人也就陆续想办法出国了。有自费留学的，有文化活动邀请的，也有结婚的。1981年我也提出过自费留学的申请。但被卡了将近三年，直到1984年底才给了我护照。我申请是因为我在美国纽约的堂舅1981年回国访问时给我做留学担保。我堂舅曾经是国民党青岛海军军官学校的校长，他叫魏济民。我妈则是在北京中法大学时加入共产党的，1949年时组织派我妈到上海劝她堂哥不要去台湾。我妈妈到上海时，我堂舅已被蒋介石带到了台湾，不久还把他关了起来。后来国民党陆军司令陈诚把他担保出来，并让他到美国纽约干了两年的联合国台湾代表，任期结束后他就留在了美国，再也没回台湾。1980至1983年他曾两次受邀请回大陆探访。2000年，我堂舅魏济民在纽约向台北地方法院申诉当年非法的关押并最终获赔偿，但他自己没看到司法还他公正，就在2001年3月过世了，2002年案子判下后，由他的4名子女接受了赔偿款562万台币，相当于七、八万美金吧。

话说回来，星星画展不能举办之后，我们这些画家就开始自己想办法做个人的展览，我在1984年经朋友联系到上海人民公园的展厅举办了我的第一个个人展览，当时上海《青年报》有过我的专访，那时正提倡解放思想，民间也开始流行烫发以及花色的裙子等，所以当年的照片里可以看到有几个观众是烫发的。当时一些画坛前辈如颜文梁、陆严少、王个簃、应野平、李咏森等等都来看我的画展，对我这类在当时很多人看来没素描、没造型、颜色不准确的画，他们都认为新颖有意思，这是对我的极大鼓励。因为一般民众没有看到过艺术里的其他角度与深度。油画家颜文梁是中国第一代留法的，他除了为我题写请帖上的字，还送了我一个花篮。也因为人民公园展览举办方觉得展览很成功,还特意少收了我一百多块的场租,也是对我个人支出的补偿,收据我还留着呢。之后不久,1985年4月,我终于获得北京公安局给我的护照,从北京经香港到美国纽约留学了。

1985,北京人在纽约

一到纽约,我发现,像北京一样,纽约那时候刚好也是中国文化人集中和来来往往的地方。

我把那段时间称为"中国文学艺术家的纽约新浪潮",最热闹的时间前后有十年吧,大约是从1985年到1995年。在纽约,很多国内出去的文艺界人士我都遇见过,他们都在纽约进进出出的,其中画家就有上百个,现在大部分都回国发展了。当时星星画会有四人到了美国,而文学刊物《今天》的人出国反而少,因为画画运用视觉语言,是不需要翻译,相对来说容易交流和出售。写作的人,那些今天的参与者,出去的陈迈平(笔名万之,当过《今天》的社长)、芒克也出去过,但在法国待了一年又回来了。还有顾城,去了新西兰。老江河留在了美国,他在1991年左右宣布隐居了,目前还在纽约。还有就是杨炼,他在英国。舒婷是一直在福建鼓浪屿,田小青在北京,他后来与《今天》不联系了。

1980年至1985年在北京时,有很多文艺沙龙,参与者比如芒克、马德升、杨益平、李爽、李珊、高鸣鸣、小燕、张伟、高欢等等。还有搞音乐的,比如谭盾、叶小刚、刘索拉、瞿小松等等。北京的这个沙龙那个沙龙互相都能串起来,还有搞哲学的,最后大家都认识,那个年代挺有意思的。

陈丹青和陈逸飞都是1982年左右到的纽约,北京画家张宏图也是1983年或者1984年到纽约的。星星画会的人在1984年之前出国的就有黄锐、王克平和李爽。

我的好朋友刘索拉在英国住了几年后也到了纽约,前些年回国在宋庄组织了一个乐队,经常有一些演出,这样也快有十年了吧。说到刘索拉,大约是1982年相识的,她弹吉他和钢琴,也作曲,她喜欢我的诗,还给我的诗谱曲,1984年时出了一盘磁带,叫《生命就像一座房屋》，用我的诗，最后一句是：生命就像一座房屋，我住在你那里是否幸福。我们俩玩得特别对劲，只要遇到一起，一喝酒就跳舞，当时刚刚引进了迪斯科没几年。

1985年我到美国不久，纽约上州瓦萨学院的哲学教授莫里策划了一个中国先锋艺术展，我们七八个中国画家在纽约中央公园旁边的城市画廊办了有史以来第一个中国大陆先锋艺术展。我还在北京的时候，莫里教授曾经到北大讲过消解哲学（哲学的一个分支），我听过他讲课。《纽约时报》报道了这次先锋展，且选登了一张我的画，这张画马上卖了一千多美金，是我北京时期"梦幻系列"中的一张。画展结束时我又卖了一张，1500块。这增进了我的自信。所以我觉得作为诗人，在想象力上是有优势的，并非专业美院出来的才行，艺术要有感觉，我依赖这种感觉。

1987年我在纽约办《一行》杂志，在纽约的不少大陆出来的文学艺术家都参与了，一行很热闹地持续了有8年的时间。纽约让我大开眼界，看了太多艺术的新颖创作和尝试的方式。我也认知了画画并不是我们理解的用颜色往画布上涂，而是各种材料都可以作为艺术品的材料，于是我发现了旧唱片。旧的黑胶唱片每家每户都有一大堆，在纽约的地摊上一块钱一张、五毛钱一张。我做了一些实验，我先画画，之后把唱片掰碎了再贴上，以代替画面中的黑色。后来我很运气地发现，这个材料真的太棒了，因为好几个美国人看了我的画后说，看你的画时脑袋里我响起了以前听过的音乐，很神奇，画面多了一个层次啊！除了唱片，我还用过木框、链子、钥匙等材料。虽是平面作品，但有十五六公分厚，并且也是可以挂上墙的。美国确实曾经富裕到对文学艺术有很慷慨的赞助。1987年我住在纽约东村的时候，曾经去纽约的一家艺术基金会领取免费颜料和画布，只要填上住家地址并签个字，说自己是个艺术家，就可以领取不少的画布和颜料。另外，我在自己家举行一场20人参加的诗歌朗诵会，也可以向某类文学基金会申请赞助，填表写上地址和"一行"诗刊的名字，一个星期后一张200块支票就给我寄来了。

我办《一行》诗刊时，跟国内的年轻诗人有了联系，所以现在全国各地我到哪儿都有《一行》的作者。所以我是幸运的，因为接触了各路人，有音乐的、电影的、诗歌的、绘画的，便于吸收各种营养，扩大我的创作思路啊。

当时纽约的华人好多圈子，有台湾的画家圈子，有些华人的第二代对我们有兴趣，想延续并增进自己的中文，于是就跟着我们混，所以那时候纽约的沙龙很好玩。

木心在纽约时，我们曾经是同学，学校叫纽约艺术学生联盟，是一所比较自由化的艺术培训学校。我们学版画、学石版画、学铜版画、学油画。我在那儿呆了大概十个月，木心在那儿应该比我时间长一些。陈逸飞的弟弟陈逸鸣也在那儿待过。另外，我去学英文的学校是纽约猎人学院，陈逸飞说咱们是校友了，当年他也是在那儿学的英文。木心还有另外一个小圈子，有陈丹青等人。有点像函授一样每人交点钱，因为当时木心没什么钱。直到台湾给他出了整套的《木心集》，他才拿到第一笔数额较大的稿费。

纽约华人文艺的黄金时代大约持续到 1995 年结束，原因是那些人逐渐回来了。

2019，星星画会 40 年

2004 年，我跟黄锐讲，做星星画会回顾展的时间到了，但黄锐则认为时机不太成熟。当时黄锐的重心在开发北京 798，他在那儿租了工作室，又把东京画廊引进了北京 798，那是第一个国外画廊进驻 798 的。所以说繁荣 798，黄锐是做出很大贡献的。在黄锐忙于 798 的时候，2007 年的星星画会回顾展的事儿就由我做了。2005 年我碰到了海波，我跟他说我想做星星回顾展，星星画会的两届展览作品，以及两届展览作品之后到 1985 年以前创作的作品，都可以参加。因为 1985 年之后有八五新潮作为新的时间点。巧了，星星画会的两个女画家邵飞和宋红，她们参加第二届星星展览的作品都还留在自己手里，海波就用友情价买下来了。我这边除了两张参展作品之外，还有十几张那个时期的作品，再收集一些、借一些，一共有 70 件作品，筹备了两年，2007 年在北京今日美术馆办了星星回顾展。回顾展办得挺好，还出了本画册叫《原点》，就是回到原点和初衷的意思。

虽然 2007 年的现代艺术已经挺火的（现代艺术热潮到 2009 年），但是作为星星的这帮人没有被更多地关注。展览结束以后，这批作品基本上该还的都还了，现在还有 40 多件作品在海波那儿，因为我们想做一个永久性陈列，目前一直在找这个地方。2019 年是星画会 40 周年，目前我们正在筹办一个 40 周年纪念展，能不能成还不知道，因为工作量很大，能找到当年的大概十二、三个人吧，有些已经联系不上了。星星的四十周年展主要还是要落实赞助方。

星星的马德升本来就右脚残疾，后来在美国还出过车祸，坐了轮椅，但一直在巴黎画画，我很钦佩他的，他 1987 年出国后没有回来过。其余的人都没什么大事，也就是离婚结婚那种事儿。黄锐入了日本籍，但长期住在中国；王克平入了法籍，有时候会回来；李爽入了法籍，也是经常回来；钟阿城从美国回来以后就不画画了，也不参与星星画会的事儿。曲磊磊入了英籍，2007 年回顾展的时候，他也参与了。王鲁炎跟我有联系，他自己做的艺术很不错；朱金石在德国很多年，现在也是两头跑来跑去。李永存和毛栗子、杨益平一直在国内，还在画画。还有何宝森，一直在北京画画。还有陈延生，原来是做雕塑的，后来也不做了，现在住国内。再有就是包泡，继续在做雕塑和装置，也有 70 岁了吧。还有一个赵大陆的，他也一直在画画。我能记起来的大概有十七八个人，还有三四个人从 2004 年就一直没联系上，之后也没听说过。这些人后来的作品我看得不多，应该是按照自己的风格在慢慢发展吧。后来的八五新潮以及八九艺术大展，新人出来的东西太多了，即使你搞点新鲜的，别人也不觉得新鲜。这是时代转变造成的，也有年龄的差别。我们的记忆结构、经验结构，都是七、八十年代，或者八、九十年代的。而现在这些人的知识结构是二十一世纪的，就完全不一样了。

说到我的艺术，其实当时我不重视写实的技术，我想表达我想象的东西，就是我要画体内的风景，以及身边的人和身边好玩的事儿。我从 1979 年到 1982 年，画的是日常系列，比如当时的日常状态、喝酒跳舞的情形等等。到 1983 年、1984 年的时候，我开始画梦幻系列，就把人画得飘起来，飞起来。至于如何把梦幻系列表达得清楚，我就抽象地把人的脑袋想象成可以打开的，以及使用极其简化的四肢。我后来画的补丁系列，则是源于这个世界的环境，甚至我们内心，都已经千疮百孔了，所以需要修补，需要反省。砖头系列，描写的是中国这些年来的发展，因为我们已经异化成城市动物了，砖头、钢铁以及我们淡漠的邻里关系，这些都需要反省。

还有"911"系列，因为我在纽约经历了"911"，我发现有一个多月，整个纽约曼哈顿一直飘着烟，空气中弥漫着难闻的味道。我借助了火烧的纸面来创作，来纪念"911"的遇难者。

再举两个创作思考吧，一是2015年11月4号晚上，巴黎一家俱乐部里恐怖分子开枪打死了很多人，警察在大街上到处搜捕这些恐怖分子。这时候有人问：诗人何为？我说诗人是自己的警察，每天在搜寻自己体内的恐怖分子，绝不会把它放出来。二是："使用我就像使用肥皂，你的干净就是我的需要。"这是1981年我写的诗。它们更多的是写共性的问题，点人性穴位来警惕自己的行为。比如描写嫉妒，我的一句诗是，"很多嫉妒者用自身的霉点射击他人的面包"。

我在记录这个时代的同时，也在探索我自己内心的想法，这跟我一贯的思考是一致的，没有改变过。我用诗人的价值观，引领我的绘画；比如中国人传颂李白对权威的不屑一顾。至于创作者的张扬，张扬就是诗人的自由意识以及不畏权威的骨气，在这一点上我认为诗歌精神是全人类共有的文明遗产，是必须传承和继续发扬的。

标题为编者所加

嚴力演講：畫出體內的風景，以詩歌建設文明

時間：2019 年 3 月 23 日下午
地點：紐約法拉盛圖書館
錄像：美國中文電視記者翁雪
文本整理：邱辛曄
錄像網址（法拉盛人文講座）：
https://www.youtube.com/watch?v=CLxDwWEP9YE

　　當年我19歲,在北京第二機床廠當工人。那個時候還在文革之中,文革是1976年結束的。這張畫是作於1973年。我住在機床廠的宿舍,19歲,我的一個同屋,是一個印尼華僑,50年代因為印尼訪華而和他姊姊一起回中國的。他也被分配在北京第二機床廠當工人。他也沒有家,因此住宿舍。我為什麼住宿舍?因為我父母帶著我妹妹,都去了五七幹校,下放勞動去了。我是1970年,按照初中畢業分配去機床廠的。我70年年底進廠,這張畫是73年,我的同屋叫鄭振信,現在在香港。他從小喜歡畫畫。但你也知道,在那個年代,沒有個人創造。只有政治宣傳的繪畫。我們在宿舍裡,他就是畫我的狀態。他說,我在用一個電爐子煮著蘿蔔,青菜,買了廉價的啤酒(那個時候啤酒是用暖瓶灌的)。然後還抽著菸。我頭髮很亂,那時候很少理髮啊。而且我就兩身衣服,都是工作服。因此那個年代的物質貧乏。他還特意畫了兩個女子,說,你在想女朋友。我那時並沒有結交女朋友,但年齡是19歲。所以畫了這麼一張畫。但在那個年代,73年,文革還沒有結束,這種話,要是讓那些積極分子看見,一舉報,有可能要出問題的。因此畫完之後,第二天一早,鄭振信就說,毀掉吧。我說,不要毀。我就把畫放在被褥底下,塞在裡面。這一塞就是十幾年。一直到85年我自費出國留學的時候，我就把畫鎖在箱子裡了。然後又過了十幾年，我從美國回去，把這張畫再拿出來。我後來專門為此寫了一篇叫「珍物」，就是你一生中什麼是你的珍物，我認為這張畫就是我的一生的珍物。因為在當年的時代背景下，在搞階級鬥爭的情況下，它畫出了我的那種自然狀態。而且中國現在的現代藝術這麼繁榮，可是我可以說這張畫是文革之後最早的現代畫，而且是獨一無二的。我們很多人當時畫過，比如寫生，都不敢保留，毀掉了。因為那足以證明你有個人主義傾向。而在1973年，個人主義傾向是不容許存在的。畫上的YZ，指我（Yan Li）和鄭振信（Zheng）。

第二張，這是75年左右我和白洋澱回來的詩人多多，在玉淵潭公園拍攝的。當年為什麼這類照片比較少呢？這是因為當年的個人，經過文革的66、67、68年，如果家裡有照相機的，有的被沒收了，或者自己把照片扔掉了。因為照相機被認為是奢侈品。現在有73、74年一些記錄當時情況的照片的話，特別珍貴。我經常遇到一些採訪者問，有沒有當時這個年代的照片。很少。我們現在做口述歷史。口述歷史對於大陸民眾來講，是一種特殊現象。因為我們的記錄手段很少。再加上文革時期，有的一些也全部燒掉了。然後文革開始以後，有相機的基本上是單位裡的工宣隊、宣傳隊，你要求爺爺告奶奶借，如果關係好的話，可能借到了拍攝一張。這張照片，現在想來估計就是從二機床搞宣傳的人那裡借來拍攝的。

這是《今天》第一期，是1978年12月。後來一共出了9期以後，到了1980年末，被勒令停刊了。因為當年有西單民主牆，那是1978年到80年底。當時在民主牆上有很多民刊，如四五論壇、

沃土、北京之春等，《今天》雜誌創刊後也往上面貼他們的作品。但80年年底以後，被統統取消了。《今天》是民主牆上的唯一一個文學刊物，其他的都是政治刊物。參加者比如魏京生他們的「四五論壇」「探索」這些。還有徐文立當時搞的民刊。

這是1975年我和芒克。他也是剛從白洋澱回來不久。我那時在工作，在一起，就留了這麼一張。那時照片很少。

到了1979年，6月，我們在北京市美協的一個展覽的地方，北海的畫舫齋，看到了一個無名畫會的展覽，然後我們這些做《今天》的人呢，其中也有一部分同時也是畫畫的，
黃銳、馬德升、曲磊磊，鐘阿城，還有我，王克平，我們有五、六個人，同時是參與《今天》的活動，看了這個展覽後覺得我們也可以辦一個民間的展覽。於是就取名叫「星星畫會」。然後我們向北京市美協申請展覽場地，他們說，已經排滿。我們一商量，說，索性就掛在美術館門外。你看這一排柵欄。我們大概有十一、二個人的作品，整個掛在那兒了。那是9月26日。那裡正好是一個拐彎，有一大片，像一個街頭公園一樣。

過了兩天以後，這個欄杆上貼了一個佈告，說，這是影響社會秩序。是北京市東城區公安局貼的——因為美術館在東城區，說不允許這個東西再展覽。而且把我們存放下美術館傳達室的所有的畫——因為每天展覽完了，到晚上就收起來，和美術館商量，存放那裡，第二天早上九點再去取出來——但那天早上，去拿，不讓拿了。一看，都是那個警察。所以我們就很著急，馬上找北京市美術家協會的主席，劉迅，和他說這個

事情。劉迅和公安交涉,但沒有結果。最後,我們就決定,遊行。所以1979年10月1日,我們從西單民主牆出發。

我們稱之為維護憲法遊行。要求藝術自由,表達自由。從西單民主牆,

那個公安也出來,維護秩序。不能走長安街。從西單和長安街路口出來,一直往後面走,走過前門,再繞過去,到北京市委。

這是馬德升,也是我們星星畫會的成員,是一位版畫家。他在市委的門口,發表我們的訴求。

這就是北京市市委。當時的情景。有幾個能看出來,芒克,王克平,曲磊磊…曲磊磊是寫了《林海雪原》的作家曲波的兒子。還有那位是劉青。為什麼當時遊行有那

麼多人?當時民主牆上不是有很多民間的刊物嗎?有「四五論壇」,有「探索」,有「北京之春」等等。我們的遊行,這些民刊也支持我們,有一些代表來參加了遊行。這個照片中,其中有兩個人,一位是美聯社最早的駐北京的記者,叫劉香成,他最近也出版了一個照片集(注:《紅海餘生》,出版於2019.3;劉香成先後出版過10本攝影集;是普利策現場攝影新聞獎的獲得者),但這裡的幾張不在那個集子裡。因為出版受到國內的審查。我現在能放這個。如果在國內放的

話，也會遇到一些麻煩。

儘管我們當時的遊行是成功的，它也不想讓人看這段歷史。因為是當時唯一的一次，而且是

十月一日，是 30 週年。這是三十多年前做的這麼一個遊行，但事實是，當時是有這個民主的氣氛：當時北京市委就說，你們，回去等吧。我們接受你們的訴求。把它（訴求）轉到北京市美術家協會，讓他們幫助解決展覽場地，「你們在外面展覽確定有影響交通的問題。」那麼，這等於接受了我們的訴求。遊行就解散了。

這是 1979 年，我畫的，是一張油畫，是自己的一個記錄。那時候我剛剛開始畫畫大概不到半年吧，我畫的我的宿舍。現在一看這個就想起我在工廠十幾年的日子：因此繪畫、攝影，甚至文字作品，其實就是一個記錄，對歷史的記錄。你看這是啤酒瓶，吊燈——燈很暗，是我從車間拿來的

一個燈。床是上下鋪；地上是紙屑、煙頭。被子從來不疊。這個看了之後，腦子裡馬上就有了（當時生活的印象）。我是 70 年年底一直到 84 年，在北京第二機床廠。直到 1985 年，可以自費留學了，那年到的紐約。

這張也是 79 年。這是我作為一個詩人。我這個都是比較 personal 個人化的。所謂的改革開放，我覺得要把個人的想法、個人的自由，還原到正常。其實星星畫會做的，甚至「今天」、民刊做的，最終是為了個人的聲音，能夠說出來。僅此而已——這張畫就是表達我自己，有一天很寂寞，喝完酒在街上遊蕩。地上是煙頭。但是我是一個詩人，「遊蕩」，怎麼畫出來表現呢？我就把一個人畫成像一條魚，這是我自己的一種想法。雖然我沒有經過專門的美術訓練，我基本上是用油畫來畫素描的。而且在那個年代，你想進修，接受一些美術教育的話，基本上就是，用現在的話來說，被洗腦了。那個年代，肯定是那樣。不可能讓你自由地畫你自己。或者變形。那是不可能的。

這是後來。第一屆（星星畫展）接下來講，遊行結束了，劉迅就幫我們解決了繼續展覽的場地。79 年，我們到了北京市美協的場地，在北海畫舫齋，繼續展覽。展覽順利結束以後呢，到了第二年，就是

第二屆星星美展，我們就把全國美協主席江豐請來了，看我們湊在一起的作品。請他先過目一遍。他看完了，扭頭就走了。

當時沒有作回覆。但是過了兩個禮拜之後,他的秘書來了一個電話,說,給你們安排了。第二屆展覽,進到了中國美術館裡面。你說,在那個時代,北京市美協主席劉迅也好,全國美協主席江豐也好,他們還是支持我們的。儘管我們是純粹的民間組織。所以80年8月,在美術館裡面展覽了。

這是展廳。我們在展廳同時也標註出,我們的身份,作家,我們把詩貼在畫旁邊。當時有北島、芒克、江河、楊煉、顧城,還有我。基

本上每一個人的畫,邊上都有詩。

所以我們還是在中國的傳統裡面,琴棋書畫。文字、詩,和畫還是有關係的。這上面照片中牆上的三幅作品,也是我參展的画,下面會一一講到:

這張我的畫,是象徵性的,叫「夢幻之园的疲倦者」。當時就用了這個名字。講我們做很多空想的東西,如社會主義啊,階級鬥爭啊,都是夢幻的東西。所以這些人都已經疲倦了。

這個畫也是比較個人的,是「兩件晾曬的衣服」。伸出手來握在一起。表現一種鄰里關係。還是對美好的一種嚮往。

這張畫,畫一個畫家在畫畫。但是我用了比較——在那個時期——比較象徵的方法。你看,椅子的腿是這樣的,頭髮是紅的。完全是用我自己的語言來表達的。這張畫為什麼放一下呢?是因為我畫這張畫的時候呢,中國剛剛有了外國留學生。有一個法國留學生叫安娜。她在美術館展覽的時候看到這畫,她說:哎,你是這個畫的畫家嗎?我說是。她說,我想買這張畫。可是當年,

1980年,我們要把歷史背景放進去,沒有任何私有制。然後我們都不知道畫是可以賣的。真的,她一問這個,我就愣在那兒了,不知道如何回答。我就和其他幾個畫家商量,拉到一邊說,她要買畫,那價錢應該多少呢?而且會不會是「投機倒把」?對不對,他(政府去)

要抓你，因為那時候沒有私有制。後來想出了一個方法：以物換物。這可以吧？我就和安娜說，我們沒有紀錄手段，想換一個照相機。她說行啊！那時候飛機也不那麼發達嘛，只有綠皮火車。第二天她買了一張票，從北京坐火車到了香港。因為在中國國內，還沒有賣照相機，而且即使買，要單位開介紹信，摁一個公章；私人不能買。所以她跑到了香港，買了一個照相機，再坐火車回來。三四天以後她找到我，把相機給了我。這張畫在展覽之後，我就把這畫交給了她。所以後來用這個相機，這是 80 年，以後在 81、82、83、84 年，拍了不少照片。所以芒克常說，當年的這些記錄，找嚴力。他後來在 81 年到 84 年有一些拍的照片，就是因為有了這個照相機。現在有些採訪會問：你有什麼資料嗎？我會有資料。

（聽眾提問：這些照片是何時拍攝的？答：這個照片是後來拍的。也是用那個相機拍的。當時有黑白和彩色膠卷。但色彩還原很差。所以我拿出那些 80 年代拍攝的彩色照片，印出來的顏色都是很偏的。）

这是我们当年油印的诗集，叫「共用電話」，把一個人這麼彎下腰往後看，把他的腿變成電話號碼。這是我的個人的刊物。

這是我出詩集的時候，同時芒克也印了一個地下刊物，詩集。馬德升，是一個版畫家，說我幫你弄幾個插圖吧。這就在我家裡，我的一個小屋子裡，三個人熬夜做了十幾個小時，弄那個版畫，滿牆挂的那個插圖。然後我們干了一個晚上。第 2 天早上。就用換來的那個相機，自拍的。那因為是油印，過了三五天才能干。过了三五天，才把他裝訂在那油印的詩集里面。那個時代，出了很多油印詩集。一般只印 10 本或者 50

本。或者 100 本送送朋友。为什么呢？是因為油印的蠟紙，印了十張以後，就破了。不能再印了。有的蠟紙好一點的，曾經印到 120 張。已經算破紀錄了。我們經常油印詩集，大概就

是 1979 年到 84、85 年。那時候民間印自己的詩集很流行。雖然是非法的，一直被說出版物，不能賣——我們也肯定不賣，就贈送。

這就是當年彩色照片拍攝地。我和牆上我的畫一起。就是剛才講過的，那個地方。

那時候我們自己在一起也有一些小型的沙龍。這個人是劉索拉，這是我。那是流索拉的—他們當時還沒有結婚，瞿小松。他們倆在一起很多年。劉索拉用了我的一首詩，作了曲。自彈自唱。當時就拍了這麼一個照片。

第二部分　评论与对话（下）

因為我們民間的沙龍很活躍，但那時誰的家裡都是很小的。那時候中國還沒有建築。只有宿舍——基本上我覺得在 1985 年以前，中國大陸蓋的大部分，它不叫建築，叫宿舍。各個單位自己蓋宿舍，解決員工的住宿問題。所以呢我們沒有地方去，但是為了朗誦詩，為了表達自己個人的想法、感受，我們最早在圓明園舉行詩會，然後彈吉他。這是當年在圓明園詩社大幾個人。這位叫馬大，是吉他手。那兩位也是，吉他手。

這位叫黑大春。他是一個北京的詩人，他在朗誦。

這些就記錄了我們當年在圓明園曾經有那麼三

到五年的時間，經常在圓明園舉辦這類活動。後來，到了1985年開始，有人到圓明園，向那裡的農民租那種土坯房。然後30—50一個月。是圓明園畫家村的雛形。第一個在那畫家村寫詩的就是黑大春。有一年，84、85年間，我要準備出國了。我騎車去找他。遠遠看過去，大概就是這個時辰，陽光很好。他在那兒，村口，拿著紙，曬著陽光。我過去了，問：大春，你幹嘛呢？他說了一句：我發現陽光，比我還愛曬太陽。我一直記住這句話。是吧，證明他當時心理真的好。他心裡那時候很燦爛，在寫詩，在圓明園的邊上，周圍全是森林，鳥的叫聲。然後，我騎自行車去看他。這句話，讓我又陽光了一天！

這是當年，81年，我畫的鍾阿城。他從雲南插隊回北京不久。

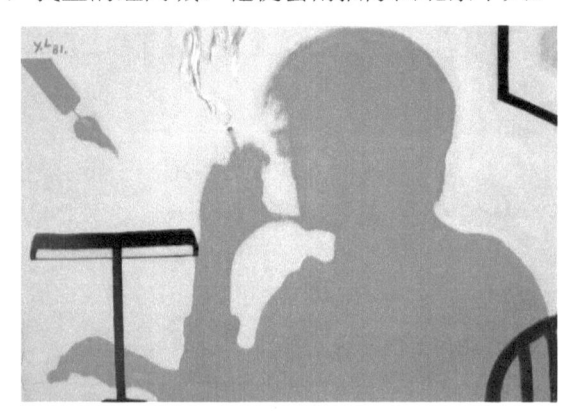

他也是星星畫會和「今天」的。經常來我家，侃他在雲南的日子。我坐在那裡，聽聽侃，正好燈在這裡，把他投影在牆上。第二天我就用印象和記憶，畫了這一張。這是當年的檯燈，一根日光燈管，80年代最流行的燈，剛剛開始有。

那個時期，1979年到85年初，這之間我畫的畫，（今天的講座）選了幾張。這張畫，是說，小時候抓麻雀，大家都有的一個經驗，支一個臉盆，裡面放一點米，一拉。然後我把我的腦袋拉開，支一個，裡頭也有東西，讓它來。我的這個畫，叫「捕捉自由」。因為鳥是自由的象徵。我需要自由。幽默也好，調侃是

我作為詩人的想象力來畫畫。所謂畫出體內的風景，剛才邱館長介紹了，我就是這個意思：要把我的想法畫出來。不是說，我看到一棵樹，就畫一棵樹；看到一座山，畫一個太陽。不是這種寫生的東西。我基本上要畫我的想法。

這是把音樂，和吉他，像一個酒瓶子一樣，倒，叫做「喝音樂」。也是一種幽默調侃的方法，倒出，喝音樂。這張畫在日本展過。剛次還沒有說完，就是第二屆星星畫展之後，形勢又改了。我們申請第三屆展覽是時候，就不被允許了。所以到了 79 年年代到 81 年年初，所有的民刊都被停刊了；有很嚴緊了。到了 82、83 年，又是掃黑打黃，甚至還因為談戀愛，槍斃了一些人。所以 82、83 年形勢很緊張。我們作為星星畫會的這些人，第二屆展覽之後，其實還在畫畫，只是沒有展覽。現在很多人，關心美術歷史的人，來問我：但是參展的作品，你能不能還看到？我說：這都不重要。最主要的是，第二屆，80 年星星畫展之後，我們不能辦展覽。但是我們還在畫畫。那這些畫才是重要的。對不對？81、82、83、84，一直到 85，美術新潮，這幾年的畫，沒有展覽，但我們還在畫畫。這些畫你為什麼不注意呢？我說，你們根本不是搞美術史的，你們現在是玩風潮…很多搞美術評論的，都被我罵過。我說，這些作品你們不關注。對不對，他沒有展覽機會，但還在畫，而且是 1985 年之前的。

這張畫在日本展覽後，1992 年，上海美術館，有一個年輕人，叫李旭，他思想是開放的，他說，上海美術館有一個項目要收一些民間的，70 年代末期到 80 年代中期的一些畫作。你有沒有？我說，有一張剛剛從日本運回來的。他看了說，上海美術館收藏吧。就這張畫，現在在上海美術館。

這一張也是 1984 年畫的。去年（2018）12 月在北京漢威國際中心展覽過。為什麼要拿過來說呢？這張畫的標題叫"連椅子都想離家出走"。

我這是說當年，81 到 84 年，多少人，都要想盡辦法出國。我就是記錄當時的人的那個心態。我把椅子畫成一個人，把門打開，也想離家出走。

我在84年的時候，通過一個朋友，——因為星星畫會不是不允許展覽嗎？以集體名義申請第三屆星星畫展不被允許，連個人的，三個人的展覽，都不被允許——我正好有一個朋友，搞音樂的，在中央音樂學院實習，我問，我的這個展覽能不能到上海去做？他說，你在上海認識人嗎？我說，到認識一兩個老畫家。他於是說，幫我問問。他問到了上海的老畫家顏文梁，他是中國最早留法的油畫家。那是他也快90歲了。聯繫到他，最後被批准。上海人民公園，就是國際飯店對面的，公園裡面的展廳，可以辦展覽。前後聯繫超過十個月。為什麼時間這麼長？又要講當年的各種條件來。當年我們在中國，如果你要運輸很多東西，都要通過單位運的。你個人要運什麼東西，價格可能是你一個月工資的全部。甚至是兩個月的工資。所以運不起。那麼怎麼把畫從北京運到上海呢？又是通過關係，找到朋友。但是有兩個列車上從北京到上海的。一個是21次，從上海到北京，一個是22次，北京到上海。還有是13和14次。只有這兩班列車。碰巧認識一個列車員，每次這位列車員從上海跑到了北京，給他送三、四張畫，放在列車員的小房間裡，一堆。這樣帶了七八次，把這些畫帶過去了。所以準備時間很久。

這是顏文梁題寫的我84年的油畫展。

這是我在展廳裡，這是我（右二），其他都是大學生。我發現，這個展覽，來得最多的，是大學生。經常他們一呆，就是兩三個小時，和我聊。所以，那個時代，那個社會，是在逐漸開放。就是第一次，和他們建立了關係。思路,都在開放。這是 1984 年。

我在辦展覽期間,84 年,到了北京,遇到了上海的一幫民間詩人。這位是冰釋之。這

個人,後來……不解釋了。這是我(左三),這是默默(中)。這是郁郁。那麼,這位後來也不寫了。那這是孟浪(右一)。孟浪是剛剛去世了幾個月。他們是早期上海寶山,默默、冰釋之、郁郁,可以說是最早寫民間現代詩的上海詩人。84 年,我和他們建立起联系,這個是在展覽還沒有結束,他們叫了我去,在寶山,冰釋之的姐姐的家裡,聚會了一下。我記得那時候吃的東西還是挺豐富的…但現在看起來,不豐富哈。那和年代,我們喝的都是廉價的啤酒和黃酒。基本上沒有限制其的各種講究,紅酒什麼的都沒有。但我覺得我們笑得都很自然。

這是我和顏文梁。1984年的時候。

好了，新時期開始了！到了紐約，住在東村。然後呢，在東村的一個理髮店，去理髮，不會說英文。艾未未陪著我去的。看著櫥窗，把理髮師叫出來，對理髮師說，這個髮型好。好，就進去了。我點的髮型沒有那麼誇張。只是後頭短一點。但艾未未故意把這個髮型，我說No.4，他故意說，No.6，結果理完了，No.6出來了。結果就是這樣了。然後把我拉到東村，給我照了一批作品。這是85年。

這是 90 年了。是我在布魯克林大橋做的一個"行為"。然後這裡（胸口前的 T 恤上）有一個手。當時還拍了錄像，但沒有拍好。只剩下一張照片。

這是我在 Hunter College 學英文的時候，我們班的同學。哥倫比亞的，意大利的，土耳其的，西班牙的，韓國的，都有。這邊（聽眾席）還坐著一個，我的同學，Edward，那天他不在。這是 86 年。

　　這是 88 年底、89 年初呢，北島來。他問我，你是不是和金斯堡鄰居啊？我住 11 街，金斯堡住 12 街。那天他來，我帶他去見金斯堡……之前他已經見過金斯堡。我們去他家，這是我們仨，在他那兒。

　　金斯堡對我們《一行》也是一直都很支持。也是顧問。他曾經幫《一行》在布魯克林學院做一次專場朗誦。

　　這在之後，和金斯堡拍照之後不久，89 年 1 月份，當時顧城，美少女王渝，李斐，秦松，北島，我，張朗朗，貝嶺，畫家沈沉，一起拍了這張照片。背景是什麼呢？是當年金斯堡組織了一場中國現代新詩朗誦會。請了——不在紐約的——江河，還有一位叫公劉，是體制內的老詩人，顧城，北島。活動是在 12 月，88 年 12 月到次年 1 月，有一些巡迴朗誦。但是到了二月份、三月份，北京那邊，天安門，開始搞什麼 44 人簽名啊這些，反腐啊遊行啊已經開始了。所以很多人，這些人，沒有再回國。包括江河，這次邀請來的。從此之後沒有再回去過，一直在紐約；隱居在 Staten Island（紐約的斯坦頓島）。隱居了那麼多年了。然後顧城後來回到新西蘭，沒過了幾年，92 年，就出事了。秦松是台灣的一個詩人畫家。他也在紐約很多年。前些年，因為生病，也有十幾年了吧，王渝？去世了。這是李斐（左一），本來今天要來的。因為他在曼哈頓 Chinatown 那邊有一個公所，他幫他們管理。今天又人開會，他離不開，所以沒有來。李斐一直是我們《一行》很多年的成員。

這是我當年剛剛到美國的時候，發現了黑膠唱片可以當繪畫的材料。我就陸陸續續地把它作為我畫畫的材料，從 85 年一直到現在吧！我只要想，這張畫能用上黑膠唱片，我就把它貼上去——這個是貼上去的，真的唱片貼上的。

這也是 1986 年，聖誕節，我畫，然後有噴的顏色，貼的唱片，我做的聖誕樹。

這是我用唱片做的一個雕塑，叫固定的音樂。我把音樂固定了，讓它不能再動了。

這也是我用一些材料，木片、畫布、噴漆，做的一個表達我對紐約的一種感受。因為我剛到紐約的時候，就感受那高樓，那種交錯的線條，這是第一點；第二點，它那個鋼鐵那東西。你到

了紐約就能發現，那麼多橋樑、隧道，甚至整個一個鋼鐵的大樓。在中國，90年代以前，基本上卡奴到那麼多鋼鐵的建築。所以我剛到紐約的時候，鋼鐵的線條，那種堅硬的力度，給我很深的印象。因此我做了這個作品。

這是我用唱片做的——餃子，立體的。

這也是餃子。唱片有大有小。小的用來包餃子。有人問我，這裡面的是什麼餡？我說，音樂。

這也是一種調侃。我把唱片卷在打字機裡。叫打音樂。

這是生長的音樂。我感覺音樂是從吉他裡面长出來的，在發芽出來的一樣。

這張也是一種調侃。因為我們中國經常把熊貓送給這個、贈給那個。我說,熊貓就是中國的政治大使。熊貓它就是外交官嚜——對,是租給的,不是贈送。

這是我用唱片做的鬼節。是給我的小女兒的。她說,萬聖節,能不能做一個?於是就做了一個。正好那唱片的裂紋,向巫婆戴的帽子。就是說,這些材料,你怎麼去利用?有的材料特別適合利用在創作裡面。向這個唱片的黑,有材料的質感,貼在畫上,它的黑,好像比黑的顏色更加 rich,更重。

這個沉重了。為什麼呢？因為我起到標題叫"葬禮"。這個吉他壞掉了，我把唱片當作壽衣給它穿上，送葬了。這個吉他手真的被我一腳，弄壞了。這怎麼辦呢？盒子還在。後來就一想，用唱片把它包起來啊，送葬吧！

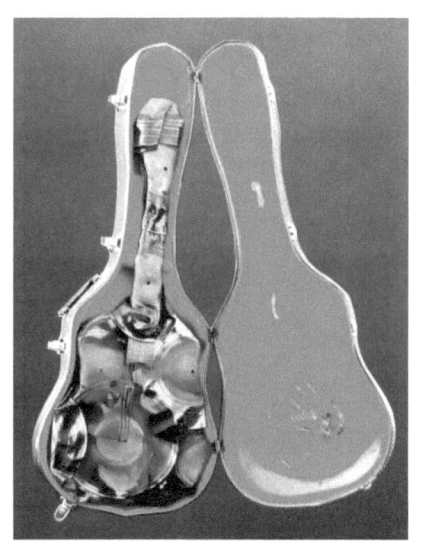

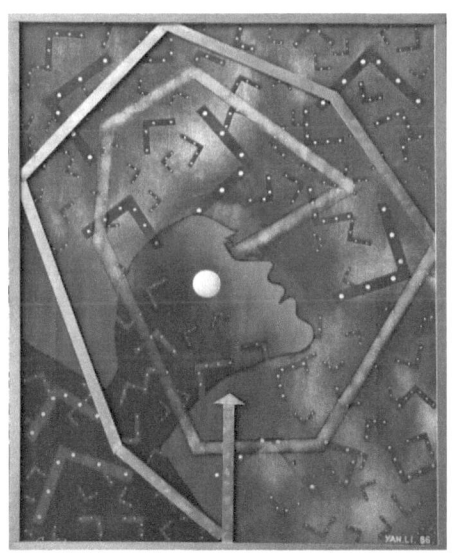

這是我當時用別的材料，有噴漆、畫的，木條貼上去，是對星空的一種展望。86年的作品。

　　這個畫也有點意思。當時我畫了一批作品，都帶有這個三角鐵的東西。這是我對紐約的記憶和對大陸的那種記憶。因為禁錮也和三角鐵有關係。工業也是如此，因此我用三角鐵做了作品，也是一種嘗試吧！現代藝術，有很多作品不是成功的，但並不認為它不好。因為其嘗試的過程，是幫我鋪墊的。可能這幾年我什麼也沒有畫出來，但是我經過這幾年的嘗試，最後我到了出成品的時候。所以，現代繪畫，和用技術來畫的，不一樣。用技術的畫的，有了這個技術，我畫貓，天天可以畫，畫一千隻貓、一百隻貓，都可以；畫魚也是一樣，天天畫魚。但，那是工匠。對，那也是繪畫的一種，但是，它是技術。技術需要嗎？需要，不是說不需要。那個人畫老虎很好。確實很好。因為我喜歡老虎，就畫，畫得很好。但他對這個時代新發生的事情，對話時代走向的東西，他沒辦法表達。他只是從審美的一個角度，用其永恆的審美，來表達——如畫蔬菜，永恆的題材。但我認為，我們作為一個中國人，生活在這個時代，還是要畫一些思考性的。因為我們缺少思考，缺少獨立的思考，最起碼。

　　這張畫花完了之後，我們有一個亞洲藝術家集體展。展覽的時候有一個"老外"看了，就問我：這張畫，能不能借我掛掛？我就楞了。他就解釋，不是，借，是掛在外面的迪斯科 Club 裡面。他說：我也付報酬。我問：怎麼付啊？他說：我的 Club 在 14 Street，Second Ave. Manhattan，叫 Pyramid…… 是當年那樣最大的迪斯科俱樂部，裡面可

以容納幾千人。他就把這畫借去了，掛在那裡。有一天我一去，看見沙發上作者三個人，一個綠頭髮，一個黃頭髮，一個藍頭髮。而

且她藍衣服和我的畫的藍色又很像。我就怕了這麼一張照片。我覺得很有意思，也代表了80年代，那是87年，曼哈頓。看了以後我就能回想起那個年代。那個時期紐約的迪斯科，有 LAVO nightclub，Tunnel，Palladium[1] 等等，有七八家，人山人海。而且這些 club，一進門，侍者手上端著香煙，隨便送、隨便抽。但是呢我這張畫，借給他 10 個月，我的報酬，是隨時可以帶朋友去跳迪斯科。不收門票。

我最多一次帶了 16 個。然後那個門衛打電話給老闆，問，能進 16 位嗎？老闆說，進吧！——不然就一個人 15 美元。進去以後，可以有一杯 free 的飲料。這是當年的故事啊！

這是我把一個嘆號——感嘆嘛，做成的一個作品。我把那個感嘆號下的圓點，變成了一個嘴唇。

---

[1] The Palladium (originally called the Academy of Music) was a concert hall (and later a nightclub) in New York City. It was located on the south side of East 14th Street, between Irving Place and Third Avenue.

這是我的一個構思作品,叫"貓的想象力"。我在抽煙斗,貓在看我抽煙。貓就看著那煙圈,把它們全看成魚了。那貓肯定是特想吃魚。

這是我 15 年畫的,"羊年的生長趨勢"。那年是羊年。羊年,它的角都長成了@。正好表現這個時代:羊年也知道這是一個@的時代,所以把角長成了@。它也趕時髦了!

這是以前的一幅構思作品,"落葉"。我覺得是象徵性的,擬人化的,就是樹在落葉時候也會有秋戀,捨不得自己的葉子都掉了。

這叫"上層建築"。我把書疊成像建築一樣。一說上層建築,大陸出來的人都知道,這個詞我們用的太多了。而且每次上層建築開會的時候,都要把最上層的名字都要念一遍。

這是最近的。因為呢最近這幾年,我創作了"磚頭系列",記錄 90 年代中期之後,中國的高速發展,房地產的發展。而且我受到一些現代詩的啟發,可能是龐德的吧,關於地鐵的詩。

我在北京坐地鐵,在上海坐地鐵,我的視覺經常是這樣的。人擁著擠著,我常常像一塊磚頭一樣,交錯著,被交錯進車廂裡去。這就是很誇張地描寫了一個和平時期的狀況。其實我們要警惕,我們已經被磚頭異化了。都市。儘管我們所嚮往大自然,natural life,真要讓你去荒郊野嶺住上兩天三天,你會受不了的,你會跑回來的。沒有電、沒有水,沒有自來水,現代人,基本上,在某種程度上,生活在一個都市裡,多多少少是一種異化的動物。但是這個問題要想一想。而且那個地鐵,我講一個故事。當年,14 年,我做中華世紀壇中華詩歌節的時候,我邀請了台灣詩人陳克華。他到了北京,參加詩會。空閒的時候,他要從世紀壇去三里屯,見他的一個朋友。我就告訴他,坐地鐵幾號線,直接就到了。好了,晚上 11 點多,他回來了。在 hotel,我是主持人,也住在那兒。他敲門,進來,說,我經歷了我一生第一次經歷的事情。我說,怎麼啦?他說,5 點多我出門坐地鐵,怎麼都擠不上地鐵。第二輛,沒有擠上;第三輛,把我擠上去了。我進去了。按照你的標記,要做十二站。到第三站,我喘不過氣來了。就下車了,上到地面。打車,打不著。半個小時打不到車。又鑽回去,又進了地鐵,在過去。他說,我真的領教了這地鐵了。就這麼一個故事,北京的地鐵。

這張叫"拆遷的硝煙"。當年我在上海,看到很多拆遷。有兩個老人,站在那裡看拆遷。一動不動,幾個小時站在那兒看著。因為是在拆他們的那個家。我就覺得,他們倆,把自己站成了那雕塑那樣。我就畫了下來,叫"拆遷的硝煙"。這是零幾年的。

這就是我們剛才說的,我們住在磚頭裡,說嚮往大自然。真的要讓你過去了,真的,這也是我的一個思考。對吧,現在雖然不是戰爭年代,這種東西,在某種程度上,它是一種讓我們異化的東西。它有時候比戰爭起到的作用更大。

拆完了之後，蓋成高樓了。倒影就是它們的靈魂。這叫"北京的靈魂"。拆了太多的大樓，太多的東西，最後，靈魂還在，是我們記憶當中的倒影。

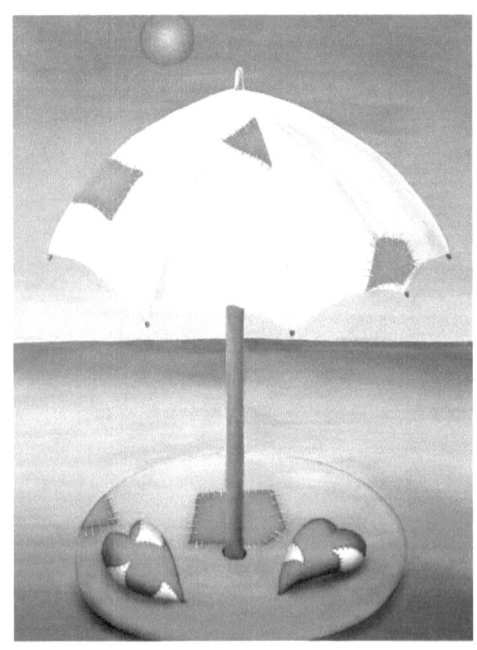

這是我的一個"修補系列"。我覺得人類使用了地球那麼多年，也使用了自己的內心這麼多年，該修補了。所以呢，修補不是壞事。"兩顆修補的心依舊相信愛情"：還在那兒談戀愛。

這也是（修補系列的）。我們有一句話：出污泥而不染。現在，在出來以後，就已經染了！所以就要"修補"。

"自由也需要修補。"不是只有就一勞永逸的。

沒有了。大概就這樣一些。

2023. 1. 14

邱辛曄（主持人）：聽嚴力講解這些畫，當時的生活，覺得是回到了八十年代，回顧過去的三四十年，是非常有歷史價值的一個藝術史課。剛才嚴力說了，他注重歷史文本。我們要對這個歷史時代負責，我們要記下對於這個時代的獨特的感受。用畫，用詩，同時我們現在條件好了，安娜時代結束了，用照相機交換畫的物物交換的時代結束了，我們用某種形式，以後製作，或者轉換為文字，或者用圖像，把這些記錄下來，傳播出去，覺得非常的有意義。

第一個階段在此結束，後面我貓筆會的會員曹莉，說要談一點看嚴力畫的感受。

曹莉：我第一次看嚴力的畫，一個比較完整的畫冊，還是有很多想法。是自己的直觀感受。並不知道其中有那麼多的深意。直觀的感到他的每一幅畫，都有表達慾，有一種故事的敘述慾望。還有就是他的畫都是 idean driven 的，就是有思想在後面驅動的。留給我作為一個觀者，雖然不一定完全讀懂，或者抓住他的思想，但給我很多的反思，reflection，所以那 idea driven is loading with reflection，給我帶來的是讓我要去想他的畫的思想。所以，意思說不清楚，我不是個和嚴力老師、其他老師學習寫詩嘛，因此就用幾句詩，把他剛才說的幾個系列，概括了一下。可以叫"嚴力畫作系列印象"，就是第一次讀他的畫的印象，和大家分享：

畫板上的行動
　　——嚴力系列畫作印象
　　作者：海鴻

色彩憑借着畫刷的掩護
與都市裡一道道護牆
在默契中相互調整姿勢
一起爬高
稀薄的呼吸裡面面相對
汽球飛進綠林前
已裝滿熬紅的眼神

象形文字舉手伸足
也無法比劃明白
黃河水穿過當代的形狀
顱腔深處的共鳴
從牆壁磚塊的縫隙間溢出

針引着細線縫補人類
仍未愈合的內創和
自殘切開的新傷
補丁一塊又一塊
圍堵地表病菌在
歷史血管裡的蔓延

剪碎黑膠唱片上
旋轉過的老歌
音符還原後又組合成
新世紀的古典擠壓着耳膜

拿起和刻度尺同樣直的墨筆
來丈量酒後的勇氣
讓自信膨脹後的體積
在理智撐開的維度裡
去搏鬥反思的重量

邱辛曄：曹莉，你就是一個策展人了，把嚴力40年的畫作了一個概括。

我們下面有一些詩朗誦。大家知道，嚴力在我們詩歌圈文化圈，以詩人這個身份更加著名。我不吃一些，嚴力是畫家、藝術家，也是詩人。很少有人知道，他也是一位作家、小說家。記得有一位朋友對我說過：我看嚴力的小說最好，其次是詩，再說畫。她這麼評價。總之很少人知道他寫過長篇小說，這麼多短篇。上次一位朋友說要拍攝紐約的紀錄片。我對他說，那你要找嚴力，因為嚴力寫過那麼多關於紐約社會的作品。我在紐約差不多30年了，我以為對你有比較了解了。但看了他送給我的幾本小說集，很多短篇。看了之後，有點喪失信心了：我的紐約的了解還是太少！所以，我建議各位有時間去讀嚴力的小說，其中寫的眾生相，寫的紐約，太精彩、太豐富了。如果你讀過他的詩"紐約"，看過他畫的紐約，再讀他的小說的話，是極大的享受——尤其是對我們這寫生活在紐約幾十年的人來說。（聽眾問：嚴力的小說在圖書館有沒有？）很多小說絕版了。以後我們要重版。因為有一段時間，嚴力的作品中國內被禁掉了（嚴力：對，對禁掉了），不容許他發表，漫長的一段時間。不過就我所知，他出版的詩集、小說集、繪畫作品，大概有20多種，是吧？（嚴力：是的）。

下面我們請詩友朗誦幾首嚴力的詩，也請嚴力他自己朗誦他的詩。嚴力朗誦詩非常震撼，非常有名的。"還給我"，大家一定要欣賞一下的。

冰果：我朗讀《我懷念》（诗略）

邱辛曄：朗誦詩，為何嚴力剛才也在聊。其實把文字轉換為聽的過程，是有一定的短板的。因為有些詩善於朗誦，有些詩如哲理詩——（嚴力：不太適合）朗誦。但看起來是有味道的。嚴力剛才不是說了嘛，畫上是覺得東西，而是的朗誦，在聽覺上不一定馬上可以抓住，難以進入一個反應，引起思考。也就是說，一個作品，無論是作者自己的還是其他人都一個作者的，在朗讀後，聽者未必可體會其中的細微和好處，不一定能 really appreciate it。但儘管如此，詩朗誦還是很流行，作者喜歡讀自己的詩，更多地投入積極的感情，也是一個再創作。置於是否能為聽著聽懂，是另外一回事了。所以，我們還是要朗誦詩。此外，現在流行的方式，朗誦的時候有背景音樂，請DJ來烘托，非常熱鬧。但在美國，他們傳統的朗誦方式，往往是意見很安靜的事情。點一個蠟燭，在圖書館，或者一個房間的角落。還有時候是"自說自話"的，朗誦一段，是他的情緒的表達。也許就一個文化的活動吧。下面我來朗讀兩首嚴力的詩，一首是"悲哀也該成人了"。我選了這首後，嚴力給我看他新出版的一本書，書名就叫《悲哀也該成人了》。

（诗略）

第二首的題目是《紀念》，是寫紐約911的事件。（诗略）

請陳金蘭朗誦兩首。第一首是《清明時節的同胞》，第二首，《清明感懷》。（诗略）

邱辛曄：剛才金蘭說，她讀的是比較沉重。其實我讀到俩並感受也是蠻沉重的。這些說明什麼問題呢？說明如果你要輕鬆地寫，寫風花雪月，自己心情好，聽者心情也好；呈現的畫面明媚而新鮮。但是你要對時代有一些拷問的話，作為藝術家、詩人，我覺得就是一件蠻沉重的事情。但這也就是一個藝術家、詩人的責任吧，我覺得。我認為，這些詩都是經典，在現代詩史上，會是留存下去的經典。打架都非常欣賞這些作品。有些畫面性很強，如寫911的《紀念》，有很強烈的畫面感，但其中充滿了哲理。我記得有一位詩人說過，詩，（詩眼）就在最後一句。前面是鋪墊、表述，然後這首詩是否出彩，就在最後一句。我也看到一個訪問，訪談者問嚴力——剛才講了很多藝術創作，我們等一些請他談談詩的創作，實踐與理念。當然可能用不同的方式，比如朗誦——你的詩何以常常充滿哲理？看來尋常，卻想到別人想不到的，出乎意料的？嚴力的回答說：我有一個感覺，會記下來；然後會把這個感覺再往前推一步。過了一段時間之後——他也在教我們寫詩嘛，我也跟著他學——把記錄下靈感的，推過一步的，再往前推一次。就這樣一步一步往前推。不斷的打磨。他也曾經告訴我，寫詩到最後是一個工匠的作一件工藝品。如果你去燒製一件玻璃器皿，或者畫畫，如衣服油畫，花很多時間，但我們寫文字，尤其是現在用手機寫，太方便了，一下子結束，就忽略了其中一點，每一個文字落在紙上，就是一個打磨的過程，把每一個字細細打磨，向工匠一樣，至少到你認為完美的程度——這是我的體會。這是很不容易的，是一種寫作的技巧，也是一種態度。

下面請張玲朗誦《我是雪》。我記得嚴力在一次訪談時說過，這是寫一個輪迴（張玲：這首詩是充滿哲理，也是寫生命的）。

（诗略）

邱辛曄：請嚴力介紹一下這首詩？

嚴力：其實很簡單，當我們在哲學力、佛教裡，甚至很多其他宗教，說我們有前世，有後世。其實人類本身就是繁殖，一直在循環的。這個循環的過程，我就用自然中的一個現象，來表現前世後世這個東西。對此，有的人會想的多一點，正因為有了這個循環，你想循環的更好呢，還是更差？這裡面每個人的想法就不一樣了。但是如果你認為生命是一個循環的話，你就會珍惜，珍惜這個生命。如果一直有生命傳承意識的話，可能你在各方面會注意一點。擔任這首詩還有一個理由：它特別適合朗誦。因為我們的詩歌有的是朗誦，有的詩歌是合適閱讀的。我們每一個人，寫詩的人，應該知道，自己的那幾首詩，是適合朗誦的。選詩的時候，要選適合朗誦的。有的詩很好，但不適合朗誦，只適合閱讀。因為其中有一些生僻的字眼，聽眾不一定能夠接受。這也是我就此講一下朗誦的感覺。

（编者註：之後還有一部分，包括嚴力的朗誦，因錄像設備電池用完，未錄像。）

嚴力：詩，作為一樁超現實裝置

Mary

嚴力，是上世紀七十年代末、八十年代初掀起熱潮的朦朧詩派詩人之一。他出生於上海，少年時代來到北京，在一九七三年開始詩歌創作，並參與《今天》的活動與建設，被同住一個大院的芒克及一群朋友們稱之為「小上海」。然而，在朦朧詩與《今天》派的巨大光芒之下，除卻那些為眾人所熟知的、發出宏大聲響的詩人，其他個體似乎被遮蔽不見。在廣場的喇叭上發出時代的廣播，彷彿比抽屜裏的吶喊更具有力量。這既是時代的選擇，同時也是歷史的遺憾。尤其是那些在八十年代中期前後流散海外的詩人，他們的創作與傳播，不僅被迫走進雙重陰影，同時也面臨雙重邊緣，一如嚴力。

七十年代的尾聲，不是一個句號，反而是一個遼闊的開始。對許許多多詩人來說，那是一個「萬物新生」的時間。胡風在多年前的吟詠「時間開始了」似乎在時空的錯置中找到了恰逢其時的發聲窗口。嚴力早期的詩並不奪目。當時佔據主流聲響的那些詩句無一不像一支支尖銳的利箭，在發聲中放射出耀眼乃至刺目的光芒。相對而言，嚴力的詩意則被灌注了凝視黑暗的力量。這在其寫於一九七六年的《蘑菇》中有顯著的表現：「誰能／說服自己／在陰暗的處境裏／生命不存在了／背着光／朽木懷了孕」。又如另一首寫於同時期的詩《無題》：「黑暗中我／碰碰樹枝／捏住 一片樹葉／捏呀捏／指間是黏糊糊的／汁液／我意識 血管／破裂／血管已經 破裂／正如我／被黑暗 捏呀捏」，從中可見嚴力的「黑暗意識」。嚴力在此時期最受矚目的身份，乃在詩人之外。其時，嚴力一邊寫詩，一邊涉足先鋒繪畫。八十年代初期，「星星畫會」燦爛無邊，嚴力是其中一員。他在八十年代中期舉辦的個人畫展，是最早在內地舉辦的前衛個人畫展。

一九八五年，日後被屢屢歌頌的八十年代已然過半，留學潮洶湧澎湃。嚴力成為留學大潮中的一朵浪花，隻身前往美國進行「母語」的他鄉之旅。此一期間最值得注意的，不是嚴力的畫作和詩歌，乃是他在紐約一手創辦的「一行」詩歌藝術團體。「一行」的精神凝結物，是嚴力主編的《一行》詩歌藝術季刊。在對時代的明喻與暗喻的拐角處，《一行》像一個「中央車站」，讓詩與詩得以相見，讓詩與人得以重逢。正如嚴力談到《一行》的創辦出發點時所言：「因為在國內的時候，很了解詩歌沒有地方發表的苦悶。後來去了紐約，周圍的華人很多，也想辦這麼一個平台讓民間的詩人們發表作品」。從一九八七年到一九九二年間，《一行》這個「中央車站」承載過國內三四百位詩人的作品。

這個「中央車站」意義之重大，乃在於特殊的歷史語境與生命體驗。在海外用漢語寫詩，不僅是語境的考驗，同時是語言的考驗。這意味着，詩人的創作史，同時也是他的心靈史，還是母語在他鄉的遭遇史。詩人張棗在德國時用漢語寫詩，渴望「生活在母語的細節中」，乃至於在其至關重要的詩學理念「元詩」中一再提到「漢語性」。而嚴力在這番「母語的歷險」中，則使「母語」在通往「現代」的路上更進一步。嚴力詩歌的「現代」，既是一種對日常性的超越、又是一種對口語性的回歸，更是一種卓越的超現實主義的體現。這或許源於權力的毛細血管在每個人肉身上的攀爬，又或源於寫詩這種手工藝活在今天的技術時代已然失傳，詩人不得不調轉船頭，尋求新的發聲方式。在海外用母語寫詩的嚴力，儼然已經取消了早期與黑暗的對抗，轉而用日常生活的意象碎片對時代的啟示進行超現實的拼貼。這種超現實，不僅僅是「與自己為鄰」、「酒與鬼的相遇」、「用歷史泡茶」、「我和太陽之間隔着一個你」，還是「精緻的腐化」、「哭出眼淚裏鹹的知識」、「用悼詞的力量生活」。這種表現方式，讓嚴力的詩更像一個裝置藝術，充滿疑惑、拆解、反詰。

嚴力曾寫道：「不要站起來去看天黑了」、「悲哀也該成人了」。這與其在創作早期的「對抗黑暗」形成鮮明的對比。古往今來，運用語詞，製作聲響，成為時代偶像對詩人而言是一種很難拒絕的誘惑。然而，嚴力後期的超現實寫作展現了另一條詩藝道路：詩人帶給世界的光亮，除了照亮黑夜，還應包含一個重要維度，那就是作為一樁超現實裝置，打開一種新的、超現實的想像，正如嚴力所言：「呈現一種可能的真相」。

來源：大公報

不能让"喊"再次睡过去

2020年6月,"画廊之外"项目的视频采访严力

Y:大家好,欢迎来到这期"画廊之外"。我是主播yixin,目前在加拿大多伦多。这次有幸请到了严力老师参加我们的节目,来聊聊最近纽约莲艺艺话承办的网上展览,名为"值得庆幸的是,最初的文明记忆醒来了",和严力老师疫情期间在纽约家里创作的艺术作品和诗歌。

Y:严力老师你好,谢谢你接受我们的采访。可以聊一下最近您在纽约生活状态嘛?

答:因为疫情的居家令,所以已经在纽约家中画画和写诗三个月了,状态还是很好的,因为手上有一大把时间,就能更认真地对待每一件手中正在进行的作品,并发现之前几年的作品,尤其是绘画,很多都不够精细,原因就是之前的日常生活有太多的干扰,常常因为要外出的事情,打断正在进行中的作品,或者第二天有活动,今天的作品就加紧完成,所以疫情这段时间对作品的态度和对应酬所造成的干扰有了清醒的认识。

Y:那么这次展览您带来了两首诗,一首为呼唤,一首为喊,可以大概描述一下最近两首诗歌的创作的情景吗?您是在微信和友人聊天后有感而发,还是看到新闻思考后有的创作灵感呢?

答:这次疫情让我们对人类与大自然的关系有了更多的警惕,很多因为欲望的膨胀而违反自然的行为带来了不断地劫难⋯我在呼唤这首诗中就引用,远古时代人类因为灾难而向上苍祈祷的场面,也就是呼吁人类要时常审视社会和科技生活与大自然互动时要注意的卫生。卫生就是对自然的敬意和保护,地球只有一个,不能因为人类的无知的欲望而破坏它。

Y：两首诗的名字——从呼唤，到喊，这是在描述人们在疫情期间心理状态的递增吗？

答：其实是同时的，这次疫情中那么多人提到了各种警钟般的提示，"喊"的结尾是针对人类经常好了伤疤忘了疼的习性，呼吁既然意识到很多人类行为造成的破坏，那就要去修正，也就是我们醒来之后的喊，不能让"喊"再次睡过去。

Y：值得庆幸的是，最初的文明记忆醒来了。这个题目是源自您的诗"呼唤""您觉得这次的疫情给了人们机会去审视自己的内心状态和放慢自己生活的步伐的吗？

答：当然是，首先要克制人类无止境的物质欲望，注重健康的生存，只有健康是身内之物，其他都是身外之物，如果人类的身体能扩展，扩展的部分就是地球，所以地球也是我们的身内之物，它同样要注重健康，不能被破坏。

Y：经历911事件之后，您创作了名为"遭遇911"的长篇小说，和用烧纸为元素的相关的艺术作品，您曾说过"人类文明的发展史到了二十一世纪之后，也只是一个初级阶段，因为还有民族、国家、宗教等集团利益的诱惑。这些利益将形成战争，它不是在拯救和平"，那么您是如何看到最近社会上发生的一系列为宗族歧视、声讨真相的游行，您是如何看待的呢？

答：我应该相信美国相对比较健全的法律体系吧？那里有着处理种族歧视及其他各种歧视的条款，无论什么案子，最终是交给律师和法官以及陪审团的。某件严重的案件产生了大面积的民众声讨，其实最终是呼吁法律的公正制裁，当然大面积的声讨会扩展成对社会其他多年积累下来的问题的追问，这时正是政府收集民声的最好时机，但打砸抢永远是非文明的，是行为的倒退，必须警惕并进行法律制裁。另外，人与人互相比好的社会，是文明的最大希望，而那种互相比坏的社会永远是原始和愚昧的，我认为最好不要提倡什么厚黑学、三十六计、宫廷内斗等等。我们写诗绘画是为了什么？道理很简单，审美就是要落实到行为上，从而把文明的底线往上提一点就是社会发展的希望和目的，所以必须认识到，写东西和画画只是为了提高创作者本人行为的一个过程，它也是文明的唯一工程。

Y：在诗歌创作方面，我很好奇的是，您觉得诗歌能否被准确翻译呢？比如在翻译的过程中，是否在某种层面上会被曲解。或者是说，对诗歌的理解有唯一正确的吗？

答：这是一个讨论了多年的问题，第一，比较口语的诗，容易被准确翻译，歌唱和赞美型的也很容易，其他各种类型的就难说了，我自己会把比较直白的一些诗让翻译者去翻译成其他语种。

理解诗的时候，不同类型的诗也是有不同理解模式的，所以文学里有评论这个职业，它引导分析一些阅读诗歌的知识。有些诗确实在看了评论家的评论后会有更加深入的理解，所以认真的评论家是需要有大量阅读功底的。另外，诗是需要经常去读读的，各种类型的都要看看，每个时代都有其比较流行的词语和题材，所以阅读也要与时俱进的。从翻译的角度讲，当阅读有了深层的进入才能有更好更准确的翻译。专业而又精确的诗翻译者并不多，因为需要翻译者必须对两种语言都能达到母语般的文学性程度，如果这样的翻译者自己又是诗人的话，就更靠谱了。

Y：这次一同展出的也有您的艺术作品，在艺术作品《生活在盒子里》《英雄和笼子》中，我注意到有类似报纸的素材融入，可以聊一下您作品中选材的想法吗？您的创作诗歌的灵感和创作艺术的灵感是一样的吗？最后有几个读者提问，算是代表我们这些90后问出的——诗歌在这互联网时代的地位是否还被重视？如果年轻人想要接触诗歌，哪些作品是您比较会推荐的？

答：这是两件描写2020年5月至7月疫情重灾区纽约市状况的作品，我使用的材料是画布、丙烯颜料，还有黑胶唱片，我特意在众多黑胶唱片的说明上找到与疫情现象有关的文字，处理时把它们保留住，于是你就看到了，它们不是报纸上的文字，是唱片上的标记。

我的创作灵感都来自于当代的社会和人文的现象，是进行时的。因为只有当代人才能最准确地处理当代的题材，我不能处理以前的、也不能处理以后的时代题材，因为那都不是第一手资料了，它可能是第三、第四手甚至被掌权者修改过的资料了。我记录，就是有可能被后代人看到比较真实的第一手资料吧。

我不想推荐什么,因为世上仍然有各种不合理的出版制度,或者商业性的追求盈利的出版。其中就有很多假象与谎言的东西,而我想推荐的是,要学会表达,真实地表达,哪怕一时不能出版和刊登,先自由地表达出来,我们所说的创作不自由,其实是能否刊登和发表的问题,而创作永远是自由的!你的写作可以发给几个好友看看,甚至自费复印几份给朋友看看,起码它是真实的,是你自己的声音。自媒体不就是这样吗,但一定要确定自己可以为作品负责。

Y:我想再加一个问题,刚刚看了一下国内人力资源部起草的一个意见书《关于深化艺术专业人员职称制度改革的指导意见(征求意见稿)》里提到会对艺术从业者,演员\设计师\作词人\等,统一职称等级和名称:四级,三级,二级,一级。以职业道德,代表作,业绩显示,面试个人陈述,行业内专家评价等等为考核。请问您觉得这一做法会帮助有利于国内艺术行业发展吗?您怎么看待这个提案呢?

答:它是可以存在的,属于服务性行业中的某个工种设计,这与文学艺术的原创没什么关系,文化是民间自由生长出来的,纵观中国以及人类的经典文学作品,哪一部(件)是一级二级三级的文学、艺术家创作出来的?

Y:无论作为诗人还是艺术家,严力老师都不曾停止过对生活和人性的思考,其作品保持如刀刻般的深思和硬度,同时又洋溢着对生命的挚爱。谢谢严力老师提供的诗歌和艺术作品。

谢谢大家!严力老师的当前展览,可通过下方链接进入:

1.https://mp.weixin.qq.com/s/GnoYSz_8FSXucvhdCnfg9Q

2.https://mp.weixin.qq.com/s/TU8jIrFq7fU2NP8OmHQW9A

本文由纽约 W.MING 莲艺国际提供,(感谢主持人张晓明以及美编胡凌远的编排与策划)

莲艺国际的网站:www.wmingart.com.

标题为编者所加

读出纽约传奇的关键词

——严力小说精选集选编后记

邱辛晔

2020年6月18日晚上，纽约一行编辑委员会开了一次线上会议，讨论"纽约一行"半年刊（纸刊）首期之编辑和出版。下线后，即看见"莲艺"公众号刚推出的线上展览：《严力：最初的文明记忆醒来了》，展出20幅绘画作品（油画和纸上作品）和2首诗歌。

"莲艺"在介绍中说："诗歌与绘画是构成严力艺术生涯的两个表征，通过它们，我们可以一窥严力的艺术世界。""身处东西文化，跨越诗画两界，给予严力多样性表达的可能，使得他在中西当代艺术领域中创造出一种隔离式的严式空间；同时，周遭的一切也都在他的笔下绘聚成诗。"

和严力一起选编这本《严力小说精选集》，在编辑过程中就在酝酿写一篇编后小记，说说编选缘起，也把和严力交往的片段、阅读他作品的心印，略作交代。也许要说的话很多，也许是慎重的缘故，更可能处于一个特殊的时期——新冠病毒疫情在纽约飙升了两个多月，随后美国爆发了社会动荡，因而心情不定，竟一直找不到开篇的切入点。严力说，那就等待灵感吧！当我看到严力作品的莲艺线上展览的瞬间，突然就有了写几句话的冲动，立即以速写的心境记下本文的第一段，之后让思路沉淀，并未接着写下去，直到次日。

"莲艺"的概括非常精当。作为诗人和艺术家的严力，以独立思考和独特风格，风姿卓立，别具一格。他的诗歌作品和绘画，被公认是万人中一眼望之而具有强大识别力的：诗歌语言和艺术元素，具备了成熟的"严力体"的风格；他的绘画融合油画、装置艺术的元素，别具一格，正如"莲艺"所谓的"严式空间"。这是一个不但竖立了标竿，而且多年来一直把标竿向上推的独立思考者。

然而，对于 21 世纪的读者而言，即使是严力诗歌和绘画的读者，其中大多数人，可能很少知道，严力还是一位小说家，一位在上世纪八九十年代就以先锋小说著名的作家，写过两部长篇，一百多篇中短篇小说。也许，那个时代的严力读者，对此也印象逐渐模糊了。就这点而言，"莲艺"之论严力诗歌和艺术的两个表征，我觉得，还应该包括那不可或缺的另一"足"，即严力的小说，方成鼎立。

严力的小说，写于上个世纪的八九十年代，出版了数本中短篇小说集和长篇小说。由于各种原因，包括作者因为触犯了某种"禁忌"，被剥夺发表的权利，以及严力投注精力于诗歌和绘画，人们对他的小说，似乎逐渐淡忘。而实际上，严力的长篇小说《带母语回家》于 1995 年出版后，文学评论家陈思和就把他和王安忆、莫言、余华、张炜的作品，推荐为年度小说。对多数中文小说的读者来说，这几位作家中，如今大概只有严力是陌生的吧？

认识严力是这几年的事情。严力写作早、成名早，那时候我还在中学、大学读书呢。到了美国之后，我一直在校园内，也无机会结识。直到严力从西雅图搬回纽约，这个他早年留学之地。2017 年秋，我们筹备法拉盛诗歌节时，著名编辑、诗人王渝高兴地告诉我，严力要回纽约啦！她向我展示严力的诗歌和丰富多彩的艺术创作，并介绍我们相识。此后，我们在一起做了一些为文学和诗歌搭建平台的事情，而纽约华文文学圈，因为严力的到来，更兴旺起来。之后彼此逐渐熟悉，"三观"接近，除了依旧怀有对文坛前辈的景仰，亦得以长兄视严力，凡事多向他讨教。平时一起为诗歌节、纽约一行和华文作家笔会做事，严力也常把新作品，包括诗歌和绘画，给我阅读和观赏，而我也请他为我的新诗习作提出修改意见。严力并赠与诗集如《挤出微笑的石碑》《诗意指向》、随笔集《历史的扑克牌》，还有几本小说如《带母语回家》《纽约故事》《最高的葬礼》《纽约不是天堂》，其中一部分是纸张泛黄的旧书。

逐本翻阅小说集，我渐渐沉入严力笔下的故事、人物，为其感染，更从一篇篇小说中，悟到了他为何一再对我说，"我的价值观，都在作品里。"在"莲艺"线上展出中，严力有一小段引言，其中说：

"我是崇尚独立思考的人,在文明底线明确之后这思考又很简单:人类不需要互相比坏比恶而是需要比好比善的社会环境,让我们继续努力吧!其他的话都在作品里了。"

严力不仅仅在他的诗歌、绘画中实践着独立思考和互相比好比善。由于小说艺术表达方式的不同,我认为,他的小说,"其他的话"更丰富,也更加意味深长。严力曾经说:"(在美国创作面临的)主要是讲观念上的一些冲击。如讲一个美国故事,用中国的眼光来联想它。我的第一篇小说也是那样的。"在严力,小说的所有故事和情节甚至人物命运,都体现了作者的价值观。而在价值观方面,严力最为关注的,不仅是一个个人、一个群体的层次上的想法,更在于超越国、族的人类共同点、人类文明命运层次的思考。同时,观念并非搁在高空和抽象。他认为,"归根结底,文明还是个人的事情。每个人要创造自己的文明。"

正因为如此,在严力的小说中,我们看到了浓缩的纽约,从留学生到"原生"纽约客,从艺术家画家到诗人,从大陆中国人到台湾华人,人物龙蛇混杂,形态各异,故事精彩曲折,出人意料。所有这些,无不是个人的文明,在特定的也是独具的生活环境中的一个个沉浮的过程,是人类文明在一个很具体的节点上的一句诗、一抹油彩。严力小说构思之奇特陆离,令我想到中国文学史上的传奇。唐代的传奇,是中国古代小说的原型。用传奇这两个字的本意读,则小说是当具有故事出彩、情节曲折而出乎预料的特点。因此小说家也是编故事的高手(尽管后来现代小说也在非情节的线上演变)。严力小说的故事,灵感起于他的生活经验、听来的故事、读到的新闻,但更多来自他天马行空的想象,天然纵逸的神来之笔。在某种程度上,唐传奇的四大题材,爱情、神怪、侠义、历史,皆在严力小说中呈现出20世纪的模样,且具有强烈的民间感情和原生状态。有意思的是,严力小说,有些篇目隐然有传统志怪小说的离奇和颠覆性构思和情节,也与西方魔幻小说的特征吻合。这些加上他先锋意识的行文风格,令读者的阅读经验充满张力,急促而迴旋,有时候透不过气来。偏偏他时常跳出环环紧扣的故事情节,用各种文字和叙述的方式,做了一个旁观者，冷眼观看小说中一个个男女，冷不丁爆出一句冷幽默和诗意独特的旁白。本文不是研究论文，就不一一引述本书中的篇目和精彩华章了，相信读者自能体会。

几乎可以说，很少有读者读了开头，就能猜想到结局。以此为出发点，故事背后的智慧和启示，常常有让读者一激灵之后，继而陷入沉思，终于豁然开朗的体验。

严力小说，是鼓荡生命力和追寻思考的双轨道，从此而言，严力别出心裁的绘画构思与原创，似乎找到了一个文字上的孪生兄弟。严力在2020年5月30日法拉盛图书馆的一次线上讲座中说：

"诗在情节性叙述方面有其局限性。因此有的题材写小说的方式更好。两者都是沉淀出对人生的看法。但诗歌是点穴位，是骨架，而血肉、服装等等，散文和小说更容易铺开。"

"诗歌是化学提炼的药片、维他命药丸，而小说是一道道菜。制作过程和享用的时间长度也是不一样的。"

由于严力掌握了不同形式的艺术创造力，他擅长分析不同的题材，调动不同的感悟，而决定以哪一种呈现形式。小说的丰富性和多样性，不仅具有人类需要的营养，更以琳琅满目的色香味构成，因而有"营养胶囊"不具备的长处。换言之，"其他的话"是在情节中、人物性格中和对话、描述中；"话中有话"，令读者有享受大餐的体验。

而那作为观念之"话"载体的第一个"话"，即小说的叙述语言，也是颇不寻常的。严力小说的风格，字句和词汇时见其诗歌智性语言的特征，那种意义的幽默、反讽，词句的置换、重新搭配（"把已经发明的两个词汇，拿来对撞冲击，产生出平时不具备的用法和表达"），和世故的老纽约客也绝不能预测和想象的故事情节，以及随心所欲变换的观察角度和叙述方位一样，总令人对那词语的丰沃、突破腐儒拘束的胆识，惊叹再三。一方面，看似未经修饰的口语化甚至有意识流形态的文字，行云流水，如同或对老友或对陌生人讲述；另一方面，不断有闪光浪花飞溅出流水，如同宝石般耀眼，枢机别出，令人叹为观止。小说语言文字运用之巧妙，得心应手，是严力作为一个诗人"跨界"的特权。

当你翻阅到这一页的时候，如果把"编后记"翻译成你的"读后记"，相信会同意我的这个说法吧！

阅读这些小说，我常常生出一种感想：一顿美味大餐，知道的却不多，能享受到的更少。我为那种设想中的错过惋惜不已。因此，急于把严力小说推荐给读者、尤其是熟悉他的诗歌和绘画，却不知道有那般精彩小说的21世纪读者。在法拉盛图书馆举办的文学文化讲座中，我屡屡把我的"发现"告诉听众，急于分享发现和阅读的快乐。大多数的坐中人，确实不知道，诗人和艺术家严力，还是一位小说家，而实际上，市面上能够看到的严力小说，已经很少了（这正如我读的大部分严力访谈一样，采访者很少把话题延展到诗歌和绘画之外）。因此，又萌生了精选严力一部分短篇包括中篇小说，汇集为一册，在美国出版的想法。严力也认可我的想法，发来他选择后小说的电子版，其他作品则由我用扫描软件转换为文字并编辑。

一本能代表了严力小说创作成就和特色的小说选集，从我一个出版人和编辑以及图书馆业者的角度，首先，在保存发表于各种杂志，逐渐散落的作品方面，具有档案的价值；其次，更多读者有了阅读的机会；而且借助新时代网路商务平台如亚马逊等，世界各地的读者都可便利地订购。

作为一个上世纪八十年代中文系的学生，我认为严力小说的再次结集出版，对于汉语小说界，对于中国当代文学史研究，有其意义。严力撰写小说前后不过五年，创作的数量却不小，而且在思维和风格上，标新立异，后来雷同者很少。作为上个世纪七八十年代中国最早一批先锋诗人、艺术家，小说家身份的严力，为中国当代小说，贡献了独特的创作。

我到美国后曾在历史学专业学习，对于历史文献、文本，稍有关注。我认为严力的小说记录了上世纪八九十年代包括作者本人在内的纽约华人的生活图像，隐藏着丰富的第一手历史资料，可供后来研究者特别是关注移民历史的学者，去解构、分析、解读。从一个纽约华人文化学者的角度，严力的小说，首先是研究一位闯荡海外的独立艺术家的生活和思考的原始资料；若当作历史素材和人物传记读，则可以发现一群那样的海外中国人；更有价值是，提供了寻找人类文明行为的种种脉络。

处于美国华人文学创作氛围、尤其是纽约、法拉盛文学圈，我接触写诗、写散文和小说的文友颇多。由作者本人和我共同精选的这部小说作品，当对于华人文学创作，有一个刺激、启发的作用。

曾经在阅读严力赠送的一本小说的纸面上，发现，不仅印刷纸因年代而泛黄、脆薄，甚至纸面偶然有镶嵌在字里行间的干瘪稻谷。我因有感焉，写了一首诗：

　　纽约关键词
翻阅一本上世纪的旧书
名字叫纽约故事
作者是诗人严力
印刷这本小说的工厂或许早已破产
但不会破产的纽约情节
在泛黄的纸上顽强浮现
有色无香的油墨里
偶然还点缀着几粒干瘪的稻谷
有时，它填补了半毫米空白
更多时候游戏着标点符号
或者就狠狠地砸在
写出纽约故事的
方块字上
移民心情抽出了青苗之后
我的眼睛开始收割一串串被覆盖的
纽约关键词
　　（2018.10.5-6；2019.9-10月修改）

这本新选编出版的书，纸面上绝不会再有干瘪的稻谷了。但纽约传奇依旧在一个个方块字之中和之间。在经历了纽约新冠病毒疫情，以及突然而起的纽约骚动之后，"传奇"的纽约，更加神奇了。当下的纠结，早就被上世纪写过多次；纽约的传奇也没有时间性，总能让读者从故事中读出新闻。

但愿你的眼睛也收割着传奇纽约的关键词！

2020.6.19

领航者

——读严力诗歌有感

四 儿

严力,给诗歌疗伤的画家。给绘画缝纫的诗人。可行为艺术,可另类先锋,可朦胧口语。严力,跨越诗坛半个多世纪,练就一双火眼金睛。可辨别一切形式的魑魅魍魉。

如何评论严力诗歌,我洗脑大补后,得一秘方:"荒诞八克,意象十克,负数十克,口香糖十克,先锋十克,前卫十三克,口语七克,抽象二十克"。这样的中医配方给严力"疗伤",给诗歌加减药性。治愈糅合在严力骨髓里的分裂细胞。我看可以!

严力诗歌的划时代先锋性是有迹可寻的。我们可以在他各个时期的作品里甄别寻找。

《写意》

写意是最有效的抽象能力
蓝和白被雾霾写意了
权利被滥用的笔法写意了
民主被插在瓶子里的假花写意了
民众被短视的派别线条写意了
族群间和族群内的互相宰杀被生物链写意了
我的眺望被流行艺术写意了
一张羊皮悠闲地吃着草
草吹着口哨

这首《写意》,是 2017 年 8 月严力所写。当写意被中外诗人用烂之际,严力的大写意横空出世。这把利刃砍掉呻吟与虚伪、民生与民主、种族与族群中的思想诟病,揭穿形式大于行动的社会假象,向纪实靠近。这个时期的严力对于诗歌的创作遵旨已转化为关注民生与社会,抨击与讥讽,批评与思考之中。尤其在严力超强意象下迸发出的诗句更加惊艳生动。

一张羊皮悠闲地吃着草
草吹着口哨

像这样的意象,独特新奇,诗意盎然。经严力揣摩打造后,立体效应立刻呈现。严力诗歌的"特异功能"也是业内公认的无法超越的存在。如何理解他诗歌中的超前含义,因人而异。

《一百米》

虽然只有一百米
但追逐者们一次次地退回到起跑线上
重新冲刺
但还是没能跑进
9秒以内的文明

文明是一步步走出来的,在人类漫长的进化中,文明与社会相辅相成,但同时进化的也有人性的凶残与贪婪,善与恶,虚伪与浮躁。到如今,"正义"高举着大旗等候接力。社会背景下的接力赛虽造势非凡,但终归会输在时代的起跑线上。

《呼唤》诗歌写于3月28日。正是新冠病毒肆虐全球的日子。文明被侵蚀,日子被囚禁,地球在流血。而诗人严力此时身处异国他乡,对生命的逝去引发深刻的思考。《呼唤》是严力老师最新力作。也是他对人类呈上的有力檄文。

解读严力诗歌,从多方位分析他的诗学观点。严力还是一位前卫的超现实主义画家。他的画作在建树上向西班牙画家巴勃罗·毕加索靠拢。毕加索的立体主义与超现实主义艺术作品对严力的绘画有着深厚的影响。毕加索有句名言为:"我的每幅画里都装有我的血,这就是我画的含义。"这也直接表现在严力绘画、诗歌的创作动机中。

那种另类前卫立体的思想溶入诗歌，主宰着诗人严力的形态意识。这个时期严力创作出的超立体线条式极简主义绘画与诗歌也一一呈现在大众面前。这两种艺术的完美结合，也预示严力另类超现实主义诗歌的诞生。

严力见证了中国新诗近半个世纪的兴衰过程。他的诗歌和绘画一路相依相伴，灵感在两者之间互相渗透，互相糅合。创造出的作品必然是另类的，时尚的，多维的精品。

严力老师这棵诗界的常青树，现如今还在诗歌道路上求索前行。遥祝严力老师，诗歌与您，永不过时。

严力,在纽约另起一行

张丁歌

一

疫情隔离期间,得知我有机会可以写写严力时,颇有些战战兢兢。怕面对"严力的分量",凭我的力量写不到位。诗人麦城打来电话,一通鼓舞与叮嘱:"你熟悉严力,也熟悉他的作品,当年还去他家采访过他,怎么写不了?!你可以算好时差,和严力再好好聊。"隔着手机,我感受到来自一位诗人的朴素的操心和对远方另一位诗人老友的迫切关心。我的老本行曾是记者,做过不少诗人专访,认识严力、麦城均已十年有余,也许这让麦城觉得,我可以和严力做一场对话。那一刻,我脑海里很多品读严力诗歌和他"星星画会"时期作品的画面都涌了出来。确实,我想过用笔记录严力和他背后那个时代,甚至计划过以严力的讲述为切入口,重新梳理"星星画会"在艺术史上的脉络以及"严力们"在上世纪80年代的纽约印迹,出版一本专著。不过种种原因,计划后来搁浅。我这几年辗转国家、城市几次搬家,严力的各种作品集都被我收在某座老房子的书架上,麦城得知后索性马上快递来严力的最新诗集。这份热忱,无疑给人力量。那段时间,麦城在大连,严力在纽约,我刚从纽约回到北京,我们像世界上近五分之三的人一样,都各自在居家隔离。

印象里,严力近十几年的生活轨迹是,每年往返于上海、北京、西雅图、纽约。直到两年前,他再次"回到"纽约算是定居下来。但因为诗歌、艺术、亲情、友情等,他每年仍会飞回国内,往返迁徙。回想上一次我"稍微正式"地见到他,是2017年4月,在纽约的一场诗歌朗诵会上。我和严力有一位共同的朋友叫周龙章(Alan Chow),他在纽约华人圈算是文艺教父级的人物,也是纽约美华艺协会（Chinese American Arts Council）的创办人，一直致力于在美国推广华人的文化艺术创作。每年四月是美国的国家诗歌月，每年那时候纽约、新泽西的华语诗人、艺术家们会和美华艺术协会联合举办一场诗会和诗画展，就在曼哈顿百老汇大街的456画廊，已经连续办了30多年。我见到严力那次，就是在2017年那届诗画展。那年诗会的名字我印象很深，用的就是严力的一首诗名

《另一种骨头》(我向谁诉说,谁能替我把狂奔从腿上撕掉/我不到窗口去眺望寂寞,不高歌陷下去的喉咙/在低沉的地方我享受身高/我看见另一种骨头)。

那一天，严力作为"老纽约客"和当年《一行》诗刊的创办者、老主编，担任了诗会的主持，台下坐满了纽约的华语诗人和诗歌爱好者，还有几位当年老《一行》的编辑。说"老《一行》"是因为听说严力回到纽约后，打算把《一行》诗刊复刊，感觉得出这对海外的华语诗歌创作者是个让人兴奋的消息。我还记得，那天的诗歌朗诵环节，我朗诵了一首严力的《还给我》：

"还给我/早上叫醒我的那只雄鸡，哪怕被你吃掉了也请把骨头还给我……请还给我/我与我兄弟姐妹们的关系/哪怕只有半年也请还给我/还给我爱的空间/哪怕已经被你污染了，也请把环保的权利还给我/请还给我整个地球，哪怕已经被你分割成一千个国家，一亿个村庄/也请还给我"。

这是严力的代表作中我最喜欢的几首之一，它很理想主义，给人力量，也带来反省。此前在不同场合听严力自己朗诵过这首诗，那是一种启发式的享受。严力每当在朗诵《还给我》时，尤其一杯酒下肚后，呼吁式地诵读释放出的气魄，是和他日常内敛儒雅的状态不一样的，一字一句的吞吐里勾勒出一个更加坚硬的灵魂。

后来和严力几次碰面，也是在纽约的文化活动上，但多是匆匆擦肩，远远看到他穿梭人群或台上台下忙碌。有一次是在法拉盛图书馆，诗人、作家王渝的新书发布会上，严力也在现场，远远在后排聆听。台下人群里的老面孔，多是他们当年在纽约一起办诗刊、交流写

作、开画展的精神至交。王渝和严力是多年老友,她曾是《一行》的老编辑,也做过《今天》诗刊驻纽约的编辑。严力"重回纽约"前,王渝老说,"严力你赶紧回来吧,要不然这边没劲了。"可以想象,当年严力做《一行》给纽约的华人文学圈留下不少美好记忆,大家也想回归或重启一种纯粹的创作氛围。

这些记忆瞬间,都是 2020 年以前的事情了。

2020 年的 7 月 9 号早上,我醒来后收到诗人麦城凌晨 4 点发来的微信,转来一组他和严力的对话。那是严力刚从纽约发给他的信息:我妈脑溢血昏迷三天后今晨走了。句末还有一个哭泣的表情。我熟悉的严力向来言行克制内敛,擅用一行诗句表达情绪,很少使用符号表情。那一刻,似乎能感受到严力在字符之间释放出的一种心痛和无力。

这段时间,严力一直在纽约,94 岁的母亲在北京去了天堂。13 小时航程,他却无法及时赶回,巨大的遗憾在亲情间蔓延。2020 年的一场疫情,让世界陆续停摆。就在一月份春节前夕,严力还曾短暂飞回中国看望在北京的母亲和上海的岳母,计划过下次团聚的时间。也是在一月下旬,我和家人也在纽约过春节,那时并不知道严力已经回到纽约。确切说,是没顾得上询问他是否也在。因为那时国内疫情已起,原本该放松的假期,被各种新闻消息捆绑,我每日奔波寻找医疗物资寄给国内亲朋。二月下旬离开纽约时,我丝毫未曾想到后来发生的一切。短短一个月后,疫情全球蔓延,天下大变。直到 7 月时,纽约仍是重灾区,全美确诊人数逼近 400 万,航班限飞,严力寸步难行。他告诉麦城,如果不是疫情,他们全家本应该在五月底飞回北京,趁夏天假期陪伴母亲。如今,很多计划都不得已改变,世界的样子也和以往不同了。

麦城是严力的老朋友,那天他隔着时差第一时间为严力送上精神安抚,"噩耗再次按下我悲伤的按钮。汉语的难过快追上了我。需要我做什么,请吩咐我!"严力反而安慰他,"没事,请与你外婆说一声,好朋友的妈妈今天刚去,招呼一下吧。"在麦城的诗歌里,"外婆"一直是个格外重要的意象,似乎寄托了他对人世的各种解读。如今严力面对自己母亲的离去,也许想起了身边与母亲有关的所有感情。

那天,麦城在朋友圈代发了一则讣告,告知亲友严力母亲去世的消息。严力看到,则说了一句:谢谢。但我还是喜欢低调,外婆也是这个意思。这是严力一贯的风格,为人内敛,笔下发力。

严力找出一张儿时的照片。那是一张摄于1959年的黑白家庭照,4岁的严力和年轻时的父亲、母亲一起端坐,望着镜头。实在是干净整洁的一家人,从表情、眼神到服装都透出一种教养,是那个年代知识分子家庭的独特气息。这是我第一次"看到"幼时的严力——一个灵头灵脑的男童,海军服,侧歪着脑袋,清澈的眼眸里一股好奇与果敢。身边的母亲,鹅蛋脸,微烫的卷发,笑容柔和典雅,颇有民国时期上海女人的味道。另一边的父亲,样子俨然"星星画会时期的严力",潇洒的书生气里又带有一丝桀骜。不同的是,父亲鼻梁上架着一副金边眼镜。严力曾说起过,父亲是早年上海沪江大学化学专业的高才生,英语极好,还出过一本英文专著,母亲毕业于北京中法大学,两人各自都是当年大学里的地下党,后来都在国家科委工作。

看着这照片,我想起严力分享过年轻时和母亲的一个对话细节。

上世纪70年代末,严力在开始写诗后没几年,也迷上了画画。用他的话说,在那个特殊时代的状态下画画完全是为了表现个人的感受和生存状态,"那时我们的视野,真实的视野,世界看起来全是灰色的,生活里很少有其它颜色。当我开始用色彩表达时,觉得很过瘾。我觉得我在指挥颜色,像作曲一样。"但是,1979年那会,在中国搞文学艺术是奢侈的事。如果说写诗是精神世界的最大奢侈,那画画还要多上一笔,它还牵动现实世界的"奢侈"。因为你要买颜料、画布、画框甚至画架,那会儿一般家庭哪买得起啊。怎么办呢?最难的时候,严力曾用酱油、红药水和紫药水代替颜料,用朋友送的纤维板当画板,捡来的木条钉成画框。画画还总要"偷着画"。那时候,全中国城市的孩子基本都住在父母单位分配的房子里,严力父母的房子分在北京市三里河计委大院。这个地址在很多关于星星画会、《今天》诗刊的回忆文章里都出现过,似乎是那时大院孩子们的一个文化据点。年轻孩子住在父母家,也意味着面对全面的管制。"写几首诗往往不太受注意,但大张旗鼓画画就不行了。"父母面对着那些他们根本看不懂的画,难免发愁,进一步担忧这是否会带来麻烦。在针锋相对的角力中,严力的父母最终妥协:这总比出门交不三不四的朋友要好些。于是,"三里河宿舍"就成了严力最早的画室。纤维板画完了怎么办呢?家里还有床单啊。有一次,严力的母亲找不到更换的床单了,后来发现是严力把家里的三条床单全当成了画布。母亲当时说了一句:"你不能让我们睡在你的画上吧?"严力后来回忆说,"这是我有生以来头一次听到她这么幽默的表达,意味着谅解和宽恕,让我记一辈子。"也许正是最初母亲的包容和支持,才有了星星画会走出的"画家严力"。严力至今都认为,1979年开始到1985年出国留学之前的画作,对他来说比较珍贵。

　　严力和母亲的这个关于"画画与包容"的场景,让我也想起他分享过的另一段经历。1985年,严力作为"星星画会"的艺术家和"今天派"的诗人,申请了赴美留学。他卖了一些自己的画,攒了六千美金,带着个行李箱,又带上一些画,与亲友告别,只身飞到了纽约。

　　那时去美国追艺术梦,是比电视剧《北京人在纽约》中还要真实的体验。一美元都要算着汇率省着花,曼哈顿寸土寸金的房租也贵得吓人。那时住在皇后区出租屋的严力,领教了纽约各种博物馆、画廊、先锋艺术展后,感觉每天写诗也不能遏制住旺盛的创作欲,开始蠢蠢欲动想画画。"刚开始那真是让人头疼的事。你没有这个条件，没有这个空间，也没有多余的钱。"

一天一个朋友告诉严力，纽约东村有一个非盈利艺术机构，可以供艺术家免费申请绘画材料。严力一听，带上两页幻灯片，决定跟朋友去试试。登门后，小心翼翼询问是否真有此事？对方问：你是艺术家吗？严力说是。还没来得及展示作品，对方就说：你看需要什么就拿吧，如果你开车来可以拿更多。严力乐坏了，恰巧朋友那天开了辆车，虽然车很破，但能装东西。于是，严力在纽约第一次拥有了大量颜料、画布、画框。拿了起码上千块美金的画材，都是免费的。那次的经历让严力觉得"美国真牛。非盈利机构这种机制对社会文学艺术的发展，真是一个太好的促进文化发展的设置。"

后来他在纽约创办《一行》诗刊，也经历过这种时刻。有时搞诗歌朗诵会缺乏资金时，他会找文学类的非营利机构申请赞助。严力记得有两次，为了节省公共空间的场租，朗诵会选在朋友家的客厅举办。即便这种很像"家庭聚会"的情形，提交申请后，一张300美金的支票仍然很快递来了。印海报、买酒、买食品、诗人们的通勤费都够了。

这些经历和体验，让精神富足但难免有时囊中羞涩的诗人、艺术家们，不至于束手束脚、局促不安，反而感受到一个良性运转的系统对创作者巨大的友好与支持。我猜想，对严力来说，这种安慰，不亚于当年母亲用特有的幽默原谅了那三条床单做成的画布。

严力母亲去世的第二天，他在纽约为母亲写了一首诗。

致母亲

/严力

被你带进这个世界
我注定在你的祝福中如鱼得水
畅游江河湖海之外
更识别了利益鱼饵的诡异以及
人为漩涡的深浅

我曾用几十年憋足的一口气
潜泳在讲究生存定义的诗歌里
并且深深地领教了
只要是鱼缸
就不可能大于它的局限

岁月波涛汹涌
你与我告别的日子
突然降临
而定居我体内的你
继续祝福我冲浪千里

这是你带我再次出世的日子
那个上天入地的新世界
你也是第一次去
而我的联想
则在后面第二次翩翩学舞

你是永远的
其他的乳汁没有可比性
我坚信血肉的称呼
不相信任何绑架了母爱的
抽象名词
　　2020.7.9

至亲的离去让一个诗人感受到"再次出世",就像生命开始轮回,一些情感和力量也成为永恒。

严力母亲去世前的一段时间,他还不时地从纽约发来新创作的诗歌和绘画作品。疫情以来,全球各地相继进入居家隔离状态,人类原有的活动半径和生存方式都被重新审视、重构。一起"暴力执法"案件,让美国多地掀起游行暴动,一个原本井然有序的社会被一些失控的行为搅动、打破常态,加剧了疫情带来的阴霾。严力虽然身居

"纽约重灾区",但大多时间都宅于家中书房、画室度过,对于诗人和艺术家来说,这种极端时刻下的思考、反省与创作,也许反而是和自己对话的最好时刻。

我记得2015年,法国巴黎发生恐怖袭击时,严力曾被人问到这样的问题:"像这种时候,诗人能做什么?"后来,他为此创作了一首《诗歌何为》,其中有两段回答了这个问题:"诗人是自己的警察,每天搜捕体内的恐怖分子,更不会把他们释放出来。如果这种功能的软件,能流行人体世界,那么,出事的不会是巴黎,也不会是地球。"严力在一次采访中也表达过这样的观点,"战争和罪恶不断有组织地发生:一锤锤地把和平所舒展开来的生活打压成透不过气来的一团,人性的善恶也被挤压在一起。而诗人就是要重新分解它们,还原它们的文明标准,而不是让不良政客、商人、文化奸商等等在浑水摸鱼中有组织地获取个人和小团体的利益。"他认为,人对自身的恶与自私其实是很了解的,人首先要跟自己的动物性搏斗,文明是个人的事情。尤其要思考,在知识和科技大步发展时,作为人能不能更文明一些,能不能经常对自己有所反省?而诗歌的一个重要目的就是为了改善人的行为,提升人的修养,让人更文明一点,文明的个体多了,才形成社会整体文明的提升。

我又想起当年911事件爆发后,在纽约生活十多年的严力虽然重心已回到国内,但2001年的911时,他是在纽约的,并且在整个十月转了美国东西海岸的几个城市,做了大量关于911时间的笔记,并写出了长篇小说《遭遇911》(上海文艺出版社2002年出版)。事件后,严力还创作了一系列绘画作品,取名为"燃烧系列"。

这一次,在美国亲历这场新冠疫情并见证了一系列次生问题的爆发,严力依然没有停止发声。他把自己对人类与地球命运的思考和反省写入一行行诗句。"不但是在纽约/让很多人倒下不起的,这场噩梦还醒在世上/硝烟滚滚的信息里,看上去像把柄的事物,并没拧开关键的大门/更没直捣并反省遮掩羞耻的人性本能……值得庆幸的是最初的文明记忆醒来了,那是山顶的巫师,用天地呼唤着全身心的虔诚"(《呼唤》2020.3月)。他甚至在诗歌里"喊",隔着口罩和隔离服的喊，隔着国界和种族以及宗教的喊/喊，喊醒了很多东西，但我们还是没有把自己的，某些东西喊醒。所以，更不能让喊，再次睡过去。(《喊》2020年）

字与词的撞击中，这种"呼唤"和"喊"的气魄颇有他当年那首《还给我》释放的能量。可以看出严力在反省之余，有某种深沉的期待，期待灾难能喊醒我们和地球的关系，喊醒人们的文明意识。他说，"在文明底线明确之后这思考又很简单：人类不需要互相比坏比恶，而是需要一个比好比善的社会环境。"

就在6月份，一个线上艺术平台（莲艺艺话）举办了疫情期间在线展览，第一场就是严力的个人作品展《严力：最初的文明记忆醒来了》，名字取自严力的诗句。除了新写的《呼唤》和《喊》这两首诗，还有他的20幅绘画作品（油画和纸上作品）。疫情在美国爆发不久时，我问过严力：一切是否都平安？他发来诗句"有人在微信里问我，你在纽约还坐地铁吗/告诉你吧，我已坐在椅子上，紧跟思想出行几个星期了/我早就疲倦于搭乘手机在虚拟的人世闲逛"（《呼唤》2020.3月））我当时在做一个公益项目，征集全球各地的疫情故事，也想看看严力这段时间能否记录些"疫情下的纽约生活"。他说，"最近在画画，想表达的都在画里了"。这次展览就展出了严力在疫情期间画的新作，其中一幅叫《递送口罩的感人场面》，一只和平鸽衔着一枚口罩在画中飞行，它的灵感源于严力看到疫情期间的新闻，当时大部分人处于买不到口罩的困境。《纽约，生活在盒子里》《蝙蝠的起因？》《英雄和笼子》《点燃春天的导火线》是严力"黑胶"系列里的四幅作品。"黑胶"系列是严力80年代刚到纽约时开始尝试的，用丙烯和黑胶唱片实物材料来进行创作，突出命题式的概念。在当下，这些作品又被赋予另一层深刻的意义：记录时代历史的视觉艺术。在策展人胡凌远看来，这些画面不断用解析、想象、重组，拓展，并置、夸张、幽默或具批判性的图像语言，以"画中有诗，诗中有画"的多艺术形态，来表达画家在疫情间所产生的思考与情绪。严力不仅仅是在针砭时事，也是在对人类生存状态的关注，对生命报以美好与期待，希望蓬勃的生命与时代的朝气能再次被点燃。

除了这批疫情下的创作，展览还展出了十几幅严力创作于 2001—2002 年期间纪念 9／11 系列的作品。这似乎是我第一次看到这批记录 911 的作品，材料大多用纸、墨汁、丙稀加以拓印、拼贴、火烧等手法制作而成，有种荒诞的废墟感。策展人的评价给了我一个理解这两组作品的角度，"严力疫情期间的作品和 911 系列作品具有某种关联性，它们探讨了人与人，人与国，人与自然的一种关系。人类的文明已有几千年历史，但毁灭只是在一夜之间。该沉思的不应被遗忘，该反思的不应被忽略。"

我想起严力写过不少关于地球与生命反思的诗歌，有一首《地球上的事情……》在今天读来格外触动我。

  地球上的事情……

地球上的事情不好说
把地球的意义盛在碗里端给自己
是隔夜的还是当天的
人类每天都要新鲜的意义
地球上的事情不好说
挤地球的奶并每天喂给它许多口棺材
能源还是充满了危机
地球上的事情根本没跟地球商量过
地球逼急了也会用内心杀人
……
地球上的事情啊不好说
地球上的事情必须接着说
  （1994）

这首诗写于 1994 年，可以看出，严力早在那个时候已经像一个地球公民一样关注全球化、能源危机、绿地沙漠化、公民责任等关乎人类共同命运的话题。诗人伊沙曾有一个对严力的评价，大意是：在舒婷、欧阳江河、芒克、多多等一系列朦胧派诗人中，严力最初是平凡而不显眼的，但他却是最现代的，也比别人走得更远。我想，无论作为诗人的严力，还是画家的严力，他思考和反省的境界早已超越了诗与画。严力有一个声明了很多次的观点：写诗就是建造体内的文明。如今，他呼唤、他喊，希望在这个地球受难的时刻，最初的文明可以醒来。甚至母亲的离去，让他能感受到"再次出世"的自己，也许这也是一种体内最初文明的醒来。

二

严力的样子看上去总带股骄傲与坚定，内心深处其实有常人不易觉察的柔软。他刚到美国时，很多人会说他"严力你很少喜形于色，你再开心，再悲伤好像都看不出来。"严力知道，自己不是天生那么冷酷，一些隐忍是早年在生活里练出来的。也许，这与他在成长过程中经历过不同阶段的"亲情的无奈切断"有关。

严力1954年出生在北京，1岁时便被父母送到上海的爷爷奶奶家生活。严力的爷爷严苍山当年是上海很有名的中医，曾任上海中医文献馆秘书长，民国16年（1927年）时曾参与创办中国医学院，后来被聘为中国国医馆的发起人。据说在抗战期间，他还曾受左翼作家柔石延请为鲁迅治病。除了身为中医，严力的爷爷还写诗、画画、写书法、并收藏了上千幅古画，而严力爷爷的爷爷，也是一位画家，擅长指画。严力从小眼睛、耳朵就被滋养过，每当天气好时他会帮爷爷晒那些名贵的轴画，因为江南受潮，学着爷爷用樟脑丸、防虫草放到画的格子里面，就这样从小就看了很多很多中国画。多年后，严力在一次采访中说起过家世，"这样就使我觉得身后有一个椅子背，或者说是沙发背，坐在那儿有想象的基础。"

可是时代动荡，爷爷在他的那把椅子上并没有坐稳。严力在上海长到11岁时，"文革"（那场特殊年代的文化运动）开始了。作为那个年代典型的知识分子，严力的爷爷受到了巨大的冲击。严力曾目睹家中大量名画古董被砸被烧的景象，"那些字画，烧了整整一夜"。那也许是严力第一次产生莫名的幻灭感：这个世界怎么会这样？那时他才小学五年级。他记得，爷爷当时安抚受惊吓的自己："别哭了，就快烧完了。"1967年，严力被爷爷送回了北京，"我保护不了你。

你还是回北京吧。"儿时累积的亲情突然被拉远，严力回到了父母身边。可是才短短几个月后，传来爷爷在上海自杀的消息。那是严力第一次"和死亡如此之近"，如同儿时的家园轰然倒塌，爷爷成了只藏于记忆里的暖乡。

严力曾在一次和诗人朱朱的对话访谈中提及过家庭往事，"我家里沉重的东西比较多，因为它来得比较早，所以我有机会超越它。"我想，诗歌成了他超越那些沉重的一个重要通道。严力早期尝试拿起笔写诗时，写下过一首："钟/敲响了/声音急剧地扩大/膨胀/我听见了过去的分秒/堵住了我的生命…墙/用白色向我猛扑/唯有那张肖像/用一贯的笑/抵消着死亡"。后来他闯荡纽约看世界后，在1999年跨年夜那晚写过一首《新世纪的沉思》，第一句就是"他很久没有写，爷爷奶奶这几个字了/是怎样的身躯承载过的历史，在他的心头书写崇高的平凡。"之后，在另一首纪念奶奶的诗里，严力也写下："奶奶，这就是你给我的棉花，虽然你在天堂里改种了白云/但是不管是白云还是棉花，我了解你对白色的坚定/所以不远的将来，我也要在黑暗里留下一块白"（《想起奶奶》2006）

经历过特殊年代，严力像很多知识分子家庭的孩子一样，在某个瞬间必须长大。十几岁时，严力在北京有过一段无奈的"阳光灿烂的日子"。那时，父母带着比他小4岁的妹妹被下放到湖南的"五七干校"，严力要一个人留在北京。当时他想不通：我为什么不能一起去呢？那个年代要被下放的父母，都和严力父母有着同样的心理：在北京留条根儿，以后还能回来探亲。那时严力刚能独立生活，就成了家里留在北京的那个根。

放飞的岁月开始了。严力天天骑着辆自行车，脖子上挂着家门钥匙，满大街小巷里飞骑。每个月去机关办公室领20块钱爸妈留的工资，饿了去机关食堂打饭，有时多打点，第二顿也有了。劲头足的时候，也少不了跟同龄的孩子打打群架。他的解释是，"当时小学五年级，学校也没有什么课，身体里动物性的自由化基因变得很强，打架是为了安慰自己的失落。"

1968年底，是诗歌把他从一种青春期的混沌世界中叫醒。有一天,严力的一个朋友从口袋里掏出个纸条给他看,说"这首诗写得很不一样。"上面是一首手抄的诗《相信未来》,作者是郭路生(笔名:食指)。"当蜘蛛网无情地查封了我的炉台/当灰烬的余烟叹息着贫穷的悲哀/我依然固执地铺平失望的灰烬/用美丽的雪花写下:相信未来……"严力看完特别受震动,"那种强烈的个人色彩,和'文革'中的政治宣传作品太不一样了"。临别时朋友说,"不要把《相信未来》传给你不相信的人看"。那时,已经有种朦胧的表达欲在这群少年的意识中萌动。

但很快,一段人生插曲又把严力的青春期岔开了。在北京"打架斗殴"的消息传到了五七干校,父母怕严力"学坏",召唤他到干校一起"接受教育"。那段记忆严力记得清楚,他从北京坐火车到湖南衡阳衡东县,又坐长途车到下面的草市镇,再坐一条小船曲曲折折才到了父母住的地方。一间粗陋的小茅屋里,父亲摸黑点了一盏油灯迎接他,旁边的厕所是两条板子架在那,底下悬空好几米。严力心里咯噔一下,父亲说:不要太郁闷,一家人在一起,还不错。这句话,严力一直记到现在。

我曾经好奇过严力在纽约那些年生存力怎么那么强?直到听了他少年时在干校农村的"战斗经验"便觉得不足为奇了。严力到了干校,被安排到离住处15里地以外的"衡东二中"上学。要住校,上午上山砍柴或下地插秧,下午学《人民日报》或"语录",有时讲两道数学题,还会学两句英语: Long live Chairman Mao. Long live culture revolution. 周末才能见到父母。最苦的不是每周往返徒步30里地上学,而是发育期的饥饿。那时一个月伙食费7元,每顿一碗饭,几根青菜,一根辣椒。每天,肠胃的饥饿和知识的饥渴交织折磨着严力,根本不知道这是不是该相信的未来。同时,一种野生的"求生欲"也被逼了出来。那时孩子们需要在周末照看一片上百亩的橘林,看到有人偷时,就拼命敲锣。看林间歇,严力发现林子里有各种各样的鸟,五颜六色地飞。他想起小时候在上海拿弹弓打过麻雀,带着城市里的一些经验,找来橡皮筋做了弹弓。果真打下鸟来,跑到河边拔掉毛清理干净,回家架上锅,撒点椒盐做熟,放在一个玻璃瓶里。礼拜一早上带回学校，饿的时候弄块鸟肉，配根辣椒，塞进肚子。严力感慨地回忆，"这就是谋生存啊。"后来打鸟行为被农民小孩看见了，也想玩，但是乡下树枝好找，橡皮筋去哪找？严力就写信给上海的表弟，请他寄来一盒橡皮筋。物质稀缺的年代也不能白送，那就交换吧。于是，一根橡皮筋换一把花生。那段日子，长身体的严力，多多少少也补了些油水。严力说，"这是我人生第一次做'生意'，以物易物。"

1970年，严力到了该毕业分配工作的年龄，他又一个人"灰溜溜地回到了北京"，短暂的家人团聚时光再次被中断。那年他16岁，没有去插队，被分配到了北京第二机床厂当工人。那期间严力认识了刚从白洋淀插队回来的芒克，当时还叫姜世伟（原名）的芒克很神秘地说：严力啊，我开始写诗了。严力说：肯定是那种新诗，我见过一首。通过芒克，严力又陆续认识了毛头（多多）、岳重（根子）等人，那首《相信未来》成了他们认出彼此的精神密码。严力也开始借阅各种诗句手抄本，断断续续写一些句子，试着把内心的感受写在纸上。那时他17岁，工资是18元，他回头看时觉得两组数字之间好像有什么关系，"也许就是年轻与贫穷的关系，或是激情与被压抑的关系，它们绝对相处得不和谐，所以就开始用写诗了。"这些感受后来也变成诗句，他写下"生活中被压抑的东西，被逐渐压成了矿石，诗人就是那采矿的人。"

当学徒工那两年，严力在工厂宿舍地下室有一个关闭的图书馆里，撬开门后，他发现了大量翻译于"文革"前的外国文学书。那时同屋恰好住了一个上海学光学的大学生老葛（葛正榕），四分之一法国混血，酷爱文学和桥牌。"老葛"会随时给严力开书单，告诉他哪些是经典。严力不但恶补了普希金、海涅、托尔斯泰、黑格尔、柏拉图等，还近身学艺练了一手好桥牌，去中山公园比赛桥牌时对阵过北京民间的文化人士陶家凯、聂卫平的哥哥聂继波等人。那期间，严力通过陶家凯还认识了一个写诗的人，叫赵振开，也就是北岛。

严力后来曾回忆，"今天派"那些诗人，和我精神上比较相通的就是芒克、北岛和多多。"当年我们四个在一起从1972年一直到1978年时常聚在一起喝酒和交换诗歌阅读。"1978年底，芒克和北岛共同创办了《今天》文学刊物，不久，严力开始给《今天》投稿。他们成了那个年代最早的"今天派"诗人。阿城曾在回忆文章中写到，在北京东四 14 条 76 号《今天》编辑部的老院子里第一次见到严力的印象，"他有很聪明的某种成熟，诗写得极好。"

1979 年对严力来说是一个重要的时间节点，也被他称为是"惊心动魄"的一年。这一年，他疯狂地投身艺术和写作，成了北京先锋艺术团体星星画会的"画画的严力"，也作为《今天》的核心成员成了"诗人严力"。在那个社会逐渐转型的一年，他眼前似乎有一个新世界敞开了。

那一年的春天和秋天，《今天》在北京玉渊潭八一湖畔松林举办了两次露天朗诵会。此前，玉渊潭公园对北京这群青年来说一直是个风水宝地，游泳、滑冰、写生、谈恋爱，没想到他们自己居然也办起了诗歌朗诵会。尤其第二次，比第一次更热闹，同为《今天》创办人之一的黄锐画了张很另类的抽象画做幕布，北岛和芒克忙着主持现场，严力弹着吉它助兴。听众有七八百人，热爱诗歌的少年甚至大学生们爬到高树上，听这些年轻诗人们朗诵"费解"又迷人的诗。那时北岛已经写出了《回答》、油印了诗集《陌生的海滩》；芒克写出了《心事》；严力自印了诗集《存荐集》，他早期的《我是雪》《蘑菇》《穷人》《别离之后》等诗作，也陆续发表在《今天》诗刊上。北岛曾在回忆文章中说到，"自 1949 年以来，举办这样的朗诵会还是头一次。"后来，这些"今天派"诗人的诗开始出现在官方刊物上时，被统称为"朦胧诗"。

某种意义上，《今天》与星星画会是一起的、近乎同步的。它们的诞生时间前后相继，核心发起人员彼此有很多交集，他们共同在那个特殊年代用浪漫主义的执着创造了"历史"。

也是那一年 6 月，严力和朋友们在北海公园的画舫斋看了一个叫"无名画会"举办的民间画展，那些画中开始出现"和以往不一样"的静物和风景写生，甚至有种"横空出世"的感觉。这种"不一样"，给了他们一种创作上的刺激。严力当时的女朋友是李爽，李爽一直在画画，很有天赋，平时常会跑到严力家去画。看了无名画会的展览之后，黄锐、马德升牵头，商讨也要组织一个美术团体，要办自己的画展。第二天，黄锐到严力家看李爽的画时，看到墙上几幅画说，"这画前卫。"严力说，这是我画的。那时，严力在写诗之余已经悄悄摸起画笔。黄锐说，那你一定要参加星星画会，你画得很新颖。1979年9月26日，黄锐、马德升、王克平、严力、李爽、王克平、曲磊磊、阿城等，总共十几个人，在中国美术馆门外拐角处的街头公园，办了星星画会第一个画展，引起了小范围的轰动。后来，展览移师到北海公园的画舫斋。曲磊磊曾回忆，"当时北海公园门口看自行车的老头特高兴，从来没有这么多的自行车。"严力早期的《游荡》《窥视》等七张油画作品参加了展览，他记得油画家袁运生当时来看展，指着严力的一幅画说，"你会用灰色，用得很好。"这增加了严力的自信，也让他确定了画画可以是他表达自我的另一个重要方式。第二年8月，有了一些"群众基础"的星星画会，在各种机缘促成下，在中国美术馆三楼举办了第二届展览。开幕前几天非常成功，最多的一天，门票记录是八千多人，大家排着长队来看。一张拍摄于当年美术馆门口展览海报前的黑白合影中，黄锐、严力、李爽、阿城、王克平……一众"星星成员"们站成一排，满足又意气风发地笑着，俨然干成了件大事。

那天还有个场景严力记得特别清楚。一个法国留学生，叫安娜，在展览现场指着严力的一张画，问卖不卖。那时候中国的私人企业还没有开放，卖画的事情谁也没有经历过。严力就把马德升、曲磊磊、黄锐等人叫到角落，说"有人要买我的画"。他们都说"好事啊！"可是，怎么定价，是不是违法，大家都不知道。有人说这价格怎么也要一个月的工资吧。万一违法呢？就是投机倒把了，而且要开发票吗？在场的年轻人都不知道该怎么办了。严力突发奇想，能不能以物换物的方式，比如换个照相机？他很想有一个相机。跟安娜沟通后，一拍即合。法国女孩抱走了严力的画，第二天就去了香港，三天后递给严力一个盒子，里面就是一台照相机。这是严力人生卖出的一张画，他第一次体验了一把"艺术品交易"。后来，他用那台相机拍了不少照片。

因为特定历史时期的原因，《今天》和星星画会在当时都没有走得太远。《今天》出版了九期刊物和四种丛书后，于1980年底停刊，"星星画会"也在第二次展览后就没有再展出。但是，它们在思想解放和先锋创作层面的探索意义都是极具前瞻性的。《今天》酝酿出的"朦胧诗"被认为是上个世纪80年代具有启蒙色彩的文学探索，而星星画会走出的艺术家也在艺术创作路上越走越远。

那段时间，严力在北京过了几年写诗、画画、参加文化沙龙的生活。只是他见识了更多，想的、写的、画得也更开阔、更扎实。偶有使馆的外国朋友会通过朋友的朋友周转来找他看画、买画，一副作品换上点稀缺的兑换券再加几瓶红酒，同时收获一些看世界的交流经验。也让严力那时就意识到，相比母语写诗，绘画更是一种"世界语"。1984年，严力已经油印了自己的四本个人诗集《公用电话》《严力诗选》《飞越字典》等。这一年8月，他在上海人民公园举办了第一次个人展览。这批画于1979至1984年间的作品，代表了严力星星画会时期的独特风格。当时老画家颜文樑、陆俨少、王个簃、李咏森、应野平等人都前往观看支持，他们有些是严力爷爷当年的画友。这个展览当年也被评价为大陆首次具有超现实风格的个人展览。之后，严力的生活开始踏入新的轨道。

三

严力是1985年去纽约留学的。上世纪80年代初的中国，出国留学逐渐开放了。很多艺术家也陆续走出去，星星画会的一些成员，黄锐、王克平和李爽等，因各种原因已经出国去到不同的地方。严力那几年又经历了父亲的去世，内心太多沉痛的记忆。1981年，严力在美国联合国工作的堂舅（魏济民）回国探亲时，为他赴美留学做了担保。那时他也写下诗句"我希望旅游全世界/我正在旅游全世界。（《根》1981）"1984年底，护照终于审批下来。那一年严力30岁，准备启程，开启他的纽约人生。

1985年4月，严力从北京经香港到了纽约。那时的纽约，在严力眼里，丰富、热闹极了。有时甚至感到像北京一样，因为纽约那时候刚好也是中国文化人集中、来来往往的地方。陈丹青、陈逸飞等1982年左右到的纽约,北京画家张宏图1983前后也到了纽约,艾未未1981年先到旧金山,1983年又来到纽约,阿城那时写完了《棋王》于1986年到了洛杉矶,也时常往来纽约。很多国内出去的文艺界人士都在纽约进进出出,其中画家就有上百个,诗人、作家哈金、杨炼、北岛、顾城、舒婷……也都到访过纽约。严力把那段时间称为"中国文学艺术家的纽约新浪潮",最热闹的时间前后有十年,大约是从1985年到1995年。那十年,也是严力对先锋艺术和现代诗展开全面的、爆发性探索的阶段。

严力后来写过一首关于纽约的同名诗。当我到纽约生活后才真正体会到他在诗中传达出的意味、准确性甚至弦外之音,那是一种微妙的心领神会,我几乎能背下其中的诗句:

到过纽约就等于延长了生命,一年就可以经历其他地方十年的经验 / 集中了人类社会所有种族经验的那个人,名叫纽约(《纽约》1996)

看过《北京人在纽约》的人也许会有个印象,怀揣梦想的外来客初到纽约大熔炉,也许会迎头遭受巨大的心理落差或经历一段人生艰涩期。我也一直有个"偏见",认为一个初到纽约者前半年的经历和感受非常重要,可能会影响到他在"异乡野生"的生命力和视野开阔度,以及日后记忆里的酸甜苦辣配比值。但是严力在纽约的前半年,甚至他的整个纽约时期,某种程度上都有点"太顺了"。也许跟命运有关,但更多地关乎他的才华、性格、过往的经验和与世界相处的方式。

严力的"纽约人生"有一些重要且特别的朋友,他们在不同阶段成了严力的"贵人"。刚到纽约时,严力住进一个犹太裔美国汉学家的家,就在大都会博物馆和古根海姆博物馆附近。这人叫 Glen Steinman,中文名字叫斯仲达,还会说一口北京味的普通话。此人的故事说来话长:他80年代初到中国留学,在北京大学学中文时,知道了星星画会和《今天》。慕名给严力写了封信,信封上歪歪扭扭的中文写着北京三里河的地址，从北大勺园到了严力手里。约见时两人一见如故，一个登门，从包里掏出两瓶青岛啤酒，几盘鲍勃·迪伦、莱昂纳德·科恩的磁带，一个打开画室，搬出那些带有抽象意味的油画和油印的诗集，天南海北聊起来，也就此结缘。如今斯仲达已是严力30多年的好哥们，翻译过严力的诗歌，一起做《一行》，他的父母也成为严力的教父母。一个题外话，斯仲达背后还有个颇传奇的小故事，青岛啤酒在纽约火起来，有他的功劳。当年他在中国爱上这款啤酒，回纽约前跑到青岛的工厂带走些样品，后在纽约唐人街一家家餐厅推广下来，成为青岛啤酒在纽约的"总代理"。严力称他算是一个热爱中国文化和青岛啤酒的汉学家兼诗歌翻译家。

总之，当年严力在纽约的第一站，就是被斯仲达带着最初感知、领教了这座城市的尺度和热度，逛遍了纽约上东区的大博物馆。两个月后，他搬到了曼哈顿东村（east village），这几乎是纽约最具朋克精神的地方，也是前卫艺术家、诗人、作家的聚居地。那时刚落脚的中国艺术家们，在面对谋生，学习语言，融入全新文化环境的挑战的同时，迫切地希望接受西方最前卫的"当代"艺术教育，以提高自身对当代性的认知。那几个月，严力和朋友没事就泡在纽约SOHO的画廊区，各种抽象表现主义、波普艺术、影像艺术、街头艺术扑面而来，让人大开眼界。画展开幕上还有各种美食好酒，视听和大脑被震撼刺激的同时，肠胃也得到满足。

严力自己也承认，80年代出国的艺术家和作家，从一个相对压抑的创作环境中走了出来，总思考着如何能够彻底解放自己。那时他一方面向美国艺术家学习，进行观念更新，另一方面对各种艺术潮流保持一定的戒备，独立进行了一系列的试验：从身体解放，到材料解放和思想解放。

那时的严力也留了朋克头，穿上罗伯特·梅普尔索普风格的超短裤、中筒袜，常一脸桀骜地穿梭纽约街头。最具有象征意味的一桩行为事件是1985年8月的一个傍晚，严力与一位艺术家朋友在讨论怎样能把自己放开后，决定在当时的世贸大楼双子塔前脱个精光，请一位留学生朋友用相机定格下了这个瞬间。这次"事件"虽然只有两分钟，也没有引起旁人注意，但严力感受到了对自我的挑战以及品尝到某种自由带来的快感。那张照片仿佛成了他完成某种蜕变的仪式和见证。

1985年年底，纽约上州瓦萨学院（Vassar College）的哲学教授麦可·默瑞策划了纽约有史以来第一个中国大陆先锋艺术展。严力、马德升、张伟、尹光中等在内的七八个中国画家的作品在中央公园旁边的城市画廊（City Gallery）展出。这位默瑞教授此前曾到北京大学讲过消解哲学，严力去听过课，他的一个观点让严力很受启发——"最近这十几年哲学界比较流行以文学艺术的案例为中心来阐释哲学。"哲学教授策划的这场中国先锋艺术展，当时提前被《纽约时报》报道了，唯一选登的作品是严力的画，是他北京时期"梦幻系列"中的一张。这张画马上被人以一千美金买走。画展结束时，严力的画又卖出一张。这让他很有信心，他认为"作为诗人，在想象力上是有优势的，并非专业美院出来的才行。"

那段时间，也是严力诗歌创作力勃发的时期。他的《还给我》《孤独》《阳光明媚的星期天》等代表作都创作于纽约时期。尤其那首《阳光明媚的星期天》（1989年）极富张力，虽然谈论到死亡，但饱含对生的渴望。"星期天的阳光啊/真他妈的太明媚！"严力曾说，"就是这么干脆，每个人都有生活顺利、身体健康的某一瞬间，这种瞬间的美满状态，甚至能让人产生'自杀之后，从另一个世界再自杀一次的话，就又回到了这个世界'的念头，所以这种美好的瞬间虽然很短促，它足以促使人类坚持不懈地热爱生命。"

1987年，严力的诗人身份在纽约被极大唤醒，他创办了《一行》诗刊。当时，他在纽约接触了大量华人文学艺术家，中国大陆去的、香港去的、台湾去的……于是，带着当年办《今天》的经验和劲头，他提出想在纽约办一个先锋诗歌刊物，让民间的诗人们发表作品。诗刊就叫《一行》，意味着"诗，一行行写；人，一行行人"。大家一致认同，但资金怎么解决？严力想出一个办法，《一行》诗歌文艺季刊相当于一个同仁诗社，如果每人每季度拿出一天的工资（50—100美金），作为印刷费，诗刊就能办下去。想法通过，当时成员有近三十人。王渝、张伟、郝毅民、安晨、非马、王福东、斯仲达、李斐、方家模、艾未未、严力、邢菲、金斯堡、许达然等二十几人为《一行》的'创始同仁成员'。斯仲达作为双语翻译接到加入邀请时，严力记得他用北京话回了句：那敢情好！

《一行》成立不久，严力曾以《一行》诗社的名义在纽约《华侨日报》刊登了一则广告——寻找真理。这是一种观念意识的宣告，大意是，一帮人在寻找真理，你有没有意愿来参与？志同道合的人越来越多。很快，《一行》就成为华人文学艺术创作的一个阵地，它也成为作为海外第一份华文诗刊，主要刊登海外和大陆以及台湾香港的华文作品，以及翻译成中文的西方著名诗人的作品。事实上，《一行》存在的意义远远超越了纽约的地域属性，那时，《一行》每期印 1000 册，每年四期，但大部分稿件都来自大陆各省市。尤其 1989—1992 这四年间，那个时候《一行》几乎成了唯一的中国大陆先锋诗歌的集中发表园地。严力回忆说，"每星期，我都能收到很厚的一沓稿件，有的信一看邮费，三四十元人民币。在那个年代的中国大陆，相当于用半个月、近一个月工资寄这一封信"。诗人伊沙曾在《一行》上发表过诗作，他曾回忆"我年轻时候有个习惯，在每一年的最后一天，要干一件自觉够不着的事，碰一碰自己的运气，1988 年最后一天，我所干的这件事就是从北师大西南楼男生宿舍步行一百米到达小邮局，花了一笔不菲的国际邮资，向远在美国纽约的《一行》诗刊投稿…"曾到纽约拜访过严力的诗人冯晏在文章中写过，"《一行》诗刊，当时引入了国内一代先锋诗人对语言充满新的渴望，以及实验性探索的思维曲线。《一行》的出刊，所开启的是一扇中国诗歌通往世界的纽约之窗。"从 1987 年到 1992 年，《一行》刊登了国内三四百位诗人的诗歌。现在这些诗人，仍然活跃的还有近百位，其中 10 多位都是中国诗坛里首屈一指的人物了。而西方诗人像金斯堡、布罗茨基、沃尔科特、米沃什、默温、鲍勃·迪伦等人的诗作，也由《一行》定期翻译、呈现给纽约和远在中国大陆的诗友。

说到金斯堡，严力刚到纽约不久，就通过朋友认识了这位"垮掉一代"之父艾伦·金斯堡。曾经，他的《嚎叫》也点燃过"今天派"

的诗人。其实，八十年代初金斯堡到访过中国，认识了诗人艾青。之后，他对到纽约的中国诗人、艺术家就多了些关注。严力创办《一行》时，邀请金斯堡加入，他欣然同意。于是，1987年5月的《一行》创刊号上，就有金斯堡的两首诗：《吃惊的心》（1984）和《成熟》（1982）。后来，严力搬到了东村11街，才发现金斯堡就住在12街，一街之隔，两人来往就多了些。偶尔约在咖啡店、啤酒馆喝一杯，严力用简单的英文，已经能跟他侃几句。两人差着20多岁，但很聊得来。那时严力对金斯堡的印象是，"近视眼镜后面的眼睛里有一股顽皮的神气，或者说是饱含挑战的幽默，同时也能感到随着他语音在空中的散发，眼神已经在书写下一句，他对口语的摆布是极其智慧的。"

那时的纽约，围绕诗人、艺术家的各类文人活动极其丰富。有一次，金斯堡带严力去东村的一家"诗人咖啡馆兼酒吧"参加朗诵会。到场的多是纽约的诗人，还有主持、有评委，属于带点竞赛性质的诗歌朗诵，就像拳击比赛，有三个回合。金斯堡和严力算嘉宾，不参加比赛，但要朗诵热场。严力准备的诗是共分九段的《纽约中央公园组诗》（1987），他自己朗诵中文，金斯堡朗诵英文版。当时严力的一些诗作多由诗友翻译，但在现场金斯堡上场前，边读边拿出笔来修改一些句子。他解释说有些诗阅读没有问题，但朗诵时就要为声音做出考虑，要修改成适合朗诵的语言。严力记得，金斯堡当时修改了将近二十分钟，才满意的上场朗诵，用他独特的男低音，通过传递神态、声音、动作等把朗诵变成了立体表演，收获了现场的掌声。那张涂满金斯堡修改笔迹的诗稿，时隔32年了，严力至今还留着。

1988年10月，金斯堡在纽约还发起组织过一次"北京—纽约"中国诗歌节。那时，除了定居纽约的两岸三地的诗人作家外，北岛从欧洲飞到纽约，顾城、谢烨夫妇带着儿子木耳从新西兰飞来，诗人江河、公刘等从中国飞来，倡议者之一舒婷因为签证问题那次没有到场，但在回忆文字中描述了当时中国诗人的一种生态，"中国诗歌刚刚走出国界，朦胧诗大盛。一个个诗歌节、国际笔会、大学演讲、驻校作家的邀请纷沓而来。他们在世界各地漂泊，在上一个活动和下一个活动之中，去熟人、朋友家中过渡等待，甚至被安排或介绍到素昧平生的屋子里借居。"此外，金斯堡还特意为《一行》组织过朗诵会，带着七八个在纽约的中国诗人到他任教的布鲁克林大学。那场双语朗诵开始时他很兴奋地对听众说："中文诗歌在这个学校里还是第一次发出声音呢！"那时他刚拿到终身教授教职（tenure）不久。严力记得还有中国艺术家念叨：你看美国诗人都这么有名了，才刚拿到终身教职。严力心想，这就是纽约，卧虎藏龙，也谁都不在乎谁。"总之，金斯堡对中国诗人确实很支持。我从他那里学到的最好的精神财富就是：利用各种能被利用的资源为文学多做一些事情。"

如今回忆起《一行》，严力还记得有两个人曾给了重要的协助。一位是纽约的老侨领陈宪中，一个很有故事的"老纽约客"，做了很多好事。他有一个印刷厂，每期给《一行》百分之四十的折扣，保证诗刊的顺利印刷。《一行》的线下朗诵会，租不起场地时，他总会把自己家客厅贡献出来办沙龙和 party，多达十几近二十次。他常给艺术家出版小画册，还帮纽约市政府免费印刷赠送《纽约地铁报》，乞讨者可以领走去卖。而且，此人一直在民间做"保钓运动"和对日索赔，1987 年在纽约他曾做过一个纪念南京大屠杀遇难同胞遇难 50 周年的画展，组织世界各地的华人艺术家参展，之后他收藏了 87 幅作品。30 年后，他在 2017 年南京大屠杀 80 周年祭时把这批作品捐赠给了北京卢沟桥《中国人民抗日战争纪念馆》。严力在他身上感受到太多正的能量。另一位是当年纽约佩斯大学东亚系的教授郑培凯，他也写诗，也算《一行》的成员。那时他为《一行》申请系里的资金做赞助，负责每期赠寄 400 本纸刊海运到中国大陆，甚至其他国家。就连顾城在新西兰也收到过样刊，他曾写信寄回到纽约："严力不老兄，近安。《一行》收到，中有数友，幸得一会。……臂长千里，隔海一握。顾城"

那些年，严力在纽约像撒种子一样做起《一行》，集各种资源和力量为诗歌做了件大好事，诗人们的创作力也得以结成果子。《一行》真实记录了从 1985—1995 中国现代诗的民间创作历程和文本。它最辉煌的时期是 1987 年到 1993、1994 年，1995 年以后每年出一本，再加上国内人士组织出版的一些《周年纪念集》，加起来有 32 期。后来，随着国内出版物的丰富，诗人们人开始出版自己的诗集，各种文学杂志登场，《一行》的"历史使命"暂告一段落，它于2000年底停刊。

四

我一直有个好奇，也曾直接问过严力：纽约其实也是个相当残酷现实的地方，落魄的诗人、艺术家也随处可见，你在纽约没穷过吗？难道没有过最低谷的时候？

严力说，天天都有最低谷。一写诗，写出一首好诗时，甚至一个好句子，又不低了，高兴了，低谷就变高了。那些年经常会有这种状态。挫折，挑战，来自生存的，来自创作的，都有。"然后，一转身好句子和好诗出来了，高兴死了，就这样没心没肺地过去了。"这话里透着他对诗歌偏执的热爱和一股不吝的闯劲儿。他说到底什么叫低谷不知道，但是痛苦是创作者的财富。

严力的回答让我想起刘索拉对他的评价：严力是我们这代独树一格的诗人；是我们这代少有的能永远保持微笑的旁观姿态不停创作的诗人；是我们这代少有的能出色跳迪斯科和伦巴舞的诗人；是我们这代少有的会自嘲的诗人；是我们这代少有的不露伤痕不发酸的诗人；是我们这代少有的不捏造深沉的诗人；是我们这代少有的城市诗人。作为好朋友，刘索拉还玩笑似地怼了一句：唯有严力跟我说话的时候，我听不懂。你说今天真暖和嘿，他会用"另起一行"之类的话回答。你要是刚认识这样一个人，还真接不住这种对话！

我问严力，为何总要"另起一行"？他变得认真，说这种意象的拓展也是对语言的一种训练，"我们现在已经发明的文字，有时远远不够表达我们的感觉。我用非正常的词语搭配组合在一起，会撞击出一种感觉，这个感觉在所发明的词语里没有更准确的词。诗歌本身需要非正常语言的撞击，这种撞击拓宽了人的表达范围和深度。我这个人呢，是确确实实享受创作。"

说到在纽约的现实生活，严力坦言，当年出国攒的八千美金，在中国像个天文数字，但到纽约后也就维持了一年。但自己算幸运，很快就有机会卖画、办展览,在纽约他没有打过其他工,大部分收入都来自卖画。他说,没怎么穷过,也在于把生活过简单,精神上很丰富,物质上需求就少很多,那时既没成家,也不上学,每天能写诗、画画就够了。

其实,严力最初是申请到纽约一所大学(Pratt Institute)的艺术系的,但是教授看了他的作品后,反问一句,你想继续当艺术家,还是想来学理论搞研究?严力当然想当艺术家,他放弃了读学位的机会,也省了一大笔学费。但英语总要学的,他就去了曼哈顿亨特学院(Hunter College)的一个语言项目。这所学校也是陈逸飞当年毕业的学校。严力所在的语言班上,同学有意大利、韩国的、日本的、墨西哥、哥伦比亚的等来自十几个国家的。其中有个意大利女同学,先生是联合国的官员,她作为陪读太太也来学英文。那时正好严力刚收到一本意大利的《ART》杂志,这本杂志的记者曾在北京采访过严力,关于他星星画会时期的创作,报道足足写了 6 页。杂志出来时严力已到纽约,记者周折要来地址终于给严力递来。严力看不懂意大利语,就找班上这位意大利同学求助。结果,她看后直接问,你的画还有吗?第二天,严力卷了四幅画过去。对方看完说,我全要了。严力记得大概 900 美金一张,这位意大利太太当场给了他一张支票。那种感觉,"高兴极了,像中了六合彩。"

还有一次,也是严力到纽约后不久,认识了一个来自香港的钢琴家兼独立艺术经纪人。对方看了严力的画后想帮他做展览,但没有实体画廊,用她自己的大客厅邀请严力去办一次"公寓展览"。严力记得,那是一个很大的房子,楼上楼下,当天去了不少文艺圈的朋友看画。这位女经纪人当时介绍搞音乐的先生给严力,他竟然是作曲家约翰·凯奇(John Cage)的助手。他给严力看约翰·凯奇的手稿,交流音乐和诗歌的关系,帮他推广作品。那天,严力的画又卖出去几张。这些有点传奇意味的经历,后来也被严力写进短篇小说《趣味的抽象》里。

当然,也有美国人喜欢他的画但是买不起,竟然"借"下严力一幅大幅画作,挂到自己经营的一个纽约城最大的千人迪斯科舞厅

（Palladium Hall）里做艺术视觉背景，就在曼哈顿市中心。交换条件是：严力和他的诗人、艺术家朋友可以随时免费到访。也许，严力跳起来出神入化的舞姿离不开那段时间的"锤炼"。

有时候参加诗歌朗诵也能赚到钱。80年代末，严力有过几次经历，他和几个美国诗人被纽约的诗歌机构邀请参加朗诵会，朗诵完了每个人还会发到一张二三百美金的支票。那时候纽约皇后区一个单间的月租金也是200块。严力感慨："尊重诗歌啊！"

在纽约，严力似乎总有这样的机会。每当面临生计问题时，不是突然有人买画了，就是有人请他去朗诵诗歌了，一下子感觉又富裕了，但是从没富裕到可以买房，尽管那时候布鲁克林和皇后区都有不少一房一厅的公寓才不到五万元美金。他并没有像那些同时期从大陆到纽约的"科班出身的艺术家"那样，在时报广场或中央公园画过肖像。他总迫不及待地想吸收新营养，似乎也有着自成一体的命运密码。严力钻研自己的风格，不停打破一些条条框框，反倒闯出一条宽路。

那几年，严力的一些观念在不断更新，在艺术创作上也做出很多新的尝试。他把钉画框的木条、链条、钥匙、颜料喷灌等日常材料运用在作品中，创作出了《条条框框》系列，表达了对以前生活和教育经历的反思。很快，他又选中黑胶唱片作为自己标志性的创作材料，创作了《唱片系列》。80年代的美国，正是黑胶唱片被录音磁带取代的时期，纽约街头常看到被丢弃的黑胶唱片。这背后是随着技术更迭，代表工业文明和大众文化的媒介也在快速发生淘汰与迭代。这些黑胶碎片像"时代的物证"一样，成为严力在画布上反思和表达的重要视觉语言。之后，他不停地在现代文明里审视、摸索，创作了《砖头》系列、《燃烧》系列、《唱砖》系列等。

那时候，严力的收入除了保证生活，基本分成两大块，一部分用来支持《一行》诗刊的运行，一部分就用来买材料画画、做装置。90年代以后，美国的经济出现滑坡，纽约的很多画廊被迫关闭。同时，中国国内的艺术生态开始逐渐形成，很多在纽约的中国画家陆续选择回国。经济最不好的时候，严力将绘画甚至写诗搁置，集中发力写了五年小说。他觉得有很多表达欲望需要用小说这种体材来承载。那几年，他写下100多个短篇，陆续发表在纽约和台湾的华语报刊上。那期间，他也开过一个摄影工作室，用他的眼睛和快门记录下了那个时期纽约的人生百态。1993年底，严力在纽约生活八年半后第一次回国。回到中国的严力，带着他新鲜的纽约经验，很快举办了《严力摄影展》，出版了小说集《纽约不是天堂》《纽约故事》《带母语回家》《与纽约共枕》，也遇到了让他留在国内的爱情。此后，他开启人生的另一阶段，带着他的母语重新沉浸上海北京的文化生活，写出《早市的太阳》《鱼钩》《谢谢》《精致的腐化》等代表作。

  2020年3月15日，纽约疫情暴发前，曼哈顿的非盈利艺术机构白盒子艺术空间（White Box），策划展出了一个亚洲艺术家作品展《出埃及记》，梳理了上世纪80年代到90年代初亚洲国家到纽约发展的艺术家的作品。严力作为中国艺术家入选，展览展出了他早期创作于纽约的几幅大尺寸作品。这些作品严力自己也已26年没有见过，时过境迁，他感慨也庆幸，自己当年没有卖掉它们。原因是严力的好哥们、美国人斯仲达，刚到纽约不久的他带严力去父母家做客，之后告诉严力：我父母非常喜欢你的画，但不好意思用人情关系向你买，你在纽约一旦觉得困难，记得，他们会买你的画。这让严力知道，他最穷的时候，还有一个退路。1993年回国前，严力推掉租的房子，准备回纽约时再重新租，他想起斯仲达的话，就去找了他的父母。把1985—1991年的很多作品都寄存在他们在纽约上州的家中。这一放，就是近二十六年，直到2018年才取回来。于是，留下了一批完整的创作。

五

  一场疫情像突然给地球按下了暂定键，太多人被限制在家中一隅甚至客居异乡，行动不得。6月份时，国内一家艺术机构组织了一场关于"星星画会"和《今天》的线上沙龙，严力、北岛、宋琳、鄂复明四人在不同地方宅于家中，隔着屏幕远程在线上梳理历史、谈论诗歌和艺术，在线"观众"多是20几岁的年轻人。2019年是"星星画会"和《今天》成立 40 周年，艺术史家、芝加哥大学教授巫鸿在北京策划了一场"星星 1979"艺术展，严力、北岛等未能到场。这次线上沙龙相当于一次"补充回顾"。我也上线了，我是第一次在电脑上以这种多屏幕的形式近距离看到他们的样子，严力在美国东岸，北岛在美国西岸，宋琳和鄂复明似乎分别在国内大理和北京，我眼前，一边是黑白照片资料中他们当年意气风发的时刻，一边是时隔 40 年他们历经岁月、持重、淡定又不失纯真的容貌和神情。那一刻，难免会有些感慨，关乎青春，关乎抱负，也关乎岁月。

我记得跟严力聊天时，也曾谈起过关于年龄和创作力的话题。那时我正在翻看罗伯特·哈里森的《我们为何膜拜青春》，也读到过不少中外诗人关于"变老"或"中年写作"的观点或诗句。严力自己也写过一首诗，就叫《老去》，我认为非常精妙。字句撞击出的气息，开阔、坦荡、带股看破世事的智慧甚至无畏的自嘲。

《老去》

当你在青壮年的时候
经常分配和设计未来
但节节败退的速度不变
你转身再去抵抗年龄的入侵
并往自己的战壕里摆放大量的
维他命、骨胶和深海鱼油
它们在你的体内迟早会过期
尽管摆放使你繁忙
但繁忙也在老去

2006

严力说，生理年龄带来的老去确实很残酷，因为身体是物质的，当一个身体不断有老化的器官敲响警钟时，人会变得谨慎。对于那些 70 岁一次警钟还没听到过的人太幸运了，像黄永玉到如今岁数可能听到的警钟很少。这是幸运，争不来，也可遇不可求。但相比之下，"江郎才尽"那种创作力和智慧的老去更可怕。在严力看来，中国人所说的四十不惑有一定道理，该表面过的东西都表面过了，一些恒定的东西落实了，渐渐对谈论本质的东西就更有兴趣，不再发生绕圈子的事情。但是，也有一些情形，"老去"会让一些人变得"过于宽容"，对年轻人都是鼓励，一切都不错，都原谅，人就变得不够尖锐。"你可以沉默，但你不能和稀泥嘛。"一句看似玩笑话，我分明感受到严力的尖锐。他说他想探讨一下，物质的身体的衰退和思维、思辨的尖锐，两者中间的平衡。"有的人躺倒床上快走了，反而越来越尖锐。放到创作上，更应该保持创作力的尖锐，能做到多少就做多少，不能含糊。"这些年，严力在不同场合不止一次地表态：创作永远是自由的。他也会苦口婆心劝一句：不要眷恋，不要眷恋作品被出版社发表或不发表的问题。"卡夫卡，写遗嘱要把手稿全烧掉，最后是后人帮他出版；保罗策兰写了那么多东西，很多都是他自杀后，别人为他发布，他创作就是要追求这个责任，写下来再说；梵高也是，画下来再说，幸好他有个弟弟在物质上支撑他。这些都是创作的彻底和尖锐。"

严力现在也有了皱纹，但是他的言谈行事、他写下的诗、他笔下的画依然释放出巨大的能量。前段时间美国"黑命贵"（Black Lives Matter）事件游行暴动期间，他闭关创作了一幅超现实主义风格的新作品。远看是一个拼贴的时钟，但我读出混乱、失序、恐慌、时间的倒退、秩序的破碎……，有一种看毕加索《格尔尼卡》的感觉。我看到了严力低调的尖锐。

7月20号，我收到一个新闻推送消息：《纽约一行》杂志（半年刊纸本书）正式出版了。这是严力和纽约的新老朋友一起筹备近两年的结果，当年的《一行》更名为《纽约一行》，正式复刊了。严力为复刊号写了序言：基于对人类诗歌精神的传承、基于海外华人对母语的热爱、基于写作者捍卫独立思考与自由表达的权利、基于人们对所处时代的社会责任，最后，基于各种方式记录的互补和不同的保存方式，我们于2020年决定恢复《一行》，更名为《纽约一行》，每年两期的纸刊模式。可以在亚马逊上订购。——真是一个令人感到有盼望的消息。两年前，严力再次定居纽约后，有了新的使命，他被推选为"纽约法拉盛诗歌节"的主任委员和海外华文作家笔会的会长，更多精力将再次投入到办诗刊、诗歌节的筹备上。那时，严力和王渝、邱辛晔等六位同仁就开始计划《一行》复刊的工作。如今，《纽约一行》诞生，就像八十年代那股"中国诗人、艺术家的文艺新浪潮"再次续接上生命。

更有必要提的一点是，严力介绍说，"法拉盛诗歌节"在纽约已经申请成为正式的非盈利组织。这意味着，这个机构，会像当年支持过严力他们诗歌、艺术活动的非营利组织一样，也有机会去支持各种文化创作活动了，尤其针对华人群体。这是让严力真正兴奋的一点。在美国经济良性循环的时候，他的创作受到过各种非盈利组织带来的支持与帮助，三十年后，他也有机会能参与到支持更多新的民间文化团体中去。就像一个奇妙的命运循环。

除了《纽约一行》，严力和同仁们还会开拓一些专题的诗集、散文与随笔甚至小说集的出版。这一年的疫情和各种次生问题，让诗人、作家、艺术家们，也都在感慨"诗人何为""艺术何为"？于是，在严力的主编策划下，一本疫情诗选集《喊》和一本关于疫情的散文随笔集最先出版问世。我问他，这批诗作和文章有无一个共同的基调？严力说：反省。他说任何一个诗人、作家、艺术家，这段时间都应该好好地反思、反省当下，反省我们与地球的关系，我们内心文明的尺度。我想起他早早就写下的那首诗《更多的是反省》。

严力曾说起过，他还有大量的诗歌、小说都锁在抽屉里。很多诗觉得需要修改，但是没时间去修改，因为更重要的是要关注当下。他要及时地阅读这个社会，记录这个社会。他说，我没有时间回过头去把以前的东西重新打扮一下，也没有对过去那么自恋，其实我的新作品也是在梳理以前的积累。"就像我从一楼走到十楼，离不开以前的一楼、二楼、三楼，它都在里头。"

严力，在纽约另起一行，那些过往，都在里头。

收穫，2020 年

中国唯一一本写911的长篇小说

小城今天话多少

2001年9月11日，911事件发生。
那个时候，博客和微信还没有出现，我们都热衷泡论坛。
当看到飞机撞向大厦后，很多人都以为是拍电影。
911事件发生后，改变了我们什么？
改变了世界什么？
2011年，凤凰网做过一个911事件的专访。
受访者是社会学家、剧作家黄纪苏，著有《中国不高兴》。
他的观点如下：

911让中国赢得十年的机会

911事件之后，布什当即表示，谁反恐谁就是朋友，谁不反恐谁就是敌人。在反恐问题上，世界重新排队，中国赢得大概十年的机会，我刚才说的戏剧化，多少也包含这方面的意思。

国人在911后的幸灾乐祸是阶级情绪

与听到哪个贪官被毙了特别高兴差不多，大家觉得美国拿了很多不义之财，给世界造成很多罪孽，看到他们受到惩罚就会高兴。民众欢呼更多的来自这种阶级关系，而未必一定是民族关系。

中国的民族主义，没有什么太极端

中国的民族主义问题，没有什么太极端的，只是考虑到国家的立场，美国的民主党与共和党，南美的新社会主义，都在很正常的范围内强调国家利益，其实中国也就是在正常范围内。所有的中国人都会有一个中国利益的最基本立场。

80后90后失去了历史沉重感，民族心态更阳光

因为历史和个人经验的缘故，80后到90后对现实的判断倒比较正常。相对来说，他们可能多少失去了历史的沉重感，但同时也获得一种更阳光的民族心态，一种更现实主义的理解。

2006年诺贝尔文学奖得主帕慕克则说：

我不相信西方和穆斯林的极端分子都在把我们推向穆斯林和西方或者东方和西方的战争。但不幸的是，文明的冲突是存在的。在我的家乡土耳其，60%的人是保守的，或者说是向往传统穆斯林的生活方式的，另外40%则向往西方的生活方式。文明的冲突无处不在，体现在每一个细节上。就拿喝咖啡来说，年轻人已经习惯了每天早上喝一杯浓郁的美式咖啡，但保守的穆斯林认为，先知从没有喝过哪怕一滴咖啡，喝咖啡是西方邪恶的文化，以及对传统伊斯兰生活方式的亵渎。不仅仅是喝咖啡，对摇滚乐的疯狂，公共沙滩上的比基尼以及以金钱和地位作为成功标准的外来价值观，无不与传统的、延续了数千年的伊斯兰文化格格不入，也无不体现着文明之间激烈的碰撞和冲突。

911事件之后，国际关系研究领域空前活跃，各种学术会议、研究论文层出不穷。

但中国作家对此似乎关注的不多。

那年我倒是写过一首关于这个事件的诗歌。

但意思也不大。

到今天为止，关于911事件，我读过的中国作家关于此的也只有著名诗人画家严力老师的一部长篇小说。

这部小说就是《遭遇911》，为半纪实的长篇小说，2002年6月出版。

书是从书店买来的。

读得我欲罢不能。

买回当晚就读完了。

关于这部长篇的介绍是这样的：

作者身历 9.11 其境，精心打造国内**部以美国 9.11 事件为背景，纪实与虚构相兼的长篇小说。

作者以主人公的自我蒸发现象——为逃避债务，从公司法人变为葬身世贸中心废墟的黑人准备去国外开始新生活为中心线索，描写了 9.11 事件后纽约、洛杉矶等地的社会众生相。书中穿插了同 9.11 事件有关的丰富的背景资料和鲜活材料，采取了新闻纪实与艺术虚构结合的叙述形式和不断变换的叙述视角，既能满足读者对 9.11 事件的认知要求，又能激发浓厚的阅读兴趣。

网上看过严力老师的专访。

谈及创作的初衷，严力老师说：

写"遭遇9.11"这本书的时候，当时就有这样的一个想法："为什么这样的事情会发生在美国，发生这种事情的基础是什么，所以想写出来给更多的中国同胞了解，另外也想证实不管发生的是什么事情，人类的一些共性还是不变的。"

那年严力老师来宁夏参加黄河金岸诗会，本来想和他好好聊聊这本书，因为时间仓促，也没能如愿。

今年是911事件20年，回过头来看严力老师的书，就想起他写的一首诗，《诗人何为》：

巴黎出事了
警察和军人在搜捕恐怖分子
有人问
这时候诗人何为
诗人是自己的警察
每天搜捕体内的恐怖分子
更不会把他们释放出来
如果这种功能的软件
能流行人体世界
那么
出事的不会是巴黎

也不会是地球

（2015 年 11 月 13 日）

严力，诗人、画家、作家。1954 年生于北京，1973 年开始诗歌创作，1979 年开始绘画创作。1978 年参与民刊《今天》的诗歌发表及活动，1979 年为民间艺术团体"星星画会"的成员，参加两届"星星画展"的展出。

1984 年在上海人民公园展室首次举办个人画展，是最早在国内举办的前卫个人画展。1985 年夏留学美国纽约，1987 年在纽约创办"一行"诗歌艺术团体，并出版《一行》诗歌艺术季刊，任主编。

2001 年《一行》诗歌艺术刊物改为网上刊物。出版诗集《酒故事》《严力诗选》《黄昏制造者》《体内的月亮》等，小说集《纽约不是天堂》《纽约故事》《母语的遭遇》《遭遇 9·11》等。

1985 年至 2006 年，曾在香港、法国、英国、美国、日本、瑞典、大陆和台湾举办过个人展或参与集体展。画作曾被日本福冈现代博物馆和上海美术馆收藏，以及世界许多地方的个人收藏家收藏。

文章摘录自搜狐网

严力：首次与二十一世纪共进晚餐

采访人：胡凌远 2022.3.23

《地球上的事情……》1994
地球上的事情根本没跟地球商量过

胡凌远：讲讲近期创作，有围绕当下展开吗？

严力：我的创作一部分是关于自我感受和对生活的看法，还有一些是对永恒题材的再表现，比如关于战争和爱情。但对社会事件，遇到容易再表现或转化成画面感的就会再创作，这次疫情，我画了一座古典雕塑，手里拿着一个口罩。

严力：诗歌也有写，但对各类突发的暴力社会事件，诗歌是无力的，因为它只能呼吁来表达愤怒。最有效的办法是法律的介入以及媒体的真实报道，像最近的俄乌战争，真实信息就非常重要，因为网络的发达，混淆视听的虚假信息太多了。这时候的媒体是一把双刃剑，我们怎么分析它的利弊，怎么辨识真伪，是至关重要也极具挑战的。我对近期事件当然是有所反应的，但作为一个诗人，也知道一首诗的效果是需要时间沉淀的。

胡凌远：您曾就伊拉克战争写下《2003年秋天》。在疫情下，您对远方的战争和近处的苦难，有怎样的看法和呼吁呢？

严力：天灾和人祸在地球上没有停止过。天灾，说明我们对自然的了解还是肤浅的，尽管某些天灾已能克服，但还远远不够。这次疫情虽说是病毒，不过有没有人类行为上的过失而促进了它的发生呢？也是需要反省和研究的。说到人祸，如何避免，我觉得我们作为社会构成的一部分，应该各自做好份内之事。诗人画家可以写诗作画呼吁，新闻记者就应如实报道，工人职员也要好好工作。每个人都要去发挥自己的专长，然后各司其职，互相服务。如果每个人都管好自己份内的一部分,那就会形成一个相对和谐的社会。当然,每个国家的社会体制也要建造并维护人与人互相比善,而不是比恶的环境。这样的话,文明就有了上升的基础,另外文明不是害怕惩罚而遵守法律,而是在遵守的前提下,你必须继续培养自己的修养和审美,这是每个个体都必须自己去落实的事情,而国家和民族、宗教以及他人都不能替你去完成。

胡凌远:这也是您表达的,写诗就是建造体内的文明。

严力:对的,写诗就是思考的过程,不仅要钻研如何措辞造句,也是对自我价值观的反省,同时还要去思考如何与他人沟通,让他们理解你的观点和要传递的"思想产品"。人类的诗歌精神具有对社会糟粕的批判性还有对人性本质的质问,它是基于对理想和完美的追求。所以,所以,因为创作,我觉得写诗和写作的人更有机会来建造体内的文明。但并不是说不写诗和不写作的人就没有思考,他们同样有,只是没有延伸出诗歌、小说和绘画等等的产品。另一方面,不同行业的人也能通过不同方式来体现,比如美食家做出一道美味菜肴来服务他人,这也是建造文明生活的一部分,每一部分都很重要。

胡凌远:在特殊时代,您祖父离世(严苍山中国国医馆发起人,抗日战争期间,任上海仁济善堂董事,负责难民收容所医疗工作,也曾受左翼作家柔石延请为鲁迅治病)对您触动肯定很大,这是一种瞬间式的成长,一下子意识到童年离我远去了。您如何渡过的呢?您父母呢?

严力:人是有求生欲的,它会让你懂得坚韧地去度过那些艰难时刻。但对承受力相对较弱,性格暴烈的人来说,无疑是鸡蛋撞石头,走向毁灭。我祖父这辈子在上海行医,受人尊重,但在文革中受到残酷的迫害,还被非法隔离。他所收藏的潘天寿、郑板桥、唐伯虎等等名贵的古字画都被烧了。脾气刚烈为人正直的他,自然无法接受这种屈辱,就果断地自杀了。那时候我父母从北京下放到五七干校,父亲因为祖父"畏罪自杀"的问题,也被关了4年,出来后不久就患病去世了。这些荒诞的悲剧在我年少时期伴随了我心智的成长。这使得我对正常欲望上的克制会更多一些,因为很多正常的事物在那些年里是不被允许发生的,所以连回忆也是在恐惧的阴影下。翻篇是可以的,但面临的是如何去改变它。

胡凌远:您在怎样的状态下写下《还给我》(1986)的呢?

严力:那是改革开放后,我在1985年31岁时来到纽约后的1986年写下的,因为我有了生活在不同体制下的体验,发现全人类对美好生活的诉求是一样的,只是不健全的体制与政治利益把事情自私化了,因此不能开阔地看待终极问题,也就是如何在地球上齐心协力地维护共同的利益和建设美好生活。这首诗算是一种呼吁吧。

《这双眼》2018
我迷恋它只要眨动几滴泪花
就能代言五湖四海的动词
迷恋它的视觉可以到处悬挂风景

胡凌远:中国文人常说诗画同源,但在西方也表达了诗画异质观。从您个体经验来说,您在创作中怎么表现它们的关系?

严力:文学艺术的目的是从审美出发,摆脱仅仅动物性的器官需求,逐步积累和奠定更坚实的人类文明,所以,诗、书、画、音乐其实是互补和互相配合的,在互相配合的这个观念下进行创作会获得更多的启示,诗里的画面感、音乐性;画里的诗意和乐感;音乐里的诗情画意,我觉得没有任何矛盾,只有更通畅更流利和更完整的审美。

胡凌远:您祖父对您的艺术启发很大,为什么直到后来才开始绘画?您有一批题词形式的纸上作品,这与他收藏的画作有关?

严力:这是综合的,既和爷爷收藏的画作有关,也和我去博物馆,美术馆,和社会看到的事件有关。童年是吸收知识和积累见识的年龄,当身体发育到青年时期,才会有体力和精力去做事情,这时候以前吸收的东西就会呈现出来。是我天生有文艺天赋还是小时候看过太多的书画收藏才形成我走上文学艺术创作的道路呢?很难说,但是用文字来表达内心则是时代造成的,因为太多的压抑需要抒发出来,写着写着就上瘾了,画着画着就上瘾了,让我上瘾的原因是社会生活有太多的肮脏，诗与画能让我接触与肮脏相反的东西，而且它们能在条件合适的时候变成事实。

胡凌远：那您的父母怎么看待您投入的这些诗歌艺术活动？

严力：他们感觉很安慰和放心，认为我至少不是在无所事事地混日子。经过文革的他们也曾说因为你中断了学业十几年，能在工厂当工人也算可以的。后来看到我除了上班，还写东西画画就很高兴。我母亲是北京中法大学化学系毕业，父亲是上海沪江大学化学系毕业，后来都在国家科委工作，后来国家科委与中国科学院合并了。他们算是高级知识分子。艺术方面的兴趣和祖父关系更大，另外我爷爷的爷爷是清末时期隐居在山里画画的画家。我爷爷同乡好友潘天寿还专门去看我高祖父的画作。我爷爷的书法很好，喜欢收藏古字画，我想艺术感悟上应该有些关系的。

胡凌远：没想过去专业院校学习吗？

严力：专业院校是教育的范围，诗人和画家不一定要接受统一的培训才能成为好的诗人和画家。我觉得观念和实践更重要，其次是天赋和勤奋，在创作上我确实很勤奋。我作画写诗，写小说，办杂志，用流行的话说就像打了鸡血，我对创作的过程也很享受，为了这个享受，就要继续创作。我开始画画的时候不是为了卖，或当作职业养活自己，而是为了表达，尽情自由地表达，这个感觉很舒畅。现在很多艺术家的创作已经被编辑了程序，那就是和画廊以及策展人合作，推销与销售，并且都很关注并去努力接近流行的东西，这样做是有害于创新和探索的。不过，在这个竞争激烈的社会里，坚持创新和探索是艰辛的。

星星说请接受我横空的感谢

胡凌远：您早期作品就显现了现代性，比如《连椅子都想离家出走》《梳理音乐》，是什么启发了您的风格表现呢？

严力：那就是前面提到的观念，技术是为思想与观念服务的，而技术可以有两条路去获得，一条是学校，一条是实践，因为我遇到了一个十年没有正常学业的时代，（12至22岁的文革时期），所以我的生存技术是从多年的实践中积累的，生存技术中也包括了文学和艺术的创作技术。至于我的画风，就是要让每张画有意思，它们应该是思考和审美的产物，不光光是颜色和线条的产物，还要积累磨炼抽象的能力，因为还原肉眼看到的真实只不过是又画了一张物质形体的复制品，而抽象能力则是把本质保留，去掉其他多余的，所以对抽象来说，最具挑战的是如何保留以及保留哪些本质，而诗意的那部分是我首先考虑的。

胡凌远：加入《星星画会》是黄锐过来挑选了您的画作吗？作为星星和《今天》杂志的核心成员，回顾当时，为什么成立呢？

严力：我和他都是今天杂志的参与者和朋友，不是我邀请他来选我的画，因为我自己画着玩还没三个月，所以朋友们都知道我写诗，不知道我画画。他来我家玩，看到墙上的几幅画，就问这是谁画的，我说是我刚画的，他说你的作品很新颖啊，你应该参加星星，那时他正在寻找可以参加星星首届展览的画家朋友，他的角色就像现在的策展人。

严力：我认为星星和今天都是鲜活的沙龙形式，在其中每个人都有各自的观念和思考，是多元的共存，也就可以互相吸收营养。但如果是严格的团体，就会形成利益集团，还会有团体里的地位高低之分，这在文学艺术领域里是不可取的。所以星星和今天是那个时代一群想对生活说说心里话的人，都想尝试并发出自己声音的人。

胡凌远：第一届星星在户外，第二届就进了美术馆，这是怎样的呢？星星是否也间接启发了您之后在上海举办的个展呢？

严力：那个时代想尝试个人话语权就只能在非官方的场合，露天就是这种场合，结果经过露天展之后的争取，官方就在1980年把中国美术馆的场地给我们用了一次，1981年再申请就再也不给了，我想是因为星星展览的社会影响太大吧。于是在1984年我就联系了上海的朋友，以爱好艺术的北京青年工人个人的名义，做了我的第一次个人展览，也是因为有一批上海老画家（颜文樑、陆俨少、王个簃、应野平、李咏森等）的支持才得以顺利地进行。

胡凌远：那您的诗歌有受谁的启发吗？

严力：启发是零零散散的，文革前出版的一些文学书，在文革期间以地下阅读的方式在年轻人之间流传，有俄罗斯、英国、法国的一些诗，但是真正的启发和动力则来自内心的郁闷和压抑以及良知的呼唤。因为我无法理解阶级斗争，为什么要互相揭发朋友甚至父母，为什么要用阶级把人分出高低，为什么很多人天生就要低人一等。既然无法理解，自然就会有质问，质问就会激发诗歌、散文等不同形式的表达，也面临那是会引来杀身之祸的，所以常常也写得很隐晦很朦胧，不过身处同样处境的人一看就明白这是表达对社会现象的不满，所以就出现了"抽屉文学"，就是写完了锁进自己的抽屉。如果之后谁发生了不测，至少有可能被亲人悄悄留下来。

胡凌远：想起您那句，生活中被压抑的东西，被逐渐压成了矿石，诗人就是那采矿的人。您怎么看待历史呢？

严力：历史是胜利者的书写。每个人都是一个完整的人，有自我也有与其他人一样的七情六欲，所以反省自己就会增加对人类善恶之共性的了解，不同的是，你能克制多少过度的欲望，你能弘扬多少善德。从这个角度来看历史，会发现记录的大部分都是欲望和贪婪造成的杀戮及并吞事件。而积极的一面是，也有与侵略抗争，哪怕输了也在与邪恶势力搏斗的例子。但不少的正方与反方的角色定位是胜利者之后书写的。我几年前写过《人类文明的六步法》，就是说人类历史就是两个人消灭一个人，一群人消灭少数人，几个部落消灭另一个部落，最后变成国家。国家建立后制定各种政策，国与国之间要遵守共同原则，不要再以武力解决问题。不过，原始和现代的这几步，至今依然在世界各地同时发生。

《纽约》1996

到过纽约就等于延长了生命，一年就可以经历其他地方十年的经验。集中了人类社会所有种族经验的那个人，名叫纽约。

胡凌远：90年代初，您为什么决定来美国呢？怎么解决画画问题？

严力：这要放在八十年代的时代背景下，中国与西方尤其是美国隔绝了那么多年，国内的人都想出去看看，一旦有了机会都是很积极的，而我做现代艺术，就更想看看外面是一种怎样的现代。出国后我很幸运，参加了几个展览，还有一些销售，所以很快就进入比较正常的创作。当时也申请过普瑞特艺术学院，系主任看了我的作品说，你如果想做美术理论，那在这里读个研究生，毕业后可以找个教职，如果想当艺术家，你的作品证明你已经是了。于是我就去 Hunter College 学了一年半的英语，比我早几年出来的陈逸飞也在那里学的英文。后来，在纽约艺术学生联盟学了一年的版画技术，和木心做过半年同学。

胡凌远：有什么有趣的事发生？怎么生存？

严力：挺多的，能记住的是，1986 年我在学英文，班上的同学来自很多非英语的国家，课堂上自我介绍时我说自己画画写诗，英语老师后来要我试试用英文写几首，我就写了，但觉得很幼稚，他则觉得好，还替我在全班朗诵了，那是对我的鼓励啊。还有一个意大利同学问我，能不能看看我的画，过了几天，我就带了几张画给她看，她说很喜欢，能不能卖给她，我迟疑了一会就说，这四张你全要吗，她说是的。我问她为什么买，她说几个月前在一本意大利杂志上看到过介绍我的作品。不久我让她找到这个杂志后发现有 6 页关于我画作的介绍，应该是之前在国内的哪个西方记者报导的，或外国留学生回国后发表的见闻，那时候开放不久，国外对中国都很感兴趣。

至于生存，除了卖画，我在纽约也做过一些零散的工作，时间比较长的是与朋友一起开了"360 度摄影工作室"，就是俗话说的照相馆，我参与经营了 5 年。

胡凌远：您在纽约做的唱片系列一直延续至今，为什么用唱片呢？

严力：黑胶唱片是在录音磁带流行起来后，逐渐被淘汰的，我 1985 年 5 月到纽约时，它已经是大面积地被淘汰了，所以很容易找到被当作垃圾处理的黑胶唱片，当然有一些人会收藏一些珍贵的版本。我发现用此材料进行拼贴很有效果，它的黑比黑颜料有质感，我从 1985 年下半年就尝试了起来，结果越来越顺手，因为如果是与音乐有关的题材绘画，把它用上去，能让观者更容易联想到音乐。于是我根据对黑色的需求，在之后的三十年多年里，还是经常会把它用在画面上。我也做过黑胶唱片的雕塑，另有一番味道。

胡凌远：这个期间有和其他艺术家共同活动吗？

严力：参与了不少纽约画廊的集体展览。我们有七、八个人是最早以大陆第一批艺术家在美国展出的，那是1986年，第一次让美国人看到了中国艺术家在画什么样的现代画，此展览是在纽约上州瓦萨学院、纽约城市画廊等等巡回展出的。另外，1987年，我和陈丹青、艾未未、袁运生等人在台湾画家杨织宏的策展下做了中国大陆第一个先锋艺术集体展。我们这些人都经历了隔绝、开放和对自己的探索时期，有不少相同的经历。而作为出国后的中国艺术家，也有一些人在出来不久后发现了自己的其他天赋就转行干别的了。

胡凌远：您和艺术家艾未未在纽约世贸双子塔拍的合影，是随机还是策划的呢？对您来说，意味着什么？

严力：是随机的。当时是夏天，广场人很少，我提议在这里拍张照片，就拿我相机拍了，也就一分钟。现在回想起来，这应该归类为观念或行为艺术吧，我们当时刚从大陆出来，极为向往新的表现形式，或者西方人做过中国人还没做过的东西，当时的感觉就是：要在公众场合裸体一下来挑战展示自己的胆量，也确实体验到了从未有过的震撼，虽然是随机的，但迈出这一步的力量应该源自于对自我表达和突破形式的追求。

胡凌远：911后您写下小说《遭遇911》，还创作了《燃烧》系列画作。能否对此谈谈呢？

严力：911对整个人类是一个很大的震动，我又正好在纽约，感受太多，就想写点什么，为了收集更多的社会反应，在911之后不久我特意从美国东部的纽约跑到西部的洛杉矶，途中还停留了几个地方，一边记录一边观察，大约有两个多星期吧，回到纽约后就创作了这部小说，它运用的是写实与非写实结合在一起的方式，我自己比较满意，因为是中文的，所以就交给了当年在上海文艺出版社的编辑郑宗培，他也觉得不错，就在911一年之后的2002年出版了《遭遇

911》。这批纸上的《燃烧》系列画作,在纽约的画廊和爱荷华大学美术馆展览过,我是用水墨、丙烯和一些有燃烧痕迹的纸拼画在一起,让人感到爆炸后的窒息感,我还有一首诗是关于911的:

  纪念

 2001年9月11日那天
 我在电视画面上看到了
 有一个人从世贸大厦往下跳的镜头
 这个镜头在之后的许多日子里
 不断地在我脑中浮现
 不断地
 浮现
 而我也不断地希望下面是水
 是游泳池
 是一场跳水比赛
 有几次
 我甚至感到了溅起的水花
 不久前
 水花真的溅了起来
 并打湿了我的衣裳
 因为我突然领悟到
 这也是一种通过我的内心
 让他进入天堂的方式
  2002.9.11

胡凌远:谈谈您的《一行》诗社。

严力:《一行》诗人和艺术家团体是我在1987年初的纽约,提倡发起的海外第一份华文诗歌刊物。当时大概有二三十人,我们计划每三月出一期,每人每季度拿出一天工资作为出版费用。我们的核心成员很多,王渝、张耳、王屏、李斐、程步奎、秦松、郝毅民、彭邦桢、唐德刚,还有美国诗人金斯堡、斯瓦兹、画家艾未未、张伟、沈忱、汉学家斯仲达等等。在1987年5月10日，我们出版了《一行》诗歌艺术季刊，主要刊登大陆的现代诗歌创作，也有海外以及台湾香港的作品，每期还刊登翻译成中文的西方著名诗人的作品，以及艺术家的画作和插图。当时还得到了华人实业家陈宪中、罗苏菲夫妇的帮助，他们开办的印刷厂每次替我们印刷《一行》刊物时，都给很多的优惠。这对夫妇在纽约主要做过对日索赔以及与慰安妇和钓鱼岛相关的活动，八十年代还组织举办过南京大屠杀周年祭的画展，在纽约的很多华人艺术家都参与了作品创作，我也提供了作品，这批画在展览后保存了近三十年后，前几年全部捐给了北京的卢沟桥纪念馆。他们还印刷过几年纽约地铁报，免费提供给纽约的流浪者在地铁车厢里卖，收入全部归流浪者所有。另外，纽约佩斯大学东亚系主任程步奎是个写诗的华人，他认为《一行》是在记录华人的民间诗歌创作，就每期免费帮我们海运八箱诗集（共400本）去中国，那时候国内刊登先锋诗歌还是比较难的，《一行》的发行赠送确实鼓励了国内诗人朋友们的创作和探索。

《一行》出版了25期之后在2000年停掉了纸刊，改为网上刊物，三年后在2003年彻底停刊。2018年因为诗人王渝和邱辛晔等人在美国成立了"纽约法拉盛诗歌节"邀我一起参与，我就顺势把《一行》纸刊恢复了，它与《纽约法拉盛诗歌节》以及《海外华文作家笔会》形成了三位一体。

胡凌远：诗，一行行写；人，一行行人。这是诗社理念，所以诗社也强调以作品为主，而不是诗者有无名气。

严力：是的，营养是在作品里，不在作者的名字里。要把力气用在作品里，不要用在传播和标榜自己的名字上。

胡凌远：您的《带母语回家》（1995），曾与张炜的《家族》、莫言的《丰乳肥臀》等同获优秀长篇小说奖。这个书名颇有趣味性，为什么叫这个名字呢？

严力：我离开北京到纽约后，第一次回国是1993年年底，94年也回去过，对离开后的中国相隔八、九年后，有了近距离的重新了解，所以我写了《带母语回家》，把在纽约和回国后的一些事情写了出来,也就是说,我和与我在纽约住了十年的母语一起创作了这部小说。

胡凌远:您在《出洋留学的张三》(2003)写下,他在异乡大学的思念系,继续攻读着令人羡慕的博士学位。家对您来说意味着什么呢?还常回去?

严力:2000年之后经常回国居住的,起码每年一次,每次三四个月。家的世俗概念是亲人组成的,随着社会阅历和经验,我发现与好朋友在一起也有家人感觉,因为生活理念相同,甚至更亲近。与我交往的一些美国朋友也有家人的感觉。

说到回家,本世纪初我曾有一诗:

　　回家了

回家了
他把肩膀也脱下来放进了衣橱
松弛下来的弹簧
陷入自己的沙发
回家了
把与枕头失散多年的梦
还给了睡眠
回家了
脸上的僵局不得不被打破
微笑从眼角奔向下巴
又奔回眼角
回家了
茧子虽然还在奔波的脚上
余音未消
但已转换成松弛的咏叹调
回家了终于回家了
他看到的所有家具
比猫还会撒娇
　　2000

胡凌远：您母亲的去世对您的冲击很大吧。能否谈下她对您最有影响的事呢？

《致母亲》2020

岁月波涛汹涌
你与我告别的日子
突然降临
而定居我体内的你
继续祝福我冲浪千里

严力：这个冲击我是有准备的，因为寿命的自然规律，2020年她毕竟（已经）94岁了，她从入院到离开人世才几天，加上疫情的原因，我根本来不及赶回北京。我母亲以前没有画过任何画，退休后突然学中国水墨画，一画就是二十多年，还参加了很多次老年人的画展，这才让我想起她体内原有这样的艺术基因啊，加上小时候看多了我爷爷的收藏，原来是两者合谋让我成为了艺术家。还有一件影响我的事情是，她对朋友的热情，当年我的朋友来家找我，只要是吃饭的时间她都会主动暗示我，可以让朋友一起吃饭，而吃的最多的是饺子，因为她是山东人，生在北京。所以我在纽约也时常招待朋友吃手擀面的饺子。

艺术外滩

从一个虚词到一个时代的见证者

——严力诗歌走向与剖析

唐 明

诗人有两种，一种是走进历史里的，一种是活在现实中的。在诗歌布诵的光里，前者被人永记，后者被人聆听！而麦子一样被收存在记忆中的前者，仓储般的还原为时序倒流的影子，在纪念碑上刻下姓名，成为一个时代标志性的字符，甚而被敌视者内心所景仰，让一些事件成为历史的一部分，经幡似的挂起，炫示目光的高地，隆隆雪声冰筑垂念鹰巢的遗憾，让诗如剃刀在读者头顶，轻轻一划，随着一声刺耳疼痛带血的尖叫，一张白纸从中被割裂开，分为两片从天空飘落，诗行瞬间崩塌粉碎，一些碎裂的字符如尘屑，自纸间瞬间迸溅飞离，四散零落，如一枚枚针或金属的齑粉，刺入或镶进泥土，隽刻在时代忧郁的脸上，字字澄莹辉灿，个个目光炯炯。后者则会偶尔去墓碑前祭扫，将周遭的尘灰抹去，一任风刮日晒，坟草葱葱，把魂系于墓茔之上，用酒和诗搅拌，咀嚼于心，默默走开，然后在所谓《今天》那本地下诗刊上细细端详，用揉碎记忆回顾当初，曾经的旧时光，那些已逝的人和活着的人，会逐一浮现，如：张中晓、赵一凡、黄翔、食指、北岛、芒克、多多、舒婷、顾城、江河、杨炼、梁小斌、岳重、严力、方含等，这些那个时代的"哲人、学者和诗人"，是社会进步的前驱，为一个时代觉醒的标志和先声，有所成就的人性、大义与人间先锋文学和艺术真正崛起的典范，而作为其中卓绝代表之一，严力可谓是其中的"见证者"，与"亲身力行者"。——其当时是北京——先锋艺术团体"星星画会"和文学团体"今天"的主要成员，乃"朦胧诗派"诗歌重要创作人和参与者之一，而其日后创办的杂志《一行》（1987年），也真实记录了其中一些追忆场景与片断……如其诗所言,"……文学和江湖都证明它/直通心灵/所以我迷恋这双眼/我不需要/它们长在谁的脸上或/直通哪个有名有姓的心跳/我迷恋它们不断交融的谱系……"(《这双眼》),而在另诗《揭发》中云,"有不顺眼的前科/如果没有/也被允许揭发成真/为此落井的人真多……/还有更多的人/则在主动寻找石头/一些人被分发了石头/但没什么人能转身藏起石头/落井下石的运动/更没人敢于往里扔馒头/伴随着越来越夸张的批斗动作/还有多首杀人主旋律轮番上场……"——这是那个时代真实的写照,也是当时"那场诗歌运动"所面临的强烈的震撼与冲击,但那同样一个前所未有、空前绝后的"诗歌黄金时代",由于奋发和抗拒,由于希望而坚守,使这些当年的诗歌精英在奋不顾身的捍卫下,朦胧诗由此得到主流意识形态的确认而名扬四海,现在这些诗人都大名鼎鼎,成为那个"诗歌黄金时代"的骄子,而历史则浓重给予描绘,正如著名思想家、美学家、评论家李泽厚所言,"诗歌从此进入了一个新的时代,朦胧诗在中国文学史的地位由此确定……"

严力诗歌,恢弘大气意境开阔,题材多样壮观异常,而富于哲思且影响深远。自那个时代起,即赋予了非凡卓识之品性,具有人文主义诗观与前卫先锋之特色,及至当下仍不失之瑰玮崇念、苍郁卓绝之特质。艺术风格,在诗艺和诗学构成上拥有奢华璀璨之气,纯粹绚丽而精神炫示,因其同样是位重量级画家,故此诗风稳健简约,洗练通达,雄沉冷峻而不纤绮,意识深邃却不勾玄浑沌。诗味厚重刚毅,词语洁净率真,句式灵动而爽冽,犀利尖锐具备反讽与强烈的忧患意识,以及悲悯色彩和叛逆性与二律反悖倾向及正义感。比如,其在《曼哈顿》云,"地铁跨越曼哈顿大桥时/一个以拉小提琴为乞讨的人/演绎了某段充满饥饿感的/僵硬的圆舞曲/我内心洋溢着/是否要给小费的阵阵浪潮/终于给出去的一块钱/为我习以为常的麻木松了松琴弦/到站的剧烈噪音/打乱了我自以为是的慈善旋律",诗中两次提到琴,初次是说拉小提琴的乞丐,再次提及则是因给予乞丐钱后松了松麻木的琴弦,一个是实指,一个是虚指,尤其是次者,实际是指心,而非琴,就如俗语常说,心绷如弦,一件施舍的小事,一块钱的小分币,可以看出诗人心情惬意,并非炫耀善心,继之诗言之,建筑物"玻璃的湖光""曼哈顿的迷路""枪套里拔出的华尔街/上足了美女背影的金钱弹药",将前述乞丐与此叙之纸醉金迷,形成了强烈的反差和对照,对美国这种看似高高在上自由的国度之弱肉强食,以反讽的口气给予了深刻的驳斥和批判。——如诗人之后颠覆性的慨言,"一夜成乞丐的金融奇才/中央公园枝头跑步的每片树叶/……迟早会飘成凄凉的秋天",说明这种朝为阔佬夕为乞丐的美国式尔虞我诈,是多么虚伪无耻可笑,"但就是没有人主动/曼哈顿的简历上出走",都幻想发财,都幻想奇迹发生,所以奇迹不会出现,而"曼哈顿"不过是"浇灌在地的人类天性的码头"。诗写得苍劲有力,将所谓天堂似的美国,实则虚弱无力,进行入木三分的刻画与评价,俨如繁华背后,其实是灰暗和漆黑,一个本质上虚假的美国呈现在世人面前,无论是爱它恨它离不开它,但这无端依恋,是多么可怜与可笑。如英国伟大的小说家狄更斯一百多年前对美国的批判,"幻想美利坚的无私和慷慨,使之解囊如饴,不如向一个乞丐讨饭!"严力以批判现实主义手法,无情批驳了那些梦想留在曼哈顿所谓华尔街的乞丐能期待有朝一日成巨贾阔佬的心态,悲剧性揭示出一个可笑的美国,在戳穿其实质的飘渺的苍白的臆症中,反映出诗人无论身居何处,对阶级社会的批判性的人性的良知,不管国内国外,诗人的正义感都没有丢掉和丧失,它具备全球性容量,并以责任心告诉世人,国民性和劣根性每一个国度都会有,而非一国一人所具。诗人立场是世界性的,同样他还包括有时反对和批判自身,譬如该首诗就提到,"我以为是慈善的旋律",这无疑是自己无情的嘲弄。且看其下一首诗《外墙》,"今天下午阴雨绵绵/不适合摄影/但适合从社会……相册里/回顾发月/时间跌宕起伏中/不知不觉地过去……/我长叹一口气/发现许多场景与人……的焦距/竟然在照片形成后/被军用探照灯重新扫描了/一层光谱/不但远近失去了明暗差异/甚至嘴角上抑郁回旋的线条/定格成了哭不得中的那个笑/问题是/大家都心知肚明/哪类人在粉刷历史的外墙"。诗人以严厉的口气斥责这种粉饰行为,还历史一个真正的面目,社会本身制造的恶毒事件必须得到清算,请注意作者笔法,是以"从社会相册"为切入点的,"回顾岁月"以及"时间的跌宕起伏"将事件还原，不知不觉过去诗人叹气说，"许多场景与人物的焦距"，"竟然是在照片形成后"，被"军用探照灯重新扫描"，——隐喻加暗喻，形成"一层光谱"，说明事件"不但远近失去了明暗差异"，而且"抑郁回旋"在欲说还休的"嘴角"挂上了"线条"，"定格成哭不得中的惨笑"么？诗人说的是，——"那个笑"。接着，诗人如是说，"问题是大家都心知肚明/哪类在粉刷历史的外墙"，究竟掩盖什么？这回估计大家真的心知肚明了，那是掩盖历史真相。……当然，诗人并没说明这事件究竟是指何事？也没说事件本身所造成的伤害，为什么要被军用探照灯这一隐喻重新扫描，一定与军事行动相关，那么为何事后还要粉饰其墙呢？一定与罪恶或血相关么？诗人没有说，我们也无从知道，但一定和政治相关，否则那类人不会出现，诗人在国外游历过很多地方，这事件发生地也会在世界各个地方潜伏，诗人运用暗喻和隐喻力图掩盖一个他必须知道的事实，仅此而已，他也在粉饰这一事件外墙或发生地，并且在无形中，最终成为这一件掩盖或粉刷历史外墙的参与者，一个畸形的问题，一个无法的诘问，一个作者而未敢言的地方，与地狱之墙仅差半步，距地狱之门仅隔一墙！难怪这世界天天有罪恶发生，粉饰和掩盖是最好的庇护所和遮盖窗。相信某天诗人会用另一首诗说出真相的，我们期待真相大白之日，将一个事件还原到本来面目……

严力的诗，总是在力求揭示什么，似乎这一切都在他批判和洞察当中，他是一个标标准准的汉子，一个想力求还原真相的身体力行者，一个带有强烈悲剧责任感和忧患意识及特殊使命感的真正意义上的大写意的诗人。……他甚至被人谋算过，想清除掉？——想都别想，这不是好莱坞历险大片，没必要把读者搞得心惊肉跳！让离奇破案种种曲折惊险诡异的游戏在现实中重现，加上一个个出奇制胜、感情充沛英雄救美深入敌后的剧情，与冲突枪战和曲径通幽的刺激好戏，用花招叠出的智慧逐一化解，……不可能，说到天边，评者也不相信！——再说诗人严力，又没得罪过谁，但他的确在诗中描绘过这一场景。请看其《车祸交响曲》："好几次遇到车祸时/我都是看着车被拖进医院后/才独自地回了家/大家都说我运气好/我则遗憾车的运气太差/至于他人在我体会形成的车祸/则不分好坏地/进入了二手车的交易市场/包括驾驶员",情节确实够离奇的,作者命真好,胆也真够大,还把它写下来,而且是"好几次",听听都沁园春似的,沁出一身汗,况是每次"我都是看着车被拖进医院",而自己却毫发未损,连别人与之体会学习,天天向上的车祸也没把他怎么样,分不清是好是坏,连驾驶员和车,皆进二手车市场。由此诗人感叹,以《没选择可言》,写下兹作,诗云:"没选择可言/林中砍伐直径/是人类的暴力之圆/没选择可言/门找到的是/更多关于隔离的注释/没选择可言/抵达爱情的利益距离/在衣服外面/没选择可言/更高的想法在阶级电梯的/楼房里面/没选择可言/欲望的倒影都在/咽下去的口水持续泛滥/没选择可言/想押韵扭曲世界的/必然是脏话和没选择可言"。诗人机警睿智,用词鲜殊妙卓,若咳唾珠玑,虎雏龙珠吟之不啜,该诗令评者想到,当年与朦胧诗同时代著名女作家刘索拉中篇小说《你别无选择》,及著名作家徐星短篇小说《无主题变奏》,二者有异曲同工之妙。……而《你别无选择》又与严力此诗《没选择可言》更彼此契合,别无选择与没选择可言,词义是一样的,只是换了一个说法而已,一说一诗,各投其趣,文体虽非同,但各具千秋。诗以所举,种种迹象与异象,表明作者心态如此机敏:林中砍伐是人类暴力之源、门找到的是隔离的注释、抵达爱情的利益距离在衣服、更高的想法在阶级电梯的楼会里面、欲望的倒影都在咽下去的口水持续泛滥、想押韵扭曲世界的必然是脏话和没选择可言。层层递进,将意象逐次推近或推远,犹如一个个寓意深刻的魔方聚穴成丘,宛若囊萤映雪词语接龙三潭印月。一言暴力强加人类之规,砍伐民意之林;二言隔离之门,凭口禁锢之苦;三言爱情与利益纠缠,使情感与理智相悖;四言阶级楼层攀比,叠加往上爬;五言欲望在口水中消解泛滥弥漫;六言因嫉妒斯文扫地脏话骂人已到了无以复加的地步。六种形态写尽人间百态,不得不佩服作者诗艺之高,概括力之强!读严力诗歌,如嚼橄榄,愈品之入甘,回味愈渐次无穷。诗况醇厚,俨然悠闲盘玉;诗状悠扬,犹赛月下临风!严力之诗,有犀利尖锐一面,也有果敢深刻批驳如刀锋的,亦有抒情小品一类与小画西窗之忧郁。览物之情,不思言状,聊胜观雪，无存于思，波云诡谲，纵横捭阖，吮吸泉冽，而淡茗芳。限于篇幅原因，该评述不再述，仅择诗人《思绪一组》中几篇为赏，且看诗咏：

  4
装睡与装醒的人很多
但温床更有罪
  5
太多的事实证明
神在人间碰壁成了教堂
  18
必须为自己不停地说点什么
因为"说"在词典里的定义
不是闭嘴的意思

《诗歌评论》2024

诗评三篇

唐 明

应该不是谁,与后门何为,和之后事件的畸变——论严力诗歌的三种写作形态及蝉蜕之轨

严力,在当今中国诗坛,是一个无法忽视和回避的人物。其纯粹的反讽式写作性,与批判现实主义的诗歌,及超现实、后工业时代对词语文本的颠覆和讥嘲及刺谕,均反过来在诗界引起了"对文人化思潮"尖锐的驳斥与"对形式主义危害",进行了犀利的悖论及深刻的反省。如之在《之后》一诗言:

"我不为不确定的事物站台/哪怕那个台已被改装成床/我被教育成不仅仅为睡眠而躺下/还要成为醒后再倒头装睡的人/识时务是命运的株连式程序/这让我联想到浪漫的前朝/古代的优雅存在于电的发明之前/所有传承者的高潮基因/愉悦于蜡烛被吹灭之后的摸索中"

严力的诗,以一往无前的批判性,在诗中国充满了尔虞我诈、营营苟苟、相互拉帮结派的境遇下,将无耻嘴脸剥离出伪诈的模样,而独树一帜,特立孤啸,别具清眸,居安思危,伫立傲世,以强烈的负罪感在诗歌凸显出救与赎的大义及担心,用一个诗人的良心从词语和诗境上给予沉重的鞭挞,他说出(《后门何为》),"把你的见解搬进别人头脑后/就分不清/是你还是别人的理论了/不过很多时代的头脑/都留有为事实准备的后门/所以家具般的豪华叹息/都是从后门搬进去的"。——他继之言(《不会》),"文明也是有野性的/它表现在后天滋生出来的/反省之牙上/当它咬住原始程序的血肉时/就不想松口/但来自骨科的报告说/自然生成的脊椎/其实很难支撑/人类理想的那种

弯度/所以说/信鸽可以失业/翅膀不会"。

——严力的诗,在诗艺上,同样具备一个诗人所拥有的热切和大胆,用词诡谲多变而设句富于奇幻和充满玄奥和字符解构的张力,如诗云(《应该不是谁》),"为了喝一杯自己的度数/该把谁约到名叫我的酒吧来/我约过洪水/没来/约过地震和海啸/没来/只有龙卷风不约自来/我抓不住它的思绪//我约过能提升文明行为的知识/约过赞美前进的自由派/约过天空转暗后点亮心灵的歌者/只是不知道目前的音量/抵达了动物生存的哪一个八度//其实/我要隆重地约你/喝上三杯醇正的不朽/它有别于掺了冰块的情绪可乐/只是我一直不知道/动物应该不是谁"。

该诗以一种假定性的诘问,构成了一个词语的跳板,而将另一种祈使句般的意象植入,进而形成了三种邀约的倾诉。如诗言,"为了喝一杯自己的度数/该把谁约到名叫我的酒吧来/我约过洪水/没来/约过地震和海啸/没来/只有龙卷风不约自来",语言使用绚丽诡异,妙语连珠,殊不可言,简直堪以"拍案惊奇"论之。尤其是,邀洪水、地震、海啸、龙卷风来饮酒,构思大胆卓尔不群,使人为之喟叹倒绝。虽李白称"燕山飘雪大如席""飞流直下三千丈",也不能与之媲美,此一句足矣,笃定流芳千古,令后世咏赞。严力的诗,词语彰显,择句之雄魄,茁思之瑰玮,可见之一斑。辞维加力而构成,诗惟卓捍乃寄魂,如之言,"我抓不住它的思绪//我约过能提升文明行为的知识/约过赞美前进的自由派/约过天空转暗后点亮心灵的歌者/只是不知道目前的音量/抵达了动物生存的哪一个八度",诗学境界如此,在每一个高八度上,形成了自然音乐律动和循环播放的可能,而形与影,姿与态,则构成了一个多时空的词义对接,在诗式的要旨下,对文本框架下的字符,形成了云谲波诡的漩涡,一次次纵横捭阖的扣问。"其实/我要隆重地约你/喝上三杯醇正的不朽/它有别于掺了冰块的情绪可乐/只是我一直不知道/动物应该不是谁",……是谁?——是虹,是鲲,是鹏,是龙,是凤,是一只蝴蝶在亚马逊河搧动一对翅翅,而在太平洋形成的一次飓风暴,作为朦胧诗派代表的严力,在诗歌中运用辩证法的严力,以组织一切波澜壮阔的词汇,蒸文煮字般的,在化学物理气象的玻璃器皿里，酿酒师似的酿出一场词语风暴。这就是诗歌严力，对汉语词义赋予出的畸变，在置换扩张词性上，跨越了一个词语场的怆殇？，并用一根指挥棒，在指挥一场宏大交响乐的表演，诗人严力，以修辞给予了自然音乐的疯狂，并向它致以一个诗人骑士应有的注目礼。

从逆袭的反向后转，自现代俳句开始处抵达——论严力诗歌的悖义和寓言体的反传统性

政治性的寓义加上犀利的言辞，在严力诗歌中究竟潜伏着何种童趣和意味？自文体到写作惯式，以讥诮的语调和句型，颠覆般的否定，在词语接龙的戏说下，有力地嘲弄及刺谕间，将所谓神圣从权位上拉下，再次确认其本质，挖苦其虚伪，向传统和崇高挑战，调侃性的说谑逗乐、幽默诙谐、冷嘲热讽，一以贯之的笔墨告诫人及劝诫，政治这种以讹传讹虚假的搬弄是非完全是拉虎皮做大旗，类似如是的营营苟苟作秀，看穿了兹事体大的场景，其实无过于笑剧一场，俨然梗断黄泉美梦，三百年之后"一切堪称为政治家玩弄的大戏"，丢进历史垃圾里，崩子不浮，既便骰子安红豆般假模装样乌秧乌秧地干几件行善的蠢事，稍笨些地往脸上贴金，拔苗助长似的拽着头发想上天入地，也不可能爬到天堂地狱去。略尴尬一些，智能超前的，比若干一两样积德行乐无为而治的举措，在历史上显示一下自己，这还行，青史记上一笔，但与写唐诗宋词那些诗人词人一比，又一个精彩的倒栽葱，被比下去了。……即便是"写花前月下"的三流诗人及所谓二流的"蝴蝶鸳鸯派"作家，以及被清华北大严家其陈平原之流捧为"五百千古之一传"剑侠奇谭写作圣手的金庸，也不过是"蝴蝶鸳鸯派"在后来泛起的残渣余孽、自取其辱的丢人之徒，甚至连一些书坛画坊中的某些雀名高耸的"大师"，也比一个当代被捧成一流的政治家要强。在这方面，作为诗人的严力是看透了，他看得玲珑剔透，且以观后效，因此写进诗里，也一丝不苟，认认真真，状之其态，莫不东施效颦般有模有样，痛快淋漓的素描之形，特显其欲盖弥彰之功。譬如，其在《以大局考虑》一诗云：

"以大局考虑的审美／转成了漩涡／椅子和板凳／也跟着转了进

去/以大局考虑的心跳习惯了潜台词/以大局考虑的知识棱角/承受着政治正确的砂纸/屠刀和水果刀的使用频率/必须以大局考虑/而人与人造的差别/在统一的口径里已经步伐一致//事实证明/如果先在以大局考虑的/空白页上印好惊叹号/每次把已知的灾难填上去/就会轻松多了"。

——对于政治而言，凡历经过"那场史无前例"人为的灾难之人，均记忆犹新。在那个时代，人人为我，我为人人。政治一个特定的口号，从符号学的定义到人世间种种不幸及存活乞生的必要，一个个形同被脱裤子割尾巴的人，著名作家钱钟书的夫人杨绛在其长篇小说《洗澡》一书中说，"任何都必然要脱裤割尾，无论是男是女"，资产阶级的尾巴，必须割除。但对西方政治而言，也何尝不是如此，麦卡锡主义在美国意识形态里的泛滥，使人人自危，脱裤子割尾巴，与东方所谓红色思维划清界线，则有过之而无不及。作为人设互伐的狗屁政治，何人能拒之千里！如诗人言，"以大局考虑的审美/转成了漩涡/椅子和板凳/也跟着转了进去"，在那个意识形态残虐弑杀彼此提防的冷战的时代，间谍肆无忌惮渗透，特务相互监视，邻里时常告密，夫妻同枕异梦，母与子反目成仇，父及女彼此欺骗。以苏联克格勃和美中情局等情报机构互为敌视的双方，皆环树敌仇，谈虎色变。如诗云，"以大局考虑的心跳习惯了潜台词/以大局考虑的知识棱角/承受着政治正确的砂纸"，人伦之常被囚笼铁牢般的冰封所困，连交头接耳都被防范。芸芸众生被昙花一现的亲情感动地痛哭流涕，偶尔的探监和探视都成了奢望。政治欺诈和深藏不露的笑里藏刀，口蜜腹剑与魔法贯彻的尔虞我诈，图穷匕见及心存侥幸，自然在政治这一形态中挖足了陷阱，一个个圈套早已设定，绞刑架和绞肉机并施，镣铐带着风铃的呼啸绞尽脑汁等待你去钻，水门事件为监控别人的选票而设置，一句话就足以让人人头落地。"屠刀和水果刀的使用频率/必须以大局考虑/而人与人造的差别/在统一的口径里已经步伐一致"，杀人是可以不用刀的，头点地可以不用跪下，仅能从免死牌下掠过的目光，是屈辱的叛变和反戈一击的污告，信口雌黄，是为了在耻笑与荒唐挣扎里活命，"事实证明/如果先在以大局考虑的/空白页上印好惊叹号/每次把已知的灾难填上去",但该牺牲就会有牺牲,奋不顾身去拯救别人只有搭上自己。于是一旦被政治的砂纸打磨,"就会轻松多了",对于政治而言,凡是别人不悯于恐怖漏听的,即便是刎颈之交,也须知而免馈。一次次冠冕堂皇的政治倾轧,一个个风度翩翩的政治家们。——诗人对这种"山水轮流转""卜蜂莲花"般的政坛之争,荒唐不羁的沐猴而冠的政治游戏,深恶痛绝。其继之云(参见《类似》一诗),"我的某条记忆流程里/充满了流星但没有天空/另一条充满了天空/却没流星/合二为一的想法很自然/却违反爱憎分明的原则/事实上我也能模棱两可/比如这次美国大选/在两个都不怎么样的/总统候选人里/我倾向那个发型下垂的/此发型类似我的宠物狗"。——此类讽刺挖苦直击灵魂骨髓式的词语,近似于鲁迅杂文中的投枪与匕首,将美式民主选举般的所谓自由与公平竞争,剥离得干干净净,一丝不挂。因之,其云,在"我的某条记忆流程里/充满了流星但没有天空",一个个政治流星划过,如过眼云烟在政治分赃中,相互诋毁,彼此讹诈。风水轮转,座次排定,每四年互换,类似赌博游戏,其实全是身后的资本在操控,如之言,在"另一条充满了天空/却没流星/合二为一的想法很自然/却违反爱憎分明的原则/事实上我也能模棱两可",诗人非常性的谛说,以模棱两可的诘问,来演示出爱憎分明的诉求,毫无原则可言,一切违反事实的想法合二为一,很自然表露出美国总统选举的主旨更像是一场政治豪赌和狂欢。犹如过山车一般,你赌赢了许诺鲜花权力给你,你赌输了讽刺挖苦送上,"比如这次美国大选/在两个都不怎么样的/总统候选人里/我倾向那个发型下垂的/此发型类似我的宠物狗",诗人之言尘苛厉责,极度说学逗唱,诙谐之趣将之比作自己家的宠物狗。无论发型怎样,皆茅塞顿开,反正是场拄拐的拉锯战,瞎子对大脑痴呆,均好不到哪去,如是而已,如是而论,两势相争取其利,因势利导取其锋,锐之朝夕取之尖,皆大欢喜取之悲,饶是糊弄民权,宅背漏听,一群蝇营狗苟,倩谁赢也是笑谈,一场政治选秀,推谁不是推?择偶标准,就是擂台互殴,打死一个算一群,火鸡对火鸡相斗,斗鸡的标准由资本家操持,轮一圈还是宠物狗的模样。

盖因如此，作者并续之，梗咏（《一下》），"尽管在二十一世纪/人们逐渐失去了志同道合的能力/不过二十五世纪的我和你/依然会因分赃而相亲相爱/只要能顶着理想者的名头/并怀揣风流一下的梦想/哪怕完成的不是'风流'/但起码是'一下'"。何止一下，乃不止吧，诗人何为，征之彰显，故言，见之下诗（《那些日子》），"那些日子/我解开被鞋带系住的/脚的喉咙/脱掉袜子的泳衣/不修剪向前的骨气/指甲像鱼群游了出去//途中甩掉了/各类夹脚的游泳池/之后就发现/脚上天生就有着大风大浪/不管你走向哪里/它把握自己"。诗人乐看美国选举，并以局外人的角色，解开鞋带静观其变，真佩服他们"脱掉袜子的泳衣/不修剪向前的骨气/指甲像鱼群游了出去//途中甩掉了/各类夹脚的游泳池/之后就发现/脚上天生就有着大风大浪/不管你走向哪里/它把握自己"。这是怎样的一场选美秀，作者冷嘲热讽改成热嘲冷讽亦犹犹未晚也，其只有在外加讥笑里夹持簇拥的笑讥和诙谐，做态如媚，似佛空一念，禅机入定，守衡持度，四大皆悟了，其在《喝风》一诗里因言，"我们也是喝风的物种/无论多少级的风进入体内后/不是转换成狂妄自大的龙卷风/就是被反省为热情有限的秋风/后者凋零的各种花季/曾有过强度九级的芳香与艳丽/而前者的摧枯拉朽/更让很多人陶醉了一生"。看了诗人的纵横捭阖式的讥消隐喻加弥漫间的花哨才子般的讽刺，确实够陶醉的！这是一次预约已久的军事操演么？不是，是一场政治课堂上的美式秀台式的歌舞升平会，一次奇丑百状无比嘲弄的庆典嘉年华，在最后诗评中评者引其诗《月亮篇》云：

"我相信这样的说法：/无数年前的地球/被一颗行星撞击之后/掉出来的一块肉就成了月亮/它渐行渐远/但最终维持在如今的位置上/我相信命运来自于血缘/是肉就不会离母体太远//这让我想起自己被青春期撞击后/掉出来的一块肉变成了诗歌/它也是渐行渐远/最终在感悟的距离里遥遥相望/它散发的幽暗充满对母体的感怀/而我每次抬头时都能看到/青春期原来能如此宏观"。我们相该诗不是在说或讽喻政治，而是诗人严力在追忆往昔，缅怀旧时光，地球被流星撞击，形成月亮。人被撞击，在形成诗歌的母体上，一块肉散发着幽暗及对母体祖国的感怀和热爱。

从寓意到词语构成诗味的企图和悖论,将如何在句式中呈现——严力的诗《温暖》所给予我们的表征和使命感

……严力诗歌,是当代诗坛,不可被忽视的一个因素。就如我们不可忽略一根钉子,即便是斩钉截铁,也会有镶入木板内的部分,折断的钉尖,如刀子一样的诗句,在当初锤子夯实的强劲的敲击下,聆听者的荣耀,感叹灵想与缅怀思路绪川千世的温暖。这就是中国诗界的背反及承受痛苦与负笈冷俊的脊梁。严力的诗,……瑰玮、机敏、锋利、尖锐,深入堂奥,诗由心发,仿佛灵犀一点,岩穴探幽,它给予我们以沉重的历程,在背负一个巨大的石头,由谷及峰攀顶而上。缔结精精的契约,为一个真理而战,为另一个生命体救赎罪与罚的锁链入骨的诗中,慨当以慷人间失格的宿命。如诗言,"从窗口探进来的阳光/极其炫目地/温暖着桌面的东北角",让人文地理的心疼里穿越,构成强大内核的张力热望,窥视窗洞中的阳光,刺入眸子的剧烈炸响。因为我们的眼珠是黑的,黑白分明的眼睛是缭绕的火,极目炫目的温暖宁静,犹如止水两潭,"那里很快就滋出了树苗/并且顺理成章地粗大起来"。这如三星堆巨人之瞳,顶出眼眶的瞳仁,悬眸而视,充盈流血,夭夭若桃,梨花带雨般令人窒息、惊叹、颤栗、抽搐,它可以揣摩一切,感知宇宙折叠之光。魅惑,于心不忍直视的大鲵,鱼晃似电,北溟有鲲,昆仑有鹏。……诗人喟叹,"我情不自禁地顺着桌面/把它砍伐下来",以手摘下盛开的雷霆,抚膺坐而赏欣?,"其中的一部分/还成为了另几张桌面",汇成一组方程式的几个面,或几个大陆架的拼图,一部诗歌辞典几张阅读后的地理答案。"它们的记忆里/有着东北角的阳光/以及桌边的我",人界心域,谛说和悖论,将如何形成哲学与童年回忆的情愫,……也构成几个支点,无处安放的桌面,"它们对自己飞速成材的回味/一次次地温暖了我",甚至可以慰藉心灵的诗歌,朗诵纵横捭阖的须弥幻象,从寓意到词语构成诗味的企图和悖论,将如何在句式中呈现严力的诗《温暖》所给予我们的表征和使命感。而桌面似乎在构成另一些契说,更会解构出更大的寄予和谛念。

"建设内心的文明"

——严力油印诗集观察

贺嘉钰

刘索拉在《以自己为邻》一文中这样形容朋友严力：

严力是我们这代独树一格的诗人；是我们这代少有的能永远保持微笑的旁观姿态不停创作的诗人；是我们这代少有的能出色跳迪斯科和伦巴舞的诗人；是我们这代少有的会自嘲的诗人；是我们这代少有的不露伤痕不发酸的诗人；是我们这代少有的不捏造深沉的诗人；是我们这代少有的城市诗人。

上述判断别具洞见。严力是中国当代诗人中的"少数"，也是他那一代诗人、艺术家中的"少数"。严力1973年开始写诗，1979年开始绘画，1984年前往美国纽约，是《今天》杂志与"星星画会"最早的参与者之一。他的艺术能力在五十年的持续推进中显示出一种鲜见的均匀。他在写作（诗及小说）与绘画两种创造中趋于平衡，并以极具智性的表达丰富着中国当代诗歌与艺术的思想空间。

1、生活作为艺术的序言

严力在焦点之外，以"微笑的旁观姿态"保持创作。1999年，诗集《多面镜旋转体》收入青海人民出版社"零点地铁诗丛"，这是严力第一次在中国大陆获得正式出版诗集的机会。2015年《体内的月亮：严力诗选》面世，收录一百七十余首诗，是严力诗作在中国大陆第一次较为全面呈现的版本。2016年磨铁图书推出"中国桂冠诗丛"，第一辑收入严力诗集《悲哀也该成人了》。尽管在中国大陆第一次出版诗集距开始写诗已逾25年，但严力却是当年最早自印诗集的诗人之一。他与艺术的交集，要从少年说起。1967年严力从上海回

到北京,此前他一直寄养在爷爷奶奶家里。童年帮爷爷晒画是严力最初的艺术启蒙:

> 我爷爷书法写得很好,而且他是收藏家,他收藏了上千幅画。……我从小每年到天气好的时候都帮我爷爷晒画,因为江南受潮。我记得每年帮我爷爷搬那些轴画,有些轴画很名贵,天气好的时候要摊开来晒晒,然后用些樟脑丸、防虫草放到画的格子里面,爷爷是一位老中医,知道哪些草可以防虫,因此从小我就看很多很多的中国画。

1968年5月,父母下放湖南衡东县"五七干校",10岁的妹妹同往,严力一人留在北京家中,时年不过13岁。"我脖子上挂着家门钥匙,与处境相似的孩子到处闲逛、打架,无所事事。我在北京西城区社会路中学注册,由于学校停课,报到后就在学校的操场挖防空洞,说是为了防备苏联的飞机轰炸,再不就是学学毛语录或上街庆祝最新指示。"和那时许多少年一样,严力亦有一段"空旷""野生"的成长经历。他们中一些人后来活跃在艺术领域,追溯源头,无所事事的晃荡或是克服规训、自由生长的精神来处。由于"我们这些大院留守的孩子整天混在大街小巷,打群架,惹是生非。消息传到五七干校,不少家长专程回北京把他们带到干校,免得出事。"1969年10月,严力也被父母带到"五七干校",次年夏天他在衡东第二中学上初中,1970年底回到北京,分配到北京第二机床厂当工人,时年16岁。颠沛辗转的生活与精神上无所依附的空旷成为少年严力的生活底色,他过早地经历并承受着时代与社会落在一个家庭的沉重,在"举目无亲"的几年里,他与身边处境相似的朋友彼此依靠。

> 我有好几次,比如到工厂的食堂饭没有了,我又没有钱去买吃的,我就骑车从宿舍到芒克他们家,敲窗户,天很黑,他看到是我,然后过了一分钟,他就递了两个馒头给我,我拿了之后就又骑车回到宿舍。有过大概三四次吧。那时一些朋友给我了友谊、支持,所以在我的画中有很多都有朋友的影子。……我最大的财富就是朋友。

> 我一个人住在工厂的宿舍里,爷爷自杀,父亲关在哪不知道,妈

妈也见不到。这种事情对于一个十六七岁的人来说，这种压力、这种感觉是无法承受的。那时候我经常会哭，因为想念亲人（我还有谁可以想念，我只有想念他们）。所以过了几年我情感就变得比较硬。从另一角度看，我可能是超越了这种东西。

时代与家庭的遭遇带来现实与情感体验上的"空旷"，以某种方式兑现为严力诗歌与绘画中疏离且冷静的调子。"情感就变得比较硬"没有取消他的创作冲动，少年时期获得的对苦难的超越性识见解释着严力智性、黑色幽默与超现实风格的来处。严力的先锋带着冷峻，他的诗走在潮流之前，拒绝被模仿。

1978年，严力油印出第一本个人诗集《存荐集》，1980年前后印制第二本《公用电话》，1983年和1984年还分别印出《严力诗选》与《飞跃字典》，到1987年，身在纽约的严力还有一本《人性没有退路》在北京印出。这五本油印诗集不仅勾勒着严力早期的写作轨迹，亦是1970年代末至1980年代末诗歌生活方式的一份铭刻。当我们试图理解一位诗人与其写作，择取代表作或将展开一个技艺的世界，但若能将作品还原到诗人写作序列中，在诞生语境里寻找它们在大环境与小环境中的具体位置，或许能为理解诗人与其作品提示细节。油印诗集正是这样充满细部信息的现场。

2、抒情的附着之物

笔者目前所见严力油印诗集四种，为《存荐集》《公用电话》《飞跃字典》与《人性没有退路》。诗人回忆，这些诗集印量不大，每种约30到50本，《公用电话》计划印100本，最后成品有80多本。"最早的油印诗集要刻蜡纸，其中有一页破了就不能用了。所以我见到过有的油印诗集一共就印了十几本，送人几本，有的被人扔掉了，到现在，一本诗集留下的可能就只有几本了。"

"我再也不可能写一首诗，让它出现在1978年的诗集上，这就是它存在的意义。"1978年，严力以油印的方式让自己的诗，第一次出现在诗集上。

(1)《存荐集》

《存荐集》是严力第一本油印诗集，于 1978 年 8 月在上海印出，他曾讲述这本诗集的诞生缘由和印制细节：

事实上，我最早 1978 年就有了自己第一本用手刻蜡纸印出来的诗集《存荐集》。那个时候我还没有见过别人制作类似的油印小诗集，不过手抄本的形式已经时常出现。当时的想法很简单：表达感情。向喜欢的人、向朋友们表达。

1978 年的"存荐集"是这样出来的：当时我把一些诗稿交给在上海一个朋友，她是在单位做宣传方面工作的，有机会刻蜡纸印刷宣传单什么的，我说自己有做一本集子的想法。她居然答应下来，并在她自己任职的工厂里用业余的时间帮我做好了。

《存荐集》为手刻蜡纸油印，无目录，无页码，共 32 页。封面由严力手绘，"封面是我随手画的"：画面主体由三只轮子与两条轴构成，似与诗集第一首《那时候我感觉时间》中两句呼应："轮子随着秒针，／沿着我的脉搏走。""不少年月啦，我们／做同一个立体交叉的梦！"画面左上方与右下方各有一个抽象化的人物面部形象，"存荐集"三字位于轮子一侧，"1978.8"为印制时间。如诗人所言，"那个时候我还没有见过别人制作类似的油印小诗集"。那一年，北岛也带来他第一本个人油印诗集《陌生的海滩》。《存荐集》与《陌生的海滩》或为当时北京青年诗人最早印出的油印诗集。

《存荐集》扉页处写着"献给培懿严力 1979.8"。"培懿就是当时帮我印诗集的女孩，这页是后来加上的，你能看出字体也和后面诗中的不同。当时的社会，考虑她印的时候，万一被单位发现的麻烦和危险，就特意编成像是爱情诗集，还题写了首页献给她，若被查问起来，容易解释。"《存荐集》中收录《那时候我感觉时间》等诗共 25 首，均未见收录于诗人后来正式出版诗集中。

为什么没有将早期诗作收在后来正式出版的诗集中？当时的考虑是，这些诗是否会受到审查。有了油印诗集，我就永远不会着急了。我永远不会再写出一首诗,让它出现在1970年代的油印诗集上,现在它们就在那里了,出生日期被定格了。

后来写诗,写完之后会放上半年一年,之后再修改。最早时候写诗,写完很快就放在油印诗集上了,差不多是一种即时的行为。

我就像鱼一样,一边往前游,一边甩出很多籽来。油印诗集就是最早甩出来的那些籽。

严力所言"我就永远不会着急了"提供了理解自印诗集的一个角度,它凝结着属于青年人的焦虑与自信。油印诗集的存在既将作品标记在具体历史语境中,也为年轻诗人们的友情留下记录。1981年9月25日,顾城写信给严力,请他给自己的油印诗集绘制封面,信中顾城专门提到"设计刻在蜡纸上",这一细节说明,1980年代自印诗集时诉诸油印是较为普遍的方式,做诗集总是离不开友人相助,同时,严力的画在当时便颇得朋友认可。

(2)《公用电话》

在1978年印制个人诗集确为先锋之举。其实,这些非正式出版物游走在"合法"与"非法"之间,正如严力所言,无论作者还是印制者,都带着地下党人革命活动般的勇气和信念。这信念出自对诗、对表达之美与自由创造的爱,赤诚而珍贵。以1978年为起点,油印个人诗集在北京青年诗人中渐成风气。两年后,严力着手第二本诗集的印制,《公用电话》出现了。《公用电话》收录严力早期诗作30首,值得注意的是,其目录呈现颇具设计感,形如一首诗。

当时的诗集,封面都是手绘的。我和马德升一起合作印的,他帮我绘制了封面。当时我找到在一个小工厂负责管理宣传用品的朋友,请他帮我刻好蜡纸,然后自己买了纸张油墨,借用《今天》的油印机印刷的。我当时计划印100本的,因为油印机转动的时候常常印坏,有一些损耗,最终装订的时候就只得到80多本了。当时中国最好的诗人们就这样弄出了自己的诗集。有一次我和马德升、芒克一起在我家里熬了一整夜制作了芒克的一本诗集中的木板油印插图。

《公用电话》为油印打印本，16开，共46页。诗集封面是马德升木刻作品，主体是抽象化的拨盘电话。诗集中并无这样一首同名之作，诗人为何选择"公用电话"这一意象作为诗集名称呢？严力解释：

　　"公用电话"，顾名思义，是谁都可以用的。在那个年代，大家都没有权力，我用"公用电话"作诗集的名字，表示谁都可以看。

　　理念可附着在许多意象上，严力选择了"电话"。1980年代初，"电话"意味着具有科技感的现代生活方式，严力对"诗意"的理解从未停留在单纯抒情层面，他对"抒情"有更宽阔的识见，智性与反思在他创作初始便有迹可循。《公用电话》封面主体是一个黑色表盘，表盘内部是抽象化的倒立的男人面孔，下方为一轮太阳自地平线升起。表盘之外，三枚嘴唇状的云朵飘浮天空，地平线下方是"公用电话"四字。封面拓有"严力"篆体章，右侧贴有"严力诗选集"（似为后加）。诗集扉页有"严力诗选"字样，随后一页右下角注明：封面、插图作者：马德升。诗集内收有马德升专门制作的四幅木刻版画。

　　诗集上虽未注明印制时间，收录诗作也未标注写作时间，但目录设计表明，这本诗集有类似编年体的编辑理念，且"严力诗选"也暗示这是诗人对过往写作的一次整理与拣选。《公用电话》的目录设计有"解构"之风，诗集没有总目录，而是以分辑编年式地倒叙推出"五年前""两年前""一年前""上个月"的诗作，如此形制也有一种诗的意味。

　　《公用电话》中收录诗作最早约写于1975年，第一辑"五年前我写诗"多为诗人起步之作（和《存荞集》相比明显成熟），这些诗篇幅短小，却在结构上显出建筑的讲究，如《穷人》《我是雪》以及第六页中《无题》。这一辑中，笔者所见版本在《歌》与《飞跃》两首中出现了手写修改痕迹：《歌》第三小节第三行有手绘小箭头，加进"让黎明快点走来"一句，或是印制过程中疏漏，或是诗人后来所加，这一细节表明油印诗集是诗人阶段性的"抵达"，特别是早期作品，其中呈现往往并非定稿，但投射在"印刷本"上的诗行比"手抄本"中更具"客观"的距离，也易于唤起诗人更冷静审慎的重读。

《散伙》之后是马德升的木刻插图，巨人挺立在无尽苍茫的天地之间，光芒正穿过他。该插图木刻版依然由严力保存。"这些插图是老马当时根据诗特意做的，印在电光纸上。对成熟的木刻版画家而言，可能一次就能制好版，但是做油印诗集很自由，木版刻坏了就销毁了，诗集里放几张插图是非常自由的。"回到文本，诗集第二小辑中《私生子在产院隔壁》一诗显示着严力诗艺的精进，在后来正式出版的多种诗集中均未见此诗，这首诗共 14 小节，笔者摘录部分于此：

> 有队歌的谣传又从隔壁打听过来
> 他不管另一张表格上的宗教他
> 为自己的海图造船
> 他被自己的手艺唤起了爱好像
> 将来的爱人们
> 鼓了一阵手掌他
> 挺起腰笑着
> 去吃晚餐
>
> 是有年轻的裙子在他的桅杆上
> 以帆落户但
> 台风从谣传的嘴里旋出
> 依偎松散成墩布
> 墩布擦问城市露着
> 不知羞耻的屁股
> ……
> 脚告别了鞋路
> 会不会心软
> 他曾在山顶上
> 看腰带上的行人踩着
> 庄稼的意识下地
> 二十岁早该下地了

而梦
醒来就该收工
意识指挥知觉他
光着脚
心软的路

……

如今
自我登记他
又有了身孕

具有开合度的意象在诗人布局中生成新的抒情空间。这首完成于1978年的诗显示着严力艺术感觉的早熟与先锋。他从一开始就没有亦步亦趋谁，正如他在没有接触到西方超现实主义时，就在绘画中"绝对自然地爆发"出类似超现实主义的风格与元素。第20页之后是第二张木刻插图，其中形象是贯穿整部诗集的抒情主人公，这一次，男人站在阳光中。第三幅插图在《私生子在产院隔壁》一诗后，男人背影仿佛盛开在一朵花的深处，与孕育有关。

《第一号大街》是严力早期颇具代表性的诗，笔者将其概括为"意识流诗"。这类诗里，诗人被某种模糊情绪推动，他行走在"第一号大街"或别的什么街上，目之所及的无序存在皆有成为意象的可能，其中的幻想质地与严力超现实主义风格的画作有共通之妙。诗人正式出版诗集中均未见此诗，现录整首于此，可具体地看见严力在1980年代如何偏僻而自在地写作：

第一号大街

只有在第一号大街上
愿意呼吸自己造成的尘土
不生病不悔过
不给自己安排角色
没有台词
只有在这条街上

窗口能递出酒杯
不管你是谁
是谁都有听众
讲你的爱人
讲你的仇敌
窗口全是酒杯

可是
第一号街常常远航
脚必须幻想一阵
但谁又能用幻想去闯红灯
闯过了还将倒退一阵

第一号街像揣在兜里的情书
有许多情书吗
肯定没有这么多路
属于每个人的都只有一条
我的街名叫
严力

我疯在第一号街
是街不是我
我们结婚
还是疯点好

我是有一些建筑的
吸引旅游者的不是广告
我是拆过一些建筑的
重建的不是食品店因为
第一号街永远是邀请你
进来参观的
内心世界

诗之后是最后一张木刻插图，男人走入墙体，在光明与黑暗的参差之中，他似乎正走向"第一号大街"。

（3）《飞跃字典》

《飞跃字典》是严力第三本个人油印诗集。印制于1984年7月，16开，油印打印本，共34页。笔者所见版本封面有两种，一种设计简约，仅有一枚"飞跃字典"的红色图章拓于封面，上方一条、下方两条波浪线紧贴四字。图章亦由马德升设计制作。第二种封面以图章排列出"严"字。"当时就是印着玩儿呗，看怎么排列，《飞跃字典》主要就是这两种封面。"扉页处落有时间"1983.1—1984.6"，应为写作时间。与《公用电话》相同，这本亦为"诗选"。扉页处题有：

生命来到我们身上
看它们比我们更加永恒的样子

这本油印诗集共收录《交流》等诗30首，最后三首《丈夫可气又可笑》《我买了一条街》《我住在你那儿是否快活》是为刘索拉音乐所作歌词。"当时北京的文化沙龙圈子比较混杂，文学、美术、音乐、哲学，各个圈子里的人都在一起玩儿。当时认识的搞音乐的朋友也挺多，合作的就只有刘索拉。刘索拉在1985年还出过一盘磁带，名字就叫《生命就像一座房屋》。"

《飞跃字典》的装帧设计同样较为简约，但写作技艺与完成度较前一本有明显进益。《交流》中写着，"夏日以后的秋阳全部涌入了果实"；《一个野外景象》里，有"蚂蚁在传递面包屑的新闻"这样的细敏观察；在《这么一种温情》中诗人说，"这么一种温情／温情不是它确切的姓名"；《老弦》里写，"还是让必要的距离来诞生信件吧／要有几百个沿线的车站／来提供下车的机会"；《为此而醉》里，"还有我那永远不衰老的童年／它不拐弯地直接认识了糖／以及对甜蜜绝对口语化的追求"。

在诗的这些地方我们看到，语言不仅复刻现实，亦是诗人思维与思想的转换器。"童年""糖"这样潜意义稳定的词汇并未将诗人拘泥在词语惯常栖居的半径内，严力利落地将词语从抒情传统中捡出，安排位置，让一些已在语境惯性里被磨去棱角的意象重获光泽。比如《关系》一诗，集中体现着严力的智性风格。诗人在表达具体关系时选择了否定，从反面重新定义"关系"的范围与界限。严力不是贴着地面叙事的诗人，他在写作初程就常有起飞的姿势，譬如《关系》中"你的门晚餐之后就站着睡去了""体会顺风和省劲的关系"等，被重新打量的关系为理解静止、理解日常提供了流动目光。

（4）《人性没有退路》

1987年秋天严力已在纽约，他的部分近作依然以油印的方式在国内出现，这一次，是《人性没有退路》。笔者所见版本为鄂复明收藏，因这一本字体与之前数本有所不同，笔者去信鄂复明先生，他回忆："《人性没有退路》应该是使用'四通'公司生产的电脑一体化打印机，录入后在其针式打印机上打出蜡版，然后再油印的。"

《人性没有退路》为油印打印本，16开，53页。封面印有诗集名称"人性没有退路"及略小字号的"严力诗文集"，下方注明"1987年.北京"，是完成印制的时间地点。"前言"中，诗人将"诗"比作"人体这块土地上的石油"："像克制人类的恶习和培养人类的忍耐力一样，诗不想消灭体内的什么，而是想更好地运用体内的既有材料。""在某些方面，诗的石油意义与真正的石油不同，比如真正的石油目前以'如何节约地使用'为主题已探研了许久，而诗仍处在如何'浪费'地使用它来完全发现它能被和平利用的一切可能性。"这些观点在今天依然有效。《人性没有退路》由三部分组成，第一部分为"在海外发表的诗歌"，第二部分为"新诗"，第三部分为文章。作品均标记了具体写作与修改时间，从1985年到1987年，《人性没有退路》记录了诗人到达美国最初三四年间的写作，也呈现着他在时空地域、文化语境转换里以诗推进思考的进路。

第一部分收录《人的故事》等诗共54首，第二部分收录《诗的宣言》等1987年左右完成的诗共25首，第三部分为《我希望现代诗能为诗一辩》《为现代诗一辩之二》《艺术阵营》三篇诗论。诗人手艺之精巧与冷僻越过三十余年依然有力。如《沉思》，诞生于诗内部的空间与想象生命的方式在短诗中被迅速建立，诗以其不容置喙的思考力穿透生活。诗集中《人道》《我和钢琴带着睡意被樱子弹奏》等都具有如此质地。

此外，诗集后记还从侧面提示了理解诗人的细节与角度。首先，《人性没有退路》是一次及时的集结与展示。1987年，严力赴纽约，创作地域发生位移，但他在艺术创造上持续并进，他的诗回到祖国借由的依然是"油印诗集"；第二，在一些当代诗歌史论述与诗歌选本中，严力不少诗作被划分在"朦胧诗"中，这和他与《今天》杂志及北岛、芒克等人的交集不无关系。但就笔者观察，严力的"朦胧"与"朦胧诗"之"朦胧"存在着风格、理念与技艺上较明显的差异。后记中提及诗人在1987年获得正式出版机会，似乎与身在此"队列"有关，但从笔者查阅资料（如1988年漓江出版社出版的"青年诗丛"等）来看，未能找到严力于1987年在漓江出版社出版诗集的相关信息。经与诗人确认，后记提及的诗集未能付印，是由于"在出版之前被禁掉了，因为太自由化"；第三，严力在纽约创办《一行》诗歌杂志，意味着在关于"诗"的事情上，他不仅写，还"行动"。关于创办《一行》有如下记述：

当时，严力所有的收入都分成了两块，一是用来买唱片做装置艺术，二是创办《一行》诗歌艺术季刊。"因为在国内的时候，很了解诗歌没有地方发表的苦闷。后来去了纽约，周围的华人很多，也想办这么一个平台让民间的诗人们发表作品"。

缺少经费，严力就想了一个办法，《一行》成立大会时，大概有四五十个人。"我就对这些人说：今后每3个月，每人都拿出一天的工资，充当印刷费用。而印刷厂的老板也是一位华人，给了我很多折扣"。于是从1987年到1992年，《一行》刊登了国内三四百位诗人的诗歌。

《人性没有退路》于1987年印制于北京，"当时是我选好诗，写信从纽约寄回北京，由朋友帮我印出这本诗集。"结合《公用电话》

《飞跃字典》两本的印制情况，笔者访问了这三本诗集的藏家鄂复明先生，他回忆：

> 你提到的严力三种诗集只有第一册《公用电话》是我经手的，此外，还有马德升的诗集（好像是《门》），所谓"经手"，只是帮助联系誊印社打字和油印，校对是我做的，而纸张及其他费用完全由个人自付。第二册《飞跃字典》应该是严力自己操办的，因为彼时社会上对于纯个人性质的自费油印已经不闻不问了。

3、内心文明的建设方式

从 1973 年开始写作到 1987 年《人性没有退路》出现，十四五年间严力在诗歌写作中的成长与长成清晰地铭刻在油印诗集上。纵观数本诗集和他的油印实践，它们呈现出一些特点。譬如"表现的自由"：在印数、封面设计、插图等方面都具有较大偶然性；譬如"油印作为友谊的见证"：除《存荐集》封面由严力手绘，其余几本艺术表现部分均由马德升操刀，而马德升的油印诗集《门》中插图是严力的作品。"《门》是贴版画，做出来的效果有点像木刻，但不是木刻，是把印制纸贴在木板上。"

一张合影记录着严力、芒克、马德升三人制作油印诗集插图的夜晚。那是 1982 年一天，严力家中，三个年轻人为芒克油印诗集《旧梦》通宵赶制出一批木刻插图，他们将那些安静、质朴又别具美意的画作贴满整整一面墙。之所以在严力家，是因为严力在家里有一个单独的房间，那时拥有单独房间的年轻人并不多，那里自然成为朋友们的小据点。严力父母都是知识分子，"他们有时也会提醒甚至警告我，但也知道我们是在讨论创作，不干什么坏事。"还有一张照片定格着当时的文化沙龙，1982 年 8 月 28 日，"星星画会"成员杨益平家里举办着一场小型朗诵沙龙，马德升抱着吉他弹诵严力的诗，严力在他身边，手里拿着的，正是油印诗集《公用电话》。回头看，油印诗集是严力早期诗作得以较完整保存的重要媒介，油印这一形式亦成为严力与朋友们青年时代交流交际的重要注释，油印诗集中的文本与行动，为理解严力早期写作建构了具体的坐标系。

严力诗中的智性不止语言的建筑，它还表现为诗人对"诗"之本体的不断反思。《人性没有退路》中三篇诗论集中展示着严力对"现代诗"的思考，其中提到，"不能不澄清这么一个事实：不是每一首被印刷在书本里的诗都是已完成的，许多诗只是作者的尝试。"拥有持续的反思冲动与能力，而非只凭天赋灵感创造，或许才能在手艺与观念的平衡中不断打开智识空间。对严力而言，诗首先意味着"建设自己内心的文明"。

我早年尝试过那种跳跃的风格，后来到了国外，也深入思考过关于诗歌的很多问题，技术上的，试验派、翻译体、西方的米沃什、庞德之类，我都研究过。要写诗，首先这个东西要触动你，才会写，写的过程中你在思考，对与错、写法、自己的价值观，写出的东西如何被接受，会有怎样的反应，这整个过程都在鞭策你，所以写诗首先是建设你自己内心的文明，而且最终要提高你自己的行为。

思考或许带来他与诗之间的距离。这"距离"内在地规定诗的标准，甚至，诗不单纯为文字内部的事情。自青年时代就发生的表达已是生活方式与生命底色，当颜料涂上画布，诗以另一种方式诞生和发生。1984 年，严力首次个人画展在上海人民公园展览厅开展，他是中国最早举办现代画展的画家，诗人朱朱称他为"中国现代主义艺术的缔造者"："与他的同代人相比，他更偏好游吟、即兴书写和荒诞的幽默感，并且善于以自嘲来构成宏大叙事的反讽与消解。他的绘画经常围绕一个符号性意象来组建系列创作，反复述说历史、年代变迁、都市景观与欲望的个人体验。"作为《今天》杂志与"星星画会"最早参与者，在诗歌写作与中国现代主义艺术大潮中，他曾走在前排。但严力作品内部总有旁观者般的冷静目光，他对时代、人性、生活的思索艺术地转译于他的创作中。

这些油印诗集或许也有遗憾，作为画家的严力并未在自印诗集中过多地显露另一部分艺术人格。《存荞集》封面只是信手涂鸦；印制《公用电话》时或因习画不久，或因马德升的友情支援，诗人退身艺术设计之外；到《飞跃字典》，也许诗人正为生活所累，那是申请留学迟迟等不到签证颇为不顺的日子；及至《人性没有退路》，除了提供文本，诗人不曾具体参与印制。在数本自印诗集中，诗人与读者似乎都错过了展示与见识在具体诗集里，一位创造者表现综合艺术能力的可能。但反过来，这提示着自印诗集与写作的一种关系："当时有插图的个人诗集是奢侈的，那时候的想法是，有几首诗，赶紧给印出来。"

即便如此，"内心的文明"依然自诗行、自印制诗集这具体的行动、自严力近半个世纪的艺术创造，持续地发生着。

当代文学评论 2024 年第 3 期
本文系国家社会科学基金重点项目"新诗潮"散佚文献整理与研究（项目批准号 19AZW016）阶段性成果。

Yan Li, Prototype for A New Generation A Tribute to A Friend Who Changed My Life

Norman A. Spencer

INVOCATION

A warrant is out for the arrest of Yan Li! Catch that man smelling of alcohol and cheap perfume. There he is, running over rooftops with paintbrushes and unfinished poems hanging out of his pockets.Jumping into a courtyard, sprinting through alleys, he escapes onto the open road. Meanwhile, beautiful girls and young women worry about his safety and secretly long for his embrace.

/

Once I received a request to pay tribute to Yan Li, I immediately heard sounds from the Motown song"Dancing in the Streets", party song from 1960's USA but also the unofficial anthem for the Civil Rights Movement.Black people all over the country were literally dancing in the streets. They had come out of their claustrophobic ghetto apartments and were claiming all of America's streets as their own, and those like me on the left who supported them and participated in their struggles, were drifting out of our hideouts unafraid of the FBI, the Black List and the KKK.Some practiced Gandhi's passive resistance to challenge racist laws. Others picked up guns in self-defense or rioted and burned down buildings to proclaim their dignity. At the same time, the "bad boys and girls" of the Black Arts Movement were reading poems to the revolutionary jazz of Albert Ayler, Archie Shepp and John Coltrane, what we use to call The New Thing, celebrating the beauty of their people and culture while unleashing their anger and rage at an oppressive social and political system.

These references are relevant to my subject, because in some important ways there are parallels between what was going on culturally and politically in the U.S from the late 1950s through the early 1970s and what occurred in China from the late 1970s through the early 1990s. Young writers, artists, intellectuals and later university students openly challenged the status quo in both countries and called for a transformation of their societies. Yan Li and his comrades, who were members of Xing Xing (Stars) and Jintian (Today), functioned as a cultural activist vanguard. They inspired other Chinese who have recently entered or graduated from the newly reopened art academies, music conservatories, and film academy. And, simultaneously, established Chinese writers and intellectuals and some government officials were positioning themselves to make a U turn and engage in debate about how to create a new China. This period of frenzied analysis and discussion, now known as High Culture Fever, raged in Beijing throughout much of the 1980s.

The Xing Xing (Stars) and Jintian (Today) activists were among the first wave of writers and artists who called for a new modern culture and society that would promote artistic and personal freedom. Having survived the Cultural Revolution and with only a few years of formal education, they openly rejected the socialist propaganda art and literature of their youth. They came out of "hutong", run down government apartment buildings, and factory dormitories in Beijing during the late 1970's and early 1980s and reclaimed public spaces for themselves. They read modern poetry in historical ruins, held unofficial modern art shows, and danced to rock n' roll in public parks, secretly posted slogans, poems and drawings on Democracy Wall and participated in the famous 1979 street demonstration for artistic freedom. And they were in some ways China's first hipsters. They adopted the cool existential style of the actors and actresses in the international films they saw screened in foreign embassies, modeled themselves on some of the characters in the American and European novels they read. And they embraced the free lifestyle of the rock n' roll and jazz musicians they listened and danced to. They drank too much, got into too many fights and switched girlfriends and boyfriends more often than they needed, and back in their small rooms, out of sight of the public, they blatantly broke the sexual taboos of their time. A sense of freedom and spontaneity permeated their lives.They were young and reckless, lived for the moment, unafraid, and life seemed open ended.

2

Yan Li and I first met at Asia Society in NYC during the fall of 1999. We lived in adjacent neighborhoods in Brooklyn. N.Y. Both of our lives were at a standstill. I was suffering from chronic depression. My marriage seemed to be coming to an end, my daughter was in college, and I was bored with my professional life. All I looked forward to were the weekly sessions with my therapist who was a former film actress I use to dream about in my youth. Yan Li had a sense of direction with respect to his career as an artist and writer, but his wife lived in Shanghai, and NYC was not as exciting for him as it use to be, because many NYC based Chinese artists had returned to China, He was winding up his actives in NYC and was preparing to leave NYC for Shanghai to be with his family. What brought Yan Li and I together was our common interest in the new emerging Chinese contemporary culture. I taught at the Tianjin Foreign Cultures University in 1982 and 1983 and was familiar with the Chinese writers from that period, many who were Yan Li's personal friends, as well as the earlier writing from the May Fourth and New Culture Movement generation. During the late 1990's, I taught at a Chinese economics university on the outskirts of Beijing for two summers during which time I met and spent time with Chinese film directors, actors and actresses with the help of my friend Li Xun of China Film Archive. And back In NYC, I was reading translations of the novels of the new Chinese contemporary writers, attending screenings of Chinese films, old and new,which included the remarkable retrospective of Shanghai films from the 1920s,1930s and early 1940's at the Guggenheim Museum. Like the lonely characters in Woody Allen's films, I could not help but shed tears at all of the tragic beauty on the big screen!These films were all a reminder I needed to change my life.

I also had experiences with China's new alienated youth which was often the subject of the emerging Chinese independent film movement and the focus of many conversations with Yan Li. As a foreign teacher in

Beijing, I had become a magnet for young female college students and teachers who were confused and unhappy with their lives. Sometimes I imagined I was a missionary sent to heal their fragmented souls or an actor playing a role in a film I didn't fully understand. One student climbed out of her second story dormitory window late at night to sleep next to me in my apartment to feel safe and secure. And when we took day trips outside of Beijing, she conspicuously sat in my lap with her arms around my neck whenever we had to wait outside of train stations. She blatantly defied conventional norms of social behavior, was contemptuous of her university education and read traditional Chinese novels and foreign literature in translation instead of studying economics .I also became friends with a young teacher. Once we spent a weekend together in a peasant's house in a village in the mountains. We bathed in a communal bathhouse and late at night held hands while I listened to her sad love stories. Another time we were arrested by the police in the early morning for illegally spending the night together in a "hutong" which was off limits to foreigners. These young women I met through my university. Others I met on my own. Once I walked into a temple to listen to Chinese opera. A beautiful young singer walked over to me, took my hand and guided me to a seat next to her. She did not seem alienated or lost, but she was certainly not afraid to break with convention and act spontaneously.

Most of my experiences in China matched Yan Li's. We spent hours together every weekend in his studio drinking, trading life experiences and providing the background for understanding them. Sometimes these meetings seemed like seminars where we discussed politics and culture. Other times they were like blues or jazz sessions where each one of us took solos, spoke for an hour at a time, as a way of going as deep as we could into the primal experiences which shaped our lives. I talked about my life in Brazil and Africa, the racial discrimination and violence I witnessed in the American South, my involvement in African American liberation movements, my experience in the military during the Vietnam War, participation in the anti- war movement, membership in a Maoist political organization and my life in San Francisco during the late 1960s at the height of the counterculture.

Yan Li talked about his experiences during the Cultural Revolution, the burning of his grandfather's valuable Chinese art collection, his grandfather's arrest and subsequent suicide as well as his witnessing public executions, his time living alone in Beijing as a teenager while his parents were undergoing political reeducation in the countryside, his experience working in factories, involvement in the new underground art and literary movements in Beijing and his life in exile in NYC with Chinese artists, composers, writers, and film directors. Intertwined in these discussions were stories about his remarkable relationships with women. My image of Yan Li will always be of him riding a bicycle through the dimly lit streets of Beijing at night with a beautiful young woman sitting behind him with her arms tightly around his waist.

Before Yan Li left the U.S. we made a pledge to make a book together that would document his life in Beijing and New York City, and someday I would write about my experiences.

3

I'm not sure when Yan Li and I began spending time with Liu Sola in her Manhattan studio.I met Sola for the first time at the opening for the exhibition for the photography of Zhang Huan's naked performance art.The NYC Chinese art scene had picked up some after his arrival and Xu Bing's success.By this time, America was enthralled by Zhang Yimou films, Chinese memoirs and novels and was learning about the new Chinese contemporary art from magazines and art shows.China was fashionable again.Sola, like Yan Li, was preparing to return to China and would become along with Ai Weiwei and other Chinese who had lived in NYC a part of another wave of China's cultural awakening. She and Xing (Stars) artist Huang Rui, just back from Japan, would be among the first to move into 798 Art Factory but that was later in 2002

I don't remember much about the first time Yan Li and I first stopped by Sola's studio, but I certainly remember the feeling of Sola's welcoming smile and embrace. She immediately conjured up memories of the beautiful brown skinned girls in sandals and white dresses I use to slow dance with in Brazil when I was a teenager, and like the Afro-Brazilian priestesses I observed singing and dancing in front of their offerings to the sea along the beaches of Rio de Janeiro, she seemed mythic, to be in possession of primal energy and in touch with rhythms of nature.Strangely I felt I had finally come home after years of separation. This intuitive impression and imaginative leap was not that far off the mark, because I discovered later Sola embodied important influences in my life.

Sola already had a remarkable career by the time Yan Li and I walked into her studio. She had a degree in composition from Central Conservatory of Music, had close ties to Beijing's bohemian underground culture, and when she left China during the late 1980s, she had written compositions influenced by Chinese and Western music. She had published influential novels and short stories and was a folk hero for China's urban alienated youth, In London, she formed a reggae band made up of British and Asian musicians, but after two years, she moved to the U.S.first to Memphis, Tennessee and the Mississippi Delta region to explore the blues and gospel roots of her favorite American singers Otis Redding and Aretha Franklin, and then on to New York City where she met Ornette Coleman and very soon became active in NYC's avant-garde jazz scene. She performed and made recordings with some of America's most creative and influential musicians: Amina Claudia Myers, avant-garde jazz pianist with roots in gospel music and blues, Henry Threadgill, important saxophonist and jazz composer, James Blood Ulmer, guitarist, whose "Jazz is the Teacher, Funk is the Preacher" and "Are You Glad to be in America? " remain classics, Jerome Bailey, drummer for the popular funk, soul, rock band Parliament- Funkadelic and finally vocalist Umar Bin Hassan member of The Last Poets, a radical group of poets and musicians that mixed poetry with music.

I knew them all. I'd met them and heard them perform in jazz clubs, listened to their music on CDs; I'd interviewed their friends and fellow musicians. These African American musicians were from my generation with roots in the Civil Rights and Black Power Movements, and we all shared a common friend Amiri Baraka, / Le Roi Jones, the nationally acclaimed writer and political activist who had been at the center of the NYC jazz scene for decades. Sola was getting ready to return to China, because she wanted to move in different directions. China would give her more opportunities to grow, and she must have sensed that avant-garde jazz in NYC had reached its peak, and it was time for her to move on.

Sola was the ideal person for Yan Li and I to spend time with. Old friends from Beijing during the late 1970s and early 1980s, she and Yan Li had many shared experiences, their circle of friends overlapped, and in interesting ways, their personalities were similar. They were open, friendly, had a wonderful sense of humor, but they were also serious, had moral integrity, were loyal to their friends and most importantly for me at that time, they were not afraid to take risks with their lives. What they also had in common were their good looks. Yan Li was known for being "handsome like a movie star", and Sola's beauty, elegance and sophistication was the kind you see on the big screen or read about in romantic novels. I enjoyed watching them together and liked to imagine what kind of parts would be given to them if they were acting in films in Shanghai during the 1920's and 1930s. Sola and I also had much in common. We both felt connected emotionally and spiritually to the music, culture and life of black people in the U.S, we shared a common interest in the new Chinese culture, and I was interested in learning more about her life and artistic vision. Yan Li and Sola did most of the talking when we were all together. I listened, asked questions and occasionally entertained them with stories from my past.

Most people can pinpoint specific incidents or point to periods where their lives changed forever. There have been several in my life. Watching an armed vigilante group of white southerners mounted on horseback ride up and down the streets of Selma, Alabama on Sunday afternoons after church to frighten and intimidate the black community is one. Standing on the bridge of a U.S war ship off the coast of North Vietnam in the evening and listening to the singing of a young Vietnamese girl whose voice had miraculously penetrated our public address system while I witnessed with tears in my eyes the terrible beauty of the rocket and gun fire aimed at the villages and small towns along the coastline is another one.

The year I spent on a sabbatical leave at China Communications University in 2001 and 2002 was also a life transforming experience. I was there to teach, to continue my project of meeting and taking photos of Chinese film directors, and I was also in Beijing to work on the Xing Xing （Stars） and Jintian （Today） book Yan Li and I planned to make.I understood it was time for me to do something with my life after some years of depression and passivity. I felt I had finally reentered the sea of life, and like a Balinese surfer, I was poised for action, waiting for the right wave. It came while I was in China that year. I paddled quickly lying on top of my surfboard, stood up with arms raised for balance not worrying if it was going to be a smooth ride or instead I would fall and the force of the waves would ground me into the sand and crushed shells on the bottom of the ocean below. Yan Li and Sola had shown me their way of moving forward with their lives. It was up to me to find one for myself.

My first few months in Beijing were among the most intense and complicated ones I've ever had in my life.My father died. I was his only child, but had seen him only once in twenty years which amounted to the fall out from serious disagreements over the African American freedom movements and U.S. foreign policy. He had been a diplomat and a political military expert at the State Department and the War College. Like the May Fourth Generation in China of a much earlier period, politics had disrupted my personal and family life.There was also the 911 terrorist attack in NYC. I was in the process of getting a divorce, and miraculously without warning I accidently fell in love with my Chinese translator. She was 19. I was 59. For the first time in years I felt free and uninhibited.We began by walking around holding hands late at night like teenagers, took trips together to other cities and once made love on the third bunk of a hard seat sleeper on a fast train from Beijing to Shanghai. When it ended a year and a half later, Peng Xiaolian, female film director, wrote, "We always knew it was too romantic to last."And Wu Wenguang, an underground film director , had to negotiate the break up. He took me to a restaurant and said, "You shouldn't be sad. You are the last of the American romantics! You are lucky to have had that relationship in the first place!"

I was lucky. My young friend was bright, rebellious, knew a lot about contemporary Chinese culture and was willing to help me meet those who were active in it. That year we met and spent time with dozens of Chinese involved in the arts .I helped organize meetings of Xing Xing （Stars） and Jintian （Today） members for a documentary film about them. I looked up Liu Sola who had returned to Beijing and was living in the 798 factory as well as the Chinese writers, artists and film people I'd met during the summers I'd lived on the outskirts of Beijing. Through the journalist Xiao Lu, we met many more. Most were the forerunners of the new independent film movement and the generation that followed in their wake.

That year cultural life in Beijing seemed to have reached a fever pitch. Everyone connected to it was trying to come up with ways to get around government censorship and to create more spaces for artistic freedom and self-expression. The First New Image Festival at Beijing Film Academy and The First Gay and Lesbian Film Festival at Beijing University screened important independent films, but these film festivals were eventually shut down by the government. I attended Wu Wenguang's unofficial screening of *Dancing with Farm Workers*, saw Jia Zhangke's *Xiao Wu* and *Platform* at private bars and attended the unofficial launching of the book *My Camera Doesn't Lie*, a collection of interviews with China's leading independent feature film directors. Yang Lina, Wang Fen and Ying Weiwei gave me copies of their first films, so did Li Yu, Wang Xiaoshuai and Jia Zhangke. The most remarkable event I attended was a rehearsal of Wen Hui's Living Dance Theatre where the director took off all of her clothing, lay down on the floor and the members of her dance troupe pretended to eat her naked flesh. This performance captured for me the playful, electric and transgressive spirit that was often at the center of China's burgeoning underground culture at that time.

What stands out in my mind about this important moment in Chinese cultural history is that a wide array of Chinese were attending the same art openings and unofficial film festivals and screenings. This led to a sense of community and sometimes a collective euphoria about embracing a new culture that openly challenged restrictive social boundaries. I felt elated at the communal sense of solidarity and the belief that culture can change people's lives.

5

I have dreams derived from my teenage years in Rio de Janeiro, Brazil whenever I undergo a major transition in my life. The ones I had in China began with me swimming in the China Sea. A beautiful, naked, brown skinned sea goddess swims over to me. In her mouth is a double-edged object. One end is a knife. The other is a key. She passes it on to me with a kiss. There is a lively party underway on the beach made up of the Chinese I've met and would like to know better. It's understood I can join them, but only after I dive deeply into the ocean and undergo a rite of purification. The knife is for fighting off demons, the enemies who conspire to destroy me. The key is for opening the treasure box that contains my lost soul that is sitting at the bottom of the ocean.

This kind of enlightened journey, of course, never ends except when one finally faces death and is lucky enough to see one's entire life flash before one's eyes. I had managed to join the group I imagined enjoying themselves on the beach by the time I left Beijing, but I was an outsider, observing the excitement from a distance. It had been a struggle to get this far, and it remained to be seen whether or not I would ever make it inside their circle.

One of the most difficult phases of my life began when I returned to the U.S. I was alone, divorced, the chronic depression I conquered the year before returned, I had few friends, was emotionally tied to the life I left behind, but miraculously, friends from China passed through. Wu Wenguang, Wen Hui and their dance troupe spent time in NYC. I attended most of their rehearsals and performances as well as the lively social events associated with their tour. One was in my Brooklyn house where I hugged and held hands with the female dancers to feel more connected to them and their world. At another one, Wu Wenguang played a joke, telling me in front of Tan Dun, the world acclaimed composer, that a Chinese woman in NYC was spreading malicious gossip about me which turned out not to be true. Later I asked Mian Mian, the female writer, about Wu's behavior. She said I should consider it an honor, because it was Wu's way to induct me into the macho world of Beijing male artists and film directors. She went on to describe her experience after she published her first novel CANDY. Wu invited her to dinner with several of his friends. Once everyone was seated, he launched a devastating attack on her novel, but when she was on the verge of tears, he walked over to her, put his arms around her and told her they all loved her book.

Ning Ying, was in the U.S. on a grant from the Asia Council. I ran into her a couple of times, once when she was waiting to see the Hong Kong actress Maggie Cheung. And unexpectedly Liu Xiaojin arrived to screen her film at the Margarite Mead festival. We met a couple of years ago. This time there were more opportunities to get to know each other. Years later in Kunming Liu Xiaojin and I told her daughter Niu Niu the details of how we met and spent time together. After our story ended, Niu Niu said: "How romantic! You were meant to be friends."

I decided while I was reuniting with my friends from Beijing and Kunming that I couldn't remain in the U.S. forever. I had to pull myself together and return to China at least for the summer. I managed to find a teaching position in Shanghai, immediately went online to meet Chinese female friends to hang out with and developed romantic feelings for one of them. She was 29. I was 61. I wrote to Yan Li and Mian Mian about my new relationship. Yan Li initially panicked. He wrote back: "It's time you climb off your roller coaster and live a normal life". And decided he had to meet my internet girlfriend and her family in person to make sure I didn't make a terrible mistake. Mian Mian's initial response was similar to Yan Li's. She wrote: "You have to be kidding! I'm a Shanghai girl. As soon as you arrive, bring her to me, and I can tell you in fifteen minutes if she is right for you". My teaching position was canceled because of the SARS epidemic, but I decided to spend the summer in China anyway. Yan Li and Mian Mian were supportive of my relationship once they saw Xiaojian and I together so was Wu Wenguang when we had dinner with him in Kunming. Everyone seemed impressed by Xiaojian's natural beauty and joyful personality. We spent a month traveling together in Yunnan province, decided after we returned to Shanghai to get married, had a communist civil ceremony in Shanghai in September 2003 and a

Chinese family wedding in June, 2004. My adult daughter's reaction was simply: "At least your new wife is older than I am!" For the last ten years, Xiaojian and I have lived an interesting life together. We have collaborated on an ongoing project to interview and photograph Chinese and Vietnamese involved in the arts which has resulted in travel to Vietnam, Europe and various locations in China.

6

The XING XING (Stars) and JINTIAN (Today) book Yan Li had been working on came out in 2006. It focused on Yan Li's life during the late 1970s and early 1980s as a way to draw attention to China's underground cultural movements during that time and to a lesser extent it documented the life of Yan Li and other Chinese exiles in NYC. I was officially the editor, wrote the introduction and chose some of the photography. Originally a mainstream Chinese publisher was interested in it but told us later that it wouldn't pass government censorship. So it was officially published in Iran, printed in China and handed out to Chinese artists, critics, writers and friends as an "unofficial" or underground book

Many Chinese claim our book was influential for its time. There was a *Xing Xing* (Stars) exhibition in Beijing in 2007 with an impressive catalog edited by Zhu Zhu, an important young art critic, which included work and commentary by Yan Li and an interview with me. Portions of the catalog were published in a Chinese art magazine and in Bei Dao's cultural journal in Kong Kong. Other Xing Xing members published catalogs documenting their activities during the 1970's and early 1980s. Two important art exhibitions in New York City in 2011 and in Hong Kong in 2013 focused on *Xing Xing* and two important art critics, Gao Minglu and Lu Peng, included discussions of *Xing Xing* in their histories of Chinese art.

Yan Li and I achieved our goals I believe. Back in Yan Li's Brooklyn studio, we talked about the need to bring the discussion of Chinese culture in the 1980s back to its origins, Beijing and to two important interconnected cultural movements, Xing Xing (Stars) and Jintian (Today) which were responsible for launching new and experimental art and literary movements. They did more than simply break with the prevailing communist proletarian culture. They followed in the footsteps of prior generations of radical Chinese writers and artists who turned to the West for ideas and culled Chinese cultural traditions on the margins for new points of departure. Far from simply embracing and working through Western styles in art and literature as some have claimed, they cannibalized whatever they could use and made it their own. Like the modernist experiments of Latin American artists and writers, they used imported ideas and practices as tools for breaking outmoded forms and traditions, as weapons for exploding consciousness and bringing to light an imagination rooted in personal experience which reflected the experience of an entire nation.

Yan Li's art and poetry best illustrates some of these tendencies I believe. There is a direct natural simplicity in his spontaneous surrealist style which often uses absurdist irony and humor to explore the human condition in its social specificity. And this in turn reflects Yan Li's strategy for life. Full of exuberance and passion, Yan Li has always been willing to take calculated risks and has been unafraid of their consequences. There has been continuity between his past and his present. I leave it to art and literary critics and cultural historians to trace this development and comment on the different phases of his career. Needless to say, it has been a remarkable one, and Yan Li's best art and writing is as impressive as the work of many of China's most famous artists and writers.

7

I'm sitting in my house in a minority village in the mountains of Dali, China where I can see the lake that my favorite American relative used to fly over as a "hump pilot" during the China - Burma - India Campaign in WWII.Xiaojian is in town visiting friends. I've been walking through my house looking at the Chinese art and film posters on the walls trying to come up with a way to end this tribute, and suddenly realize life has come full circle for me. Over the past few days, I have been drinking glass after glass of "baijiu" with Chinese writers and artists while trading stories from our past just like Yan Li and I used to do in his Brooklyn studio.It didn't take long before we could make connections between our life experiences despite the cultural and generation differences. But not everyone can understand the importance of these ties. Once, years ago, I was challenged by a U.S. based Chinese scholar for not having the credentials for understanding life in China. Yan Li encouraged me to speak out with a poem.I did. Now I use it as a summary of my life. Are there parallels between my life and the lives of Chinese active in 1979 and 1989? Let the reader decide!

PARTY CRASHING

(Prose poem)

"You don't have to be a weatherman to know which way the wind blows"—— Bob Dylan

I gather there might be some mystery about my "credentials" for thrusting myself full force into dialogue with Chinese artists, writers, intellectuals, academics. I am going to try to clarify through analogy.

Invoking the dance metaphor, I've reentered the open circle, caught the rhythm, and am beginning to relearn the old moves. But my style is the fast free style of Brazil, Africa and Black America, not that mannered slow style of Shanghai, which increases the risk of bumping into people and overturning tables. That has begun to happen, evidence of growing pains I hope.

But I've had these challenges before in my life. In Rio de Janeiro as a teenager, I was not afraid to go into the "favelas" to participate in the rituals of the poor and downtrodden. In the American South of Jim Crow, I blatantly took the risk of dancing with a young black women on an all white dance floor and came very close to being murdered for it. I danced with black "comrades" at SNCC meetings at the Highlander Folk School and later in "blues bars" after beatings and political confrontations.

Not long after that, in London, in exile, after being expelled from university for being "too dangerous", Ted Hughes, British poet, former husband of Sylvia Plath, the American writer, and I danced and drank ourselves into oblivion on rooftops and in the green grasses of Hampstead Heath trying to blot out memories of murder and suicide.

During the Vietnam War, I tried to get as deep as I could into my rhythm with tears in my eyes as I watched the bombing of innocent people in the futile hope that I could wash away my guilt at participating in a war in which I supported the enemy's cause.

Back in London, years later, at a benefit for the ANC, I watched two black South African revolutionaries dance solo. I decided that if I were "for real" I had to join them. I did and didn't miss a step.

In Ghana, after a friend of mine, Kofi Awoonor, poet, intellectual and political activist, was released from prison, and after I had been arrested, interrogated and threatened with torture, the two of us traveled to his village to undergo "ritual cleansing". There we entered the "house of gods", stripped before them, paid our homage and joined peasant relatives in a communal dance.

Finally, at Amiri Baraka / LeRoi Jones' 50th birthday, I was the only "pale face" in attendance to celebrate his life as a writer and political activist and felt comfortable enough to "get down" with his wife on the dance floor.

I haven't danced often in China, but I have volunteered and undergone self-criticism, lived in "hutong" and been arrested for it. I have squatted in communal toilets, stripped and gotten naked with Chinese in bath houses, spent nights in peasant houses high up in the mountains, dined with amateur opera singers and spent mysterious nights traveling along the Suzhou river. I've also been able to hold my own in simple conversations with a wide array of Chinese people involved in the arts in Beijing and Shanghai.

I have read books that have inspired and helped me understand the experiences I have just described. More importantly, I have sat before the feet of "the masters", the writers, artists, intellectuals, and film directors, and have learned directly from the source. It's what I've been doing all my life. The time spent with Yan Li, Liu Sola, Mian Mian, Wu Wenguang, Wen Hui and Jia Zhangke comes naturally to me. It's what I've been going my entire life.

Dali, China and New York City, USA, 2013

Norman A. Spencer, Ph.D. has taught at universities in Africa, China and the United States. He has written about African, African American and West Indian culture and politics. He was the editor with Shirley Geok-Li Lim for the global literature anthology *One World of Literature* in 1993. He edited and wrote the introduction for Yan Li's book *Things Are Symbols of Themselves* in 2006. An interview with him was published in Bei Dao's *Jintian* cultural journal in 2007. And he published a photography memoir with commentary on Chinese independent cinema in the twentieth anniversary issue of *Positions: Asia Critique* in 2012. He is currently working on a photography journal that documents his life among Chinese and Vietnamese involved in the arts.

Situating The Artist:
Yan Li and the Interstitial Urban

Paul Manfredi

I. Yan Li and Contemporary Poetry

Yan Li's emergence as an artist, both of the word and image, came at a critical point for China's contemporary aesthetics. In 1968, recently shipped back to Beijing from an increasingly unstable Cultural Revolution-era Shanghai, the thirteen-year-old Yan Li was introduced by a friend to a hand-written copy of "Believing in the Future" 相信未来 by Guo Lusheng 郭路生.[1] The raw subjectivity of Guo's poem kindled a creative spark and, placed in a work unit shortly after graduation from middle school in 1970, the opportunity to develop Yan's own poetic expression presented itself. The opportunity came on the form of the company of many of China's soon-to-be major poets, including Mang Ke 芒克, Bei Dao 北岛, and Duo Duo 多多. This group, working under highly constrained and often dangerous conditions, took to informal gatherings where they shared their poetic works in progress, encouraging one another into ever greater levels of experimentation and departing ever further from ideologically sanctioned verse supplied by official channels. The style was soon to be named Obscure Poetry 朦胧诗, a derisive critical position designed to discredit what was clearly a powerful, long-lasting and anything but "obscure" artistic movement.[2] The group went on to create a literary magazine, Today 今天, which, despite being hand-written and crudely mimeographed, had widespread circulation and impact.

Yan Li, despite having been present at this seminal stage of a new

---

1 还给我, 249.
2 The alternative rendering of " menglong " is " Misty " , a term which does not well reflect the controversy which the poetry generated on its appearance, nor, for that matter, the ponderous nature of the style itself.

aesthetic in contemporary China, is not widely included as a member of the Obscure poets. In Mang Ke's memoir of the period, he recalls the group's name for Yan of the time: "Little Shanghai."[3] No doubt conjured in good humor, the epithet still serves to suggest that Yan was thought to come from outside the ranks. To understand this positionality, it is useful to consider the broader context of Chinese letters, particularly of the late twentieth century. The fact that we still refer to Obscure Poetry as a defining and even continuing moment in modern Chinese poetics, even if current work bears little resemblance to Obscure Poetry style, is attributable not only to its critical departure from a Maoist discourse which had a hegemonic grip until the 1970s, but also to the process of charting poetic literary history in stark and usually inflated contrast to precedents. Though identifying and denouncing aesthetic antecedents is perhaps the single defining characteristic of twentieth-century Chinese poetry (from Hu Shi to the present day), in the context of a rapidly changing contemporary China on social and economic levels, the "overthrow" of figures of the past is almost absurd when said figures are hardly established writers and artists themselves. If we take the middle 1980s as the high-point of this phenomenon, what followed Obscure Poetry is what proclaimed itself to be the "New Generation," or sometimes the "Third Generation." This group of writers is indeed distinguishable in terms of life experience, if not also in terms of style. The Obscure work was the first emergence of a politically unfettered (though, of course, politically charged) expression, one produced by a generation whose experience and, more importantly, education was determined by the Cultural Revolution and its aftermath. The New Generation continued to create in this relatively open environment, but as the authors are not by and large the "sent down youth" of before, their fields of reference are even more open, creating a kind of generational gap in a very short time. What follows afterward, however, is a dizzying array of New that is much less generational in nature. The Third Generation group, for instance, is soon parsed, in a 1988 anthology, into the "They" poets, "Shanghai" poets, the "Petty" poets, "University Poets," and, as the epitome of the predicament,

---

3 嗟！这些人, 71.

the "Fei-Fei" or "Not-Not" poets.[4]   This grand exercise in one-upmanship has continued to the present day, with each new generation seeming to accelerate the transition between old and new until the task of actually distinguishing becomes impossible.[5]

Yan's tenuous status as member of the central group of poets can be seen as early manifestation of the same dynamic. In fact one of the founding members of the Today group, Yan was well positioned to take an authoritative position in this literary fracas. Yet, his particular aesthetic tendencies, playful, clever, boyant and even humerous, were out of key with the self-important -- albeit in fact important -- tone occasioned by the liberation of lyrical subjectivity from political pressures of the day. The historical Yan Li is clearly a member of the group who laid the framework for the erection of contemporary poetics. Yan's particular nature as an artist, however, edged him towards the margin of a poetic establishment, even if that estblishhment was entirely underground. Yan's remoteness from poetry establishment, it should be mentioned, has had also a great deal to do with his interest in painting, an interest which followed soon as after his early work as a poet.[6] By September of 1979, Yan Li was associated with the Stars art group, a band of experimental artists whose contribution to contemporary Chinese art perfectly parallels the groundbreaking development of the Obscure poets. After much wrangling with the authorities, in the yet uncommonly permissive political atmosphere of 1978-1979 Beijing, Stars artists were allowed to hold a public exhibition by hanging their work on an iron fence in a Beijing park across from National Art Gallery. The following year, Yan and others were able to hold another exhibition, this time inside the National Art Gallery itself, an occasion which brought 80,000 visitors to the door and was quickly shut

---

4   Other publications which bear witness to this phenomenon are the 后朦胧诗 (198?), and the 中间代诗 (2003). Spread over roughly two decades, these two publications demonstrate the volumizing tendencies of differential poetics in China.
5   Today's encampments are increasingly conceived in terms of geography, though the "academic" versus "popular" dichotomy has also served to compartmentalize in recent years.
6   By Yan's account, he was writing poetry by 1973 and painting by 1979. Wang Ping anthology.

down by authorities.[7] In the years following, Yan continued, as much as possible, to exhibit his painting wherever he could, an effort which culminated in a one-man show -- the first ever of an avant-garde artist in China -- in gallery at the Shanghai People's Park in 1984.[8] Shortly after this exhibition, though, Yan decided to take advantage of an opportunity to travel to the United States, where he would stay more or less for fifteen years.

Once in New York City, Yan's work in poetry and painting continued apace. His appearances at The Poetry Project (St. Mark's Church), the Nuyorican Poets Cafe (with Allen Ginsberg), and at Columbia University in the middle to late 1980s attested to his successful integration in the local poetry establishment, while his one man shows at the Feng Gallery (1985), Vassar College (1986), Art Waves (1987) suggest the same for his painting career. At the same time, Yan was developing his own literary magazine, Yihang, whereby he was providing a venue for poets otherwise unable to publish in China. As Yihang grew into an online journal (2001), it has served, among other things, to cut across many of the boundaries, real and perceived, which separated the various camps of artists and writers in China. Yan's contribution with this journal, which is often remarked upon by writers in China today, was to provide a venue for writers who would likely have been squeezed out of the tight spaces established by emerging poets.[9] This contribution is emblematic of Yan's work as a whole. Yan, since his participation as a poet in Today, and as a painter in Stars, has found himself at a kind of periphery of Chinese cultural production. As a poet who left China, Yan was placed outside of the literary encampments discussed above, and as a poet who paints, he is sometimes left out of poetry circles altogether.[10] Yan's well-organized presence online is itself indicative of his achievements, taking the initiative afforded by technology to occupy a kind of peripheral space

---

7　Wu Hong, Exhibiting, 12.
8　Yan, Shihuaji 诗画集 65, 2004.
9　Interview with Mo Mo, fellow poet, August, 2004.
10　Unpublished interart article.

which nonetheless intersects in both written text and visual image with numerous centers (Taiwan, China, New York City) at once.

To accurately place Yan Li, then, we need to ground him first at the center of cultural transformation in mainland China. But the location of Yan, as I've mentioned, is up for grabs. His positionality is in-between states, genres and eras. If life experience is the operative determinative in establishing affiliations in poetry circles of the past two decades, Yan's numerous places of residence outside of China have placed in him a liminal setting. What characterizes this setting in all cases (New York, Hong Kong, Sidney), however, is its urban quality. It is with the studied reflection on a global urbanized experience that Yan Li returned to Shanghai in 2000. Liminality, particularly as it appears in a myriad commodity-based exchange of high density urban living, is arguably a definitive dimension of Yan's aesthetic. As an artist committed to acrylic material and simple, even cartoonish lines, Yan's visual statements are in a sense superficial (on the surface), quickly apprehended and consumed. His paintings also demonstrate a cerebral bent, images that appear to think out loud. Meanwhile, the sentiments of his poetic lines often whisk by in quips, flashing insight as they go and almost denying emotional force itself.[11] The images and poems are similarly "good to go;" consumable, portable, light.

Denis Mair observes in his introductory comment to a 2004 collection of Yan's painting and poetry that it is Yan's experience living in urban centers over the past twenty years that has generated his preoccpuation with looking out of windows of large structures.[12] If so, Yan is also toying with the notion of the artificiality of the observer herself. Many of these images belong to a series the title for which Yan has borrowed from the political arena, labeling them a kind of "peaceful evolution." A poignant ambivalence is maintained in this formulation, a delicate balance of warm interiors of lush color which invite the human

---

11 A fact which can be observed in the many versions of Yan's poems. Online, for instance, one finds many of Yan's 30 and 40 line poems condensed to 2 and 3 line versions. According to the author, this makes them " easier to remember. " Correspondence, January, 2005.

12 Shihua ji 3

subject, and mechanized significance of the brick which repel. The images thus manage to reach at once towards the comforts which technology provide and to its potential destruction.

In the context of Yan's former paintings, Yan's balloons in the "Longing" series are human subjects freed from the confines of an urban setting, floating instead in a fully natural environment. Viewed from the perspective of Yan's title "longing" itself suggests a curious tension. The balloon subjects of the paintings are as fully ensconced in a longed for environment as one could hope. The alienation is maintained, however, in Yan's still consistent sylistic treatment of the material subject of his paintings. The woods, for instance, are not unlike the highrise buildings of a multitude of urban images (4, 5). In other words, no stylistic break whatsoever is involved in Yan's "Longing" series.

The conceptual dynamics of Yan's visual statements are highly consistent as he moves across from urban settings and subject to the natural, a consistency which mirrors the anthropomorphic quality to his poetic symbolism, but which also pinpoints the ways in which Yan's aesthetic layers human experience over natural in an at once differentiated and yet mutually implicating fashion. The irony of bricks boyant in mid air nothwithstanding, the proximity and attitude of the images towards one another binds highly paradoxical implications together with certain force. In the third "Longing" image in particular, brick balloons which seem not unlike children out for a game of hide-and-seek in the woods are as natural as any rendered human could be. Similarly, though, the "Mother and Child" (5) from an earlier series captures well enough a kind of celebration of humanity on superficial, which is to say structured (brick-like), grounds; amidst satisfyingly arranged angles which recede in acute perspective there emerges a mother and her child, whose very bond is as much a feature of the built world as the buildings (and moon) which surrounds them. In this view, the "Longing" series could well be, as its title suggests, a natural product of the human imagination and poesis, the principal builder.

II. Polyhedral

Subtleties in Yan's attitude towards nature can be observed in the unlikely location of his Polyhedral Mirror (多面镜) poetry series. This work, which Yan began in 1989 and finished a decade later, is comprised of roughly five hundred short poems which resemble aphorism, were it not for their often defiantly circular signification, and even advertising slogan, were it not so difficult to discern quite what's for sale.[13] The clever turns of phrase which feature in much of Yan's poetry are here reduced in many cases to the mere turn itself, flashes of insight or reflections of the world as the author knows and sees it. Thus the titular image, that of a polyhedral (multi-sided) mirror, suggests the spinning ball of small mirrors one finds in a dancing establishment, providing miniature glimpses of all that revolves around us while at the same time giving off their own light.

On the surface, the collection contains almost anything but poetical reflections on nature. Sprinkled throughout these snapshots of poetic insight, however, are views of the natural world, from the perfectly succinct: "Dreams are the only forest that mankind cannot clearcut" (只有梦想是人类砍伐不尽的森林),[14] to the more involved:

Garbage creeps toward the city's outskirts
With big gulps it pushes back the edge of grass
The lyric, pastoral poems of our era
Cannot help filling up with howls
垃圾不斷地往城外郊移動
吞食著草地的地界
如今的抒情田園詩
不得不充滿嚎叫[15]

The principal dynamic at work in the Polyhedral poems is, as

---

13 References are to 多面镜旋转体 Duomianjing xuanzhuanti [Spinning Polyhedral Mirror] (Qinghai, 1999) The notion of "completion" is in this case somewhat misplaced: Yan continues to compose these short pieces and will likely publish another series when the time is right, interview with the poet, August, 2004.
14 English translation by Denis Mair. Reference numbers are to his yet unpublished manuscript translation of 584 pieces, many composed after the publication of the Chinese version. Duomianjing, 37.
15 Duomianjing, 56.

elsewhere, an oppositional one, an ecological awareness of a shared space which cannot serve as host to humanity, its products, and nature at the same time. In some cases, as in the poem above, this leads to heightened concern for an impending crisis, the sense that the human-being is a potentially insupportable tax on the environment. Elsewhere, and more consistently, however, is Yan's habit of laying a natural world into the mold of human habit and behavior:

Angels of ecology,
In order that Nature may get some rest
How many human beds must we vacate?
环保的天使啊
为了让大自然能得到真正的休息
人类需要让出多少张床？[16]

In somewhat extreme cases of this orientation, one finds Yan's nature on a par with the built environment in terms of its oppositionality to the human condition. In other words, once built, the symbolic forests, birds, planets and mushrooms mesh with forest of skyscrapers and other material fixtures of our experience. The technologies which bear modern life render humans agents of destructive but also themselves threatened status

Part of the earth's surface contains deserts and oceans
Part table tops and town squares
Part airports and beds
And the people are no more than specs of dust moving about them
地球的面积里有一部分是沙漠和海
一部分是广场和桌面
一部分是飞机场和床
人类则是不能算作面积的移动的尘灰[17]

Such orientation makes certain reversals possible in Yan's work, reversals which lead in many directions at once or, as mentioned above, around in circles. In this sense, the Polyhedral series reads like a series of

---

16　Duomianjing, 52
17　Duomianjing, 86

Japanese Koans, where the paradoxical predicaments, when accurately or adequately apprehended, become source of full (整体) experience.[18] The exercise in Yan's poems where nature and, to a degree, society are concerned, is less a matter of release from discursive thinking than release from moral judgment, from blindly valuing what is endangered for the fact of its being endangered. The focus, instead, is on a dynamic of exchange of value and meaning which we share, irrevocably and regardless of outcome, with the natural world:

> *The environment's conceptual art performance:*
> *A gallery full of living sheep*
> *Sporting name-brand sheepskin coats*
> 环保的观念艺术作品
> 展厅里展览着一群
> 穿着名牌羊皮大衣的活羊[19]

This paradox of alienation from outside and inside is where Yan's revelation about nature and society resides.

III. Images across the trajectory

three images entitled "Longing for Nature" which Yan produced in 2003. In each case the image depicts two balloons floating up in boldly drawn natural settings. The first, with multi-colored and highly angular falling leaves, is clearly autumn; the others are presumably winter (absence of leaves), or early spring (where the color green fills previously beige shapes of the landscape). The balloons are filled with rectangular lines suggesting that they are composed of bricks. This feature, when looking at Yan's paintings of the past half decade, is traceable through a variety of series, principally the "Window Series" (2001), and "Peaceful Evolution" (2003).[20] Observed across the space of these series, we can readily see a kind of brickification of the human agent in the built

---

18 Nature being " whole " . Correspondence with the author.
19 Duomianjing, 59
20 Shihua ji.

environment. The series of images provided below provides a lucid account of the evolution of the structured environment, from a frame for human experience and memory, into the figure of the human form itself ("Bricklike Urban Personality" --Image 4).

1. Memory Outlives Reality, 2002

2. Pulse of the City Wall, 2002

3. Modern Urban Loneliness, 2002

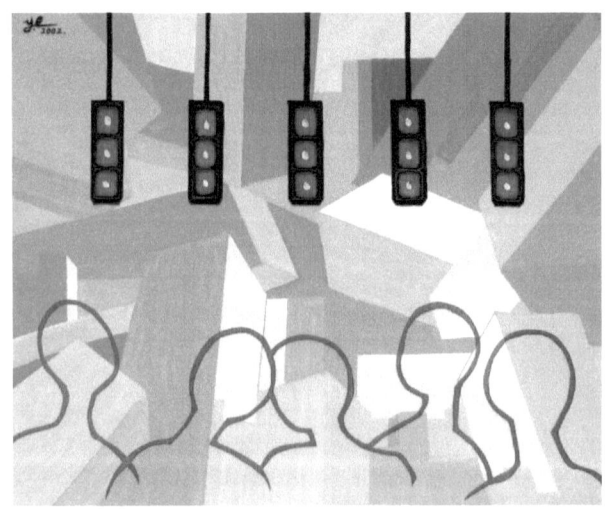

4. Bricklike Urban Personality, 2002

5. Mother and Child, 2002

6. Longing for Nature I-III, 2003

7. Longing for Nature I-III, 2003

8. Longing for Nature I-III, 2003

IV. Synthesis: the dynamics of exchange

The discernable distance between us and the natural world one finds in Yan's work, a distance suggested both in the urban-perspective dimension of the symbols themselves and in the ways in which natural symbols reflect principally back upon human predicaments, is erased if we take humanity to be its own kind of natural environment, one which abides by laws most readily discernable in nature. The effect of Yan's approach to natural processes is to naturalize the very elements of contemporary human culture which we consider most artificial and destructive. This, it would seem, is consciously a part of Yan's program, as he discusses in his author's preface to the above-cited collection poems and paintings:

As we plan and develop our shared urban spaces we must at the same time learn to clearly express our individual humanity, if enough people can do this we will achieve a more enduring vision which incorporates the conditions of our natural environment with technology and shields us from the negative side effects of technology.[21]

The goal, then, is to incorporate rather than preserve or protect nature. The prevailing Nature of Yan's work needs no protection, itself the indomitable dynamic of desire and consumption which is all encompassing. The location where we are most connected to natural processes is the one which most effectively degrades or consumes nature as we know it. A portrait appears in "Patent on Fortune" 幸运的专利 (avant-garde, 11):

Humanity is very fortunate!
The sun is so perfectly far from the earth
Like the balance of sky and ground, vagina and penis
Humanity can't help but be fortunate
After sucking flat the breast of the earth
We now enjoy the sweet nectars of technology
Video games transform a thousand years of ethics

21　Shihuaji, 3.

In games, the strong prey upon the weak to the amusement of young and old
The news of humanity, how very fortunate!
Full page advertisements covered with name brand skirts
The pop songs of humanity, how very fortunate!
From just the few hit tunes you hold in your tiny hand
Can ignite an inferno of a billion in CD sales
And also that so magnificent dust raising stock market
The jockeys of humanity, how very fortunate are they
Each erection can buy innumerable climaxes
The evolution of humanity, how very fortunate!
Cloning changed the supply-demand system of sperm and ovaries
Humanity comes and goes
Busy picking up goods from inside desire
Absolutely never again setting up a warehouse for the misleading countenance
The fortune of humanity belongs to humanity!
Humanity can, after making a huge mistake
Apply for a patent on fortune

幸运的专利
人类真幸运！太阳离地球不远不近
像阴道与阳具的天地配合
人类不得不幸运
在吸扁了地球的乳房后
如今享受着科技的酥胸
电子游戏转化了千年的良心事业
弱肉强食是软件内老少咸宣的娱乐
人类的新闻多么幸运！
整版整版的广告围绕在名牌的群下
人类的流行曲是多么幸运！
仅仅几首握着你小手的专集
就能点燃的骑手多么幸运
数字的勃起能买来多少高潮
人类的进化是多么幸运！

克隆改变了精子与卵巢的供求关系
人类进进出出地
忙于从欲望里面直接提货
绝不再设一个仓库来留给虚伪的秋波
人类的幸运属于人类的!
人类能在闯下大祸之后
申请幸运的专利

From such a poem we see the ways in which incorporation starts with recognition that the human will finds a way of asserting itself, naturally. In Yan's work this assertion occurs even against the odds of rapidly disappearing resources on the natural level and also in defiance of the usually unintended outcomes of humanity's own unwise decisions.[22] We are our own nature and our task is to understand just that. In taking what is biologically essential to continuation of the species to be simulacra of pop music and stock market exchange, Yan puts humans in their place, and that place both shares endangerment with other species and claims a not fully enviable highground— the last man standing when all else is lost. Thus, Yan maneuvers between more dire predictions:

Pain is mankind's eternal fuel
And when petroleum dries up
Pain as energy source will keep our lives burning[23]

And more celebratory, as in "Sun in the Morning Market":

You see yourself carrying a bag of food
in the morning market

a bag of hawker's cries,
a bag of
fats, proteins and vitamins
all at bargain prices.

---

22 In a 2001 lecture delivered in Iowa, Yan Li advocates an adjustment to the patent system. For each new invention, no matter how great its benefits, a corresponding invention to undo its partner should be required of the applicant.
23 #153

A bag
filled with weight
of life.

For a long long time
I continue standing at the intersection,
tasting of this life of mine.
Routine is natural.
The sun carries a bag of its own light.[24]

早市的太阳
看着自己在早市上拎着一袋食品
一袋
各种个样的叫卖声
一袋
经过精打细算的脂肪蛋白质以及维生素
一袋
生活的重量

很久很久地
我继续站在路品味自己的生命
日常是多么自然
太阳拎着一袋自己的阳光[25]

In the first case, Yan is characteristically connecting oil, which humans blithely draw from the natural environment at what would increasingly seem their peril, to human sentiment. As with birds and mushrooms, which served as mirrors to reflect upon ourselves more completely, oil is little more than an occasion to observe the kinetic or psychologically motivating potential of pain. In the second case, Yan the poet stands on a street corner, surrounded by urban experience, but breaking down the contents of such experience into financial exchange (bargain price) and biological processes.[26] We can easily imagine a Yan

---

24　Translation by Leonard Schwartz and Zhang Er.
25　(1976-2003, np).
26　The poem was composed on the occasion of the birth of Yan first child. His preoccupation with nourishment and life then uncommonly acute.

Li painting from this poetic image, bricks in hand, in the face of the sun and, though certainly difficult to render, in the light contained in a bag the sun carries. The bricks are that from which our bodies and economies, cities and solar system are built.

The symbolized natural scheme which Yan draws most readily into his poems and paintings is that part of the natural environment observable from the urban vantage point. We hear hawker's cries. We buy the groceries. We daydream. The poeticized form of this experience moves seamlessly from natural realm to human because in a sense it never leaves the human, a realm which even at its most artificial is bound to the same laws of exchange which we learn about from nature. On the level of complete abstraction, the same dynamics of exchange are operative, as in Yan's "Song of Darkness" 黑暗之歌:

I've seen
I've seen the darkness
I've seen darkness darkening still
15 watts
30 watts
40 watts
100 watts
I've seen the self-confidence of darkness

I've seen
I've seen the strength of darkness
What we see in darkness is all called dark
I've seen the mirror
And finally seen my independent self
Who serves no one

I've seen
I've seen sound
Whether or not there is light
Sound
Can retain its speed
Just as I see the own （reciter's） voice

Moving toward your ears

I see power
The power of light and darkness
I see the giant marketplace
That this power creates
If not for the darkness
Who would buy the light bulbs?
Who would buy the electricity?
And what about me?
Who would buy me?

我看见了
我看见了黑暗
我看见了黑还在继续暗下去
负15瓦
负30瓦
负40瓦
负100瓦
我看见了黑暗对自己的信心

我看见了
我看见了黑暗的强大
在黑暗里见到的都叫黑暗
我见到了镜子
终于见到了镜子不为谁服务的
独立的自我

我还看见了
还看见了声音
无论有没有光线
声音
都能保持它一贯的速度
就像现在我看见了我（朗诵者）的声音
向着你们的耳朵前进

我看见了力量

黑暗与光明团结起来的力量
我看见这个力量
所创造的巨大的市场
如果没有黑暗
灯泡
卖给谁
电
卖给谁
还有我
卖给谁

The end result of such dynamics is quite open in Yan's work. There could be dire consequences, or we could find ways to sustain. Meanwhile and regardless, the voice of the poet will monitor even minute fulgurations:

Humanity is capable of touching itself deeply
Humanity cannot do any worse than humanity
Humanity is just a tool for manufacturing science
Humanity can't help making sounds
As it walks on past humanity
人類有打動自己的能力
人類不可能做得比人類更壞
人類是製造科學的工具而已
人類必須發出一些聲音地
從人類的身旁走過去[27]

Conclusion

I leave open the issue of whether or not Yan's view of nature might return us to philosophies of natural balance voluminously present in Chinese classical tradition. The disinterested view of biological processes, wherein systems move from invasive to thriving to rare to extinct, is one without values（endangered and thus protected）, and a view arguably

---

27　Duomianjing

much indebted to philosophical Daoism. Yan in this sense is not unlike the practitioner of Chinese medicine, reading the pulse of a plastic bottle and proclaiming—"in perfect health!" This position does not deemphasize the concern expressed in Yan's work for the ill-advised choices humans make for themselves and their world. I endeavor to point out that Yan is not a poet of action in the activist sense, but an activist observer. His paintings and poetry suggest problematics which stem from choices we humans seem to have irrevocably made. Such a position, where the natural environment is concerned, suggests an acquiescence to the destructive impact humans have on the planet. At the same time, however, Yan seems to be a step ahead of this calamity. As he looks for the ways in which the destruction itself is part and parcel of "nature" writ large, Yan, with a deceptively superficial and occasionally playful wit, dances around the prospects of heading disaster off at the pass, finding points of collusion between wanton and insatiable desire of a fundamentally destructive species and sequences and mechanisms of exchange present and even thriving in the natural environment. Where these succeed, successful incorporation of our goals, however poorly conceived, and natural systems we hold dear will be achieved. Where these fail, Yan will be there to document the changes in pen and acrylic ink.

Paul Manfredi, Professor of Chinese;Chair, Chinese Studies Program, Pacific Lutheran University.

严力的反思性诗学与诗歌写作

苗 菲

中文摘要

严力是一位自20世纪80年代"走出"大陆并一直活跃在诗坛及艺术领域的诗人,近半个世纪的创作生涯中,严力的诗歌体现了一个诗人对于时代、社会的担当和责任,他的责任意识出自于其对"内心文明的建设"——反思。时至今日,对于严力诗歌的研究多就其单首诗歌进行零散的语言及诗歌技巧的评论,而缺少纵横其出国前后的背景变化及相应背景下其诗歌中贯穿的反思性诗学。同时,严力作为一个诗歌和绘画都有所涉猎的艺术家,不同形式的艺术创造技巧为其"灵感"的表达提供出口,其诗歌与绘画作品在反思性诗学上也具有极为明显的互文关系。

论文分为四个部分铺展,绪论部分是对严力诗歌创作、研究现状的概括以及本文选题的研究思路。第一章对严力的诗歌创作进行分期,根据严力生活的社会背景及自身生活经历分析严力"反思"意识的萌生与发展。流散经历发生前严力以智性表达个人经验,并对此种经验进行含蓄的低音调叙述,为流散后智性的历史经验书写奠定基础,这是其异于同时期诗人的高音调叙述以及暴力气质的原因,关注严力流散经历发生前期的诗歌作品有助于探索严力本人诗歌的独特性追求乃至完善"朦胧诗"写作的多重面向的建构。后期流散经历则以更为开阔的世界公民心态呈现对人类共同问题的反思。第二章以具体诗歌文本分析为主,分析严力诗歌中反思性诗学观的具体呈现,梳理出四个具体反思呈现:第一,反思文革中个人经历的伤痛,拒绝个人情感的盘桓而指向形而上的人性之痛,从而表现对个人经验的伤痛消解而超越其本身,使其反思具有普遍性和对未来的指导性。第二,在流散视野中从"怀乡"视角切入,将原本聚焦故乡——"北京"

的怀想之背景置于东西方文化对话的语境中而虚化北京本身的历史意义,从而反思了中国经验与现代之时代精神的结合。第三,面对现代物质文明的飞速发展,肯定人性中对物质文明追求的自然欲念,同时对人自身物质欲望的膨胀进行反思批判,并试图在人对物欲追求的无深度快感与文艺的高雅性之间寻找诗意的平衡点。第四,聚焦流散背景下严力对母语的反思,积极寻找词汇的碰撞以表现细致化的感受,同时对诗歌写作姿态反思本身构成了自觉的元诗写作,背后潜藏着诗人对灵感的追寻,灵感与其智性的反思构成一种互补的关系。第三章分析严力三个系列画作:"砖头系列""黑胶唱片系列""补丁系列"中隐喻的反思性诗学观,结合其诗歌作品,阐明其反思性诗学观在诗歌和绘画作品中显著的互文性,探讨严力反思性诗学观的终极意义。结语部分对严力诗歌的反思性诗学观的关照下其诗歌的价值和启示性进行总结。

关键词:严力;反思;诗歌

ABSTRACT

Yan Li is a "diasporic poet" who has been "out of the mainland" in the 1980s and has been active in the field of poetry and other arts. During his nearly half-century creative career, Yan Li's poetry embodies a poet's sense of the time and society. His sense of responsibility stems from his reflection on the "Building of inner civilization". Today, the study of Yan Li's poetry is mostly about the scattered language and poetry skills of his single poems, but lacks the background changes before and after going abroad and the reflective poetics that runs through his poems under the corresponding background. At the same time, Yan Li, as an artist involved in both poetry and painting, has different forms of art creation skills to provide an outlet for the expression of his "inspiration", and his poetry and paintings also have a very obvious intertextual relationship on the reflective poetics.

The thesis is divided into four parts. The introduction part is a summary of Yan Li's poetry creation, research status and research ideas for the topic selection in this article. The first chapter divides Yan Li's poetry creation into stages and analyzes the initiation and development of Yan Li's reflective poetics according to the social background of Yan Li's life and his life experience. Before the diaspora happened, Yan Li expressed his personal experience intellectually, and made a subtle narrative description of this experience, which laid the foundation for the intellectual historical experience writing after the diversion. This is a difference from the poets of the same time who use period high-tone narrative and have some violent temperament. The reasons for the violent temperament. Focusing on the poetry works in the early stage of Yan Li's diaspora helps to explore the unique pursuit of Yan Li's own poetry and even improve the construction of multiple aspects of "hazy poetry" writing. The later diaspora experience presents a reflection on the common problems of mankind with a broader world citizen mentality. The second chapter focuses on the analysis of specific poetry texts, analyzes the concrete presentation of reflective poetics in Yan Li's poetry, and sorts out four specific reflection presentations: First, it reflects on the pain of personal experience in the Cultural Revolution and rejects the personal emotional circle And pointing to the pain of metaphysical humanity, thus showing the dissolution of the pain of personal experience and beyond itself, making its reflection universal and guiding the future. Secondly, from the perspective of diaspora, we cut in from the perspective of "nostalgia", and placed the background of nostalgia that originally focused on our hometown—"Beijing" in the context of cultural dialogue between East and West to blur the historical significance of Beijing itself, thus reflecting on The combination of Chinese experience and modern times spirit. Thirdly, in the face of the rapid development of modern material civilization, he affirms the natural desire of human civilization to pursue material civilization, and at the same time, he reflects on and criticize the expansion of human's own material desire, and try to make balance between people's pursuit of material desire which is without depth pleasure and artistic elegance. Fourthly, focusing on Yan Li's reflection on the mother tongue in the context of diaspora, actively looking for the collision of vocabulary to express meticulous feelings, while reflecting on the poetry writing posture itself constitutes conscious meta-poetry writing, hidden behind the poet's pursuit of inspiration. Inspiration and intellectual reflection constitute a complementary relationship. The Third Chapter analyzes Yan Li's three series of paintings: "Brick Series", "Vinyl Record Series", "Patch Series" metaphorical reflective poetics, combined with his poetry works, clarifies his reflective poetics in poetry with the remarkable intertextuality in paintings, explore the ultimate significance of Yan Li's reflective poetics. The conclusion part summarizes the value and enlightenment of Yan Li's poems under the care of his reflective poetics.

Key words: Yan Li; Reflection; Poetry

绪 论

严力诗歌及研究现状

作为"朦胧诗"原点《今天》及中国当代艺术开端的星星画会成员之一的严力,其最早进行的诗歌创作活动可追溯至"认识芒克、北岛、多多并一起写诗"[1]的1972年。于《今天》第八期发表诗歌《穷人》《我是雪》《歌》《蘑菇》,并在《今天》文学研究会资料中发表诗歌《离别之后》。其个人最早的诗集为1978年8月手刻蜡本诗集《存荐集》,自费手工油印的《严力诗选1976—1985》,收录69首诗歌和5首歌词,1990年由上海文艺出版社二次付梓,这是严力最早正式公开出版的诗集。1985年以画家身份留学美国,1987年在纽约组织创办"一行诗社"及《一行》诗刊,《一行》"最重要的时期是在1989—1992这四年间,那个时候它几乎成了唯一的中国大陆先锋诗歌的集中发表园地"[2]。1993年南京大学出版社出版《美国一行诗精选》,2000年《一行》在纽约出版了终刊号转做诗歌网站,进入"自由发表时期"。

迄今严力笔耕不辍,著有诗集十余册,其部分小说为诗歌创造了

1　严力:《历史的扑克牌》,济南:山东文艺出版社2007年12月版,页342。
2　伊沙:《激扬文字》,暨南大学出版社2015年6月版,第132页。

外叙事的空间,而绘画也为其诗歌的"反思"性主题提供了新的艺术力量的补充,这种力量被严力拒绝称呼为技术,而代称之以艺术精神同构的形式。严力现供稿于国内《诗潮》、美国版《新民晚报》。作品被翻译成英文、瑞典文、意大利文、法文、韩文、伊朗文等多语种文字。

1989年《被埋葬的诗人》中,"在最有创造力的年龄赶上文革"的那批诗人里,"严力"的名字一闪而过[3],30年后的今天,他还是"诗人"严力。时至今日,关于严力的诗歌研究却依旧断断续续,而且致使其诗歌研究一直处在一种零散的、无系统的状态。目前关于严力的诗歌研究可将其分为四个方面,现对其概述如下:

1. 严力诗歌的综合研究

严力在目前的文学史中鲜有出现,唯一在文学史中作为章节出现的是陈贤茂主编的《海外华文文学史第4卷》,对严力的诗歌及小说、散文进行了大概梳理。在诗歌方面,陈茂贤没有仅将严力作为流散诗人进行文学史的书写,将重点放置在"朦胧诗"的文学场中赋予其进入研究视野的意义,认为严力的诗歌在主题的不确定性上以及意象的古典意味上是接近于朦胧诗歌的,但是作者忽略了这一时期严力诗歌的独特性。在此一时期,严力的诗歌作品显现出反思的力度,相较于同时期的诗人,严力的思考角度是以《蘑菇》为代表的侧重于个人经验的低音调叙述。

保罗·曼弗雷迪(Paul Manfredi)《在全球化城市中的严力》将严力的汉语诗歌回溯到"朦胧诗"时代,认为严力的诗歌对于需要具有政治性作为参考的诗人(北岛、江河)来说,严力的诗歌在其影响之下却超越了其中的矛盾性,主要表现在其他诗人是在写诗之初即意识到作为先锋的沉重责任感,严力的诗歌是一种近乎玩笑的轻盈。文章主要根据萨斯基娅·萨森(Saskia Sassen)在1991年出版的《全球城

---

[3] 多多:《被埋葬的中国诗人(1972-1978)》,廖亦武编:《沉沦的圣殿——中国二十世纪七十年代地下诗歌遗照》,新疆青少年出版社1999年4月版,第195页。

市》概念和乔治·里策(George Ritzer)提出的"全球化"概念，作者认为全球局势是一个相互关联、日益商品化的空间，艺术家正是在其中创作他们的作品。严力在很大程度上将经济体系的变化转化为其艺术的优势，也因此他的作品可以毫不费力地在全球系统中流通。持相似观点的是谢丹凌的《中国当代诗歌中的"全球化写作"——以诗人多多和严力的海外研究为参照》，同样结合萨斯基娅·萨森的"全球城市"概念，认为严力一直将"全球城市"作为其创作空间的隐喻，通过不同时期、地理位置的"时空"变位，展现了诗歌在艺术世界里承担的现代全球意识的责任，因此在诗坛中独树一帜。实际上，纵观严力诗歌的写作轨迹，在流散的背景中，其反思意识从其流散后已经开始了新的蜕变，从低音调的叙述走向世界眼光的经验，从现研究看来多忽略其写作风格的线索性。

2. 严力诗歌技巧、风格评述

在严力的诗歌技巧及风格的研究中，评论者大都探讨严力诗歌中的幽默风格、口语化表达的技巧特点。主要有杨小滨的《今天的'今天派'诗歌——论北岛、多多、严力、杨炼的海外诗作》认为严力诗歌中带有的幽默区分于朦胧诗人，主要是因为其转喻的荒诞性使诗歌中即便有悲剧的成分，"把我们的微笑卷在危险的潜流里，逼迫城错愕或惊悸"[4]。因此构成一种"不成功的喜剧，引向错误的愉悦"[5]。李霞的《90年代汉诗写作新迹象》中认为严力是当今最早进行喜剧诗歌写作的诗人。沈奇的《"太阳拎着一袋自己的阳光"——严力诗歌艺术散论》，认为在当代中国先锋诗歌写作中，严力是最早转换话语的诗人，合理地运用口语与日常事象组成超现实语境，经由富有黑色幽默与反讽的修辞策略，在给予众多新题材新视角的同时，

---

[4] 多多：《被埋葬的中国诗人(1972-1978)》，廖亦武编：《沉沦的圣殿——中国二十世纪七十年代地下诗歌遗照》，新疆青少年出版社1999年4月版，第195页。

[5] 杨小滨：《今天的'今天派'诗歌——论北岛、多多、严力、杨炼的海外诗作》，许德民编：《复旦诗派理论文集（1981-2005）》，复旦大学出版社2005年9月版，第165页。

赋予了诗歌特有的审美快感。哈金在《论严力"更多的是'反思'"》中，通过对严力诗作《更多的是"反思"》细读，看到严力将社会经验以黑色幽默和暗喻等技巧将个人经验移植于一种特定的社会关系中来研究，使他的言说成为一种可以使人在阅读经验中找到可以与之对话的经验。陈超著《中国探索诗鉴赏辞典》，收录129位现当代诗人的诗作，选择严力其中6首诗歌其中的黑色幽默作为论述重点。由于重在对单首诗歌的鉴赏，而缺少诗歌的联系性解读。

3. 流散视野中的严力诗歌研究

对于严力诗歌进行评述的研究最早可见于1994年李震的《文化裂缝中生长的诗歌》，其中肯定了流散后的严力诗歌创作成为汉语诗歌中最早表现出后现代倾向的写作，并认为应该构成一个深入研究的诗歌现象。但遗憾的是这篇论述仅将重点放在《一行》在海外传播的意义上而缺少对严力诗歌本身的探究。

同样对严力流散后诗歌创作的重要意义给以肯定的还有庄伟杰的《带着母语回家的书写者——试论严力诗歌及其意义》，以严力诗歌为文本，肯定严力诗歌中的判断力以及想象力。认为严力把场景和感受都伸延到一种更为广博的人文、历史、宗教和艺术语境之中，从而建构出了"极具个人性的音调（气味）的生成和传达，使汉语艺术走向自己的最大可能性"[6]。

将严力置于"流散"视野中寻找故国想象的有陈昶的博士学位论文《寻找民间：〈今天〉知识分子研究》中援引了严力《我在散文的形式里》，认为在这篇作品呈现出了一个无家可归的个体的流浪图景，侧重于表现精神意义上的漂荡并由此引起的对家园的寻找。无独有偶，翟月琴的硕士论文《朦胧诗人漂泊海外后的自我认同研究》认为严力与其他漂泊海外的诗人一样始终面对着文化身份的矛盾和不确定性，其作品中流露出的强烈的思乡情感。与之相反，对于同样的引

6　[澳]庄伟杰：《带着母语回家的书写者——试论严力诗歌及其意义》，《世界华文文学论坛》，2007年第4期。

文，杨匡汉在其主编的《20世纪中国文学经验》（下册）和著有的《中华文化母题与海外华文文学》中持相同观点：作为"重审式"的放逐书写，展示的是多元文化背景中的具有世界性视野的艺术世界，严力无意于眷恋式地抒写来寄托缅怀家园的情结，而是企图表现比家园意识等主题更为宽广的生命体验和人生内涵。持相同论点的还有丰云的博士论文《论华人文学的飞散写作》。对此，笔者更为同意后者观点，具体表现在诗人严力是积极亲身参与到市场的运行机制中，以较为广阔的心态和视野以喜剧的方式将二者之间的矛盾化解而体现智性的思考，基于形而上的智性诗意，严力表现更多的是四海为家的"世界公民"的文化身份，而非无家可归的家园寻找，在此基础上方能理解在诗人故乡"在不同的路标之间"[7]的流散语境下，聚焦于对北京这一故乡的怀想时，怀想之背景却在北京与纽约之间不断地虚化。

此外 JING NIE 的《全球化的背景下的北京：当代中国电影、文学和戏剧的空间诗学创作》(原名 *Beijing in the Shadow of Globalization: Production of Spatial Poetics in Contemporary Chinese Cinema, Literature, and Drama*)第二章："超越地域性：严力诗歌的诗意特点与内在空间。(Poetic Difference and Intimate Space in Yan Li's Poetry)，将严力的诗歌放置在流散背景下，作者认为在某种意义上身体旅行的物理空间体现了心理、情感和自我放逐的智力之旅，肯定了严力作为最早从"朦胧诗人"群中走出来的诗人在当代诗歌中不断走近诗歌本质的努力。

4."跨界"视野中严力的诗画互动

目前学位论文中比较新颖的是从跨界的视野中研究其诗的传播，在此一方面有王强的博士论文《中国新诗的视觉传播研究》中，作者认为由于诗歌自身的传播机制涉及到政治、经济、文化等多种客

---

[7] 北岛，张承志：《他乡的天空 摩尔宫殿的秘密》，北京：人民文学出版社2017年8月版，第189页。

观因素，所以诗人通过调整艺术姿态和创新传播方式来促进新诗进入公共空间，在此背景下承袭"星星"精神的诗人严力和芒克以画笔涂抹内心的诗情，从而延续了古代文人画传统的余脉，但由于文章关注的主要是传播途径，所以在关注严力的诗歌文本与绘画作品的互文性关系提及寥寥。

综上所述，从现有对严力诗歌的研究看来多缺乏整体性、连贯性及其诗歌的独特性，而主要集中在严力诗歌中的表达技巧和风格分析、流散视野下的诗歌研究上。另外，作为出色的艺术表达多面手，在跨界视野下探讨严力诗画互动的研究甚少，且研究多就其单首诗歌进行零散的评论，而缺少纵横其出国前后的文化背景变化及其诗歌中贯穿的反思意识及反思性诗学观念，这种诗学观念对于当下诗人承担的社会责任问题有着重要意义。同时，严力作为诗歌和绘画领域都有所涉猎的艺术家，其诗歌与绘画作品在其反思性诗学观地支撑中也具有极为明显的互文关系，在多元的表达形式中可追寻严力反思性诗学观的深刻意义。目前以严力诗歌研究为专题的学位论文在大陆基本是缺失的，本论文从以下三个方面建构内容：

首先，对严力的诗歌创作进行分期，根据严力生活的社会背景及自身生活经历分析严力"反思"意识的萌生与发展。前期严力一反从朦胧诗走出的一代人的"苦"味，以智性表达个人经验并进行含蓄的低音调叙述，为流散后智性的历史书写奠定基础，重新审视严力去国前的诗歌，有助于探索严力本人诗歌的独特性追求乃至完善"朦胧诗"写作的多重面向的建构。后期的流散经历则以更为开阔的世界公民心态表现对人类生存问题的反思，由于这种反思直接指向人类整体内心文明的建构。并综合严力的反思意识形成及发展过程，概括严力的反思性诗学观。

其次，以文本细读的研究方法考察严力在反思性诗学观的关照下对历史、故乡、人类对现代物质文明的追求及对母语创作诗歌的反思。指出严力对以上四个反思方向的态度与选择：对"文革"的历史书写中突破历史局限性直指人性之思；以流散背景下的"怀乡"反思了中国经验与时代精神的结合；肯定人性中对物质文明追求的自然欲念，同时对人自身物质欲望的膨胀进行反思批判；母语写作中强调词语的碰撞与现代科技发展带来的新词汇入诗，以此来弥补现有词汇在人细微感受中的缺席，同时对诗歌写作姿态反思本身构成了对"元诗"写作的转向，严力将诗人对写作灵感的追求与其智性的反思互补构成诗歌的完整写作。

最后，研究严力反思性诗学中诗歌与图画文本的互动。从视觉隐喻的角度对探讨严力画作中的三个超现实主义的系列画作"砖头系列""黑胶唱片系列""补丁系列"，并结合严力的诗歌文本探讨严力在作品中呈现的现代文明中人类的生活图景，并对人类的文明进行的"修补"，其进行"修补"的"补丁"正是反思带来的对人内心文明的建设和修养的提高，为跨媒介表达提供了新的思考方式。

结语部分对严力诗歌的反思性主题的价值性和启示性进行总结。

第一章 严力反思意识与反思性诗学

"反思"在拉丁文中写作"Reflexion"，本意为"内部的反映"。如果说"认知"的其中一条途径是通过外部环境对感官的作用，正如洛克所说"认知"的另外一条途径是由我们的心灵活动的观察所形成的，并且把这种"我们心灵的内部活动"的直觉称为"反思"[8]，斯宾诺莎则进一步将反思作为一条认识真理的途径。因此反思作为一种认知的方法以探求真理。有学者借助辨析"回忆"和"反思"的异同来厘清"反思"的特征：反思的目光是指向过去的意识行为，并且带有批判性的回顾的性质。如此便把反思作为一种以故有经验作为出发点，指向对未来有借鉴意义而形成具有真理那样的对未来的指导性。严力的诗歌正是如此，其对历史经验的处理同样指向对现代和未来的指导意义而超越对历史经验叙述本身。

海德格尔试图用"反射"来代替"反思"，他认为自身在实际此

---

8 [苏]罗森塔尔（М.Розенталь），（苏）尤金（П.Юдина）：《简明哲学辞典》，中共中央马克思恩格斯列宁斯大林著作编译局译，生活·读书·新知三联书店1975年6月版，第41页。

在中自身揭示自身的方式可以被称之为"反思",这就是海德格尔所说的在"光学意义"上的"反思":"在某物上折射,从那里回射,亦即从某物出发在反射中显示自身"[9],海德格尔以"从某物出发在反射中显示自身"的物理学中的"反射"来替代"反思"用以消解"对象化"的性质[10],意在说明人对自己的理解是通过从事物中的"反射"来进行的,并且打破了反思的时态性,不仅是从固有经验中出发,也关注到自身的"此在"也是作为反思发生的触发点。同样,严力的诗歌不是冷眼旁观,而是主动走向事物本身,康德曾言:"人对自身的认识必须在反思的行为中进行"[11],从与人类共存的事物中反思人性自身的问题。

严力的文学创作作品颇丰,极具"反思"性的创作诗学观在其诗歌中一以贯之,从严力步入诗坛伊始,即从个人经验中触发诗人的反思意识,自觉承担起诗人的历史使命以及社会责任,以超越时空和当下语词意义而与个体生命同构的状态来实践其"反思"性诗学。明晰人类对自身的认识有所明晰,现依据其所处的社会文化环境中的个人经历以及不同语境中的文化身份,对其反思意识的产生及特征进行分期概括,借此考察严力诗歌中反思性主题的发展变化的原因及表现。

(一)前期:"朦胧"中出发的"反思者"

严力作为出国前期"朦胧诗"中旁枝逸出的"反思者"的一阶段,时间上包含了"文革"前后(1973年—1979年)和朦胧诗在国内被广泛承认的时期(1980年—1985年)。联系作者生存的社会环境及个人成长经验,可以看到这一阶段严力诗歌在朦胧诗中萌芽,最终又与朦胧诗的叙述方式有所偏离。其反思意识萌发于对"死亡"的感知及

9　倪梁康:《自识与反思:近现代西方哲学的基本问题》,商务印书馆2002年2月版,第493-495页。
10　倪梁康:《自识与反思 近现代西方哲学的基本问题》,商务印书馆2002年2月版,第494页。
11　倪梁康:《自识与反思 近现代西方哲学的基本问题》,商务印书馆2002年2月版,第18页。

思考，这一阶段严力诗歌中的反思性主题的个性特征是以智性的表达对个人经验进行含蓄的低音调叙述。

追踪严力写诗源头的70年代初期，文革中的思想控制时松时紧，根据杨健在《文化大革命中的地下文学》叙述："1974年即发生了一场全国范围的对'地下文学'的围剿，但实际上自从1971年整风运动之后，那些被拨乱反正过的'左'的方针又开始在1974年'批林批孔'中被推行"[12]。在此种高压政策下，诗人天生即带有抗压和思考者的气质，作品也多具有隐晦的抒情性与强烈的思辨性，最具代表性的就是"白洋淀"诗人群体。北岛在专访中说："我们开始写诗，多少有一种'前无古人后无来者'的悲凉感。是青春和社会高压给予我们可贵的能量"[13]。

在此社会背景下，十六岁的严力通过芒克认识了一群写诗和画画的人，圈内人的分享带给他们"幸存的滋味"："1972年夏天，在北京国务院宿舍、铁道部宿舍有一个小小的沙龙。以徐浩渊为促进者或沙龙主持人。……这个沙龙中主要成员多是业余画家和知青诗人，主要人物为画家彭刚以及谭小春、鲁燕生、鲁双芹等人，后来成为'白洋淀诗派'的头面人物：岳重、栗世征当时作为歌者而参与这个沙龙"，作为"朦胧诗"产生的温床，"当时沙龙的生活是大家聚在一起唱歌、看画展、交流书籍画册、为某一位成员过生日、出游……等等"[14]。乃至于若干年后的今天，在大洋彼岸的严力，依然喜欢沙龙的形式："沙龙才是真正文化生长的东西，因为每个人都是他自己，即便不发言，但是他能刺激到你。我想要新的东西，我不想要坐享其成，在诗歌上只能往前走……70年代，我们搞诗歌、小说、哲学、音乐、绘画的都在一起，这种气氛很好，可以互相激发思考"[15]。艺术家的交流同样也让艺术的发展边界在模糊中日渐清晰自己的定

12　杨健：《文化大革命中的地下文学》，朝华出版社1993年1月版，第26页。
13　田志凌：《北岛访谈：青春和高压给予他们可贵的能量》，《南方都市报》，2008年6月1日B33版。
14　杨健：《文化大革命中的地下文学》，朝华出版社1993年1月版，75-103页。
15　严力口述，参见附录A，2019年1月19日。

位,70年代末,掀起过一阵诗人自己油印诗集与朋友交流的潮流,这一时期,北岛、芒克、马德升都印有自己的诗集,严力也为在此期间的自印诗集设计了木刻版画作为封面和插图。这种以"分享"和"激发"为出发点的活动为严力后来的艺术创作提供了多维度表现灵感的空间,其后他本人的诗歌、小说、散文中都插有绘画或摄影作品来尽可能地呈现自身的灵感与思考。

尽管芒克在访谈中谈到:"当时我们写诗,就是打破一切常规,很自由地去想象,根本就没想过要去借鉴什么古典的、现代的诗歌"。[16]看似诗人没有取法,但"皮书"的阅读对严力这一批在70年代开始写诗的人在其精神去向以及知识构成中的重要性是毋庸置疑的,"皮书"阅读对这一时期思想启蒙的影响多有论述,在此无需赘言。"皮书"在很大程度上组建了严力这一批年轻人关注现实、想象未来、处理现实的精神资源以及行为指南,尤其是主要表现二十世纪西方现代派的文学,多表现人与社会环境、人与人的关系、人与物质世界以及人与自我关系上的异化与扭曲的"皮书",遭遇精神危机的"垮掉的一代"在传统道德信仰的崩坏时,表现出对价值的怀疑、对生活的悲观、绝望和对社会的反叛,从此一方面而言,似于在文革中被放逐的这一代人的处境和心境。所以"皮书"使他们开始理性思想的启蒙、对现有思想的颠覆、以及个人思想的重建,在异质环境酵素下催生了他们产生一种摆脱主流高歌的状态的独立的思考,也因此严力这一代人天生带有对个性的放逐与回归,思想的反抗与表达,因此其诗歌作品注定带有反思的气质。

结合严力在北京的记忆,自其1967年返京后,轰轰烈烈的上山下乡运动便开始了,此时严力的父母还在湖南五七干校,如此一来严力在北京度过了"阳光灿烂的日子"。不久,父母将严力带到湖南五七干校,在这里"与父母待在一起,重新进课堂,在学校每天还要劳动半天。或上山砍柴,或是下田干活,严力体验着劳作的辛苦,也不

---

16 傅小平著:《四分之三的沉默 当代文学对话录》,广西师范大学出版社2016年8月版,第423页。

断地品尝着饿肚子的滋味"[17]，1970年再次返京之后严力接触到了芒克、北岛、多多，将严力带进白洋淀诗人圈，并开始进入北京第二机床厂工作，厂内地下图书馆让"偷食禁果"的严力废寝忘食："我们取出的书，除了《三国演义》等中国名著，还有大量翻译过来的外国文学作品，比如巴尔扎克、狄更斯、托尔斯泰、普希金、杰克·伦敦、马克·吐温至少上百本经典"。[18]对于西方文明的接触也就是从这一时期才开始，严力的诗歌从文革中封闭压抑的语境中接受"皮书"文化的滋养产出。

就诗歌作品的特殊性而言离不开诗人个人的成长经历、自身喜好、接受的信息、交往的人群等因素。1954年出生的严力，有着与"朦胧诗人"一样的上山下乡的经历，不同的是严力异于"白洋淀"中的北京子弟，从小在上海的祖父严苍山家长大，严力在后来做访谈时说，爷爷家里有很多中国古代的名画，可以说严力的眼睛自小被这种中国传统文化滋养过。但是不久，特殊年代的文化运动让家中的名画古董被付之一炬，1968年祖父的自缢身亡给严力沉重的一击，此时的严力已经身在北京在"阳光灿烂的日子"里独自咀嚼死亡的意义。1974年严力写道："钟/敲响了/声音急剧地扩大/膨胀/我听见了过去的分秒/堵住了我的生命……墙/用白色向我猛扑/唯有那张肖像/用一贯的笑/抵消着死亡"。以超现实语境以及低音调的叙述方式展现死亡来临的恐怖压抑之感。1989年远在纽约的严力写下一首诗歌试图"医治"自己的这一"终身抑郁症"："自杀者到了另一个世界之后/如果再自杀一次/就又回到了这个世界"[19]。当然，时至今日，用"自杀"的方式进行此一世界与彼一世界进行往返的人还未出现，似乎可以说明彼一世界还是幸福的，即便回来之后又能做些什么呢？严力对自身的心绪不断进行追问来反思特殊年代的自杀，在文学中一般是不被严肃讨论的话题，比造成自杀的原因更重要的是如何在将来

17　陈陶：《诗意地栖居24位中国现代诗人小传》，华中科技大学出版社2016年10月版，第175页。
18　周东江：《头等好事还是读书》，天津人民出版社2016年5月版，第112页。
19　严力：《挤出微笑的石碑》，译林出版社2018年1月版，第22页。

避免这一问题,在此一时期生发的对死亡的感受为严力流散后执着于对文革的历史书写奠定基调,由此结合严力个人的生活经历,不难窥见严力诗歌中的反思意识建立在对死亡的感知以及在那个年代热烈的回响中冷却后的思考。

在严力进入诗界伊始,文学评论家即将严力归入"朦胧诗人"的队伍:1985年老木编选的《新诗潮诗集》及作为其附录的《青年诗人谈诗》均选了严力的诗歌及诗歌理论。同年,入选陈超主编的《中国探索诗鉴赏辞典》第四辑朦胧诗诗群,此后严力的诗歌基本被定位为朦胧诗人,而入选各家被冠以"先锋""经典""年度最佳"等诗选集,比较代表性的有唐晓渡编选《先锋诗歌》,张清华主编的数个年度《中国最佳诗歌》系列,唐晓渡、张清华编选《当代先锋诗30年1979—2009谱系与典藏》,洪子诚,程光炜主编的《中国新诗百年大典》等。

即便严力被历史地推向从白洋淀发端的"朦胧诗人"群,但在重返80年代的浪潮中,关于白洋淀的回忆录对严力的记叙却是寥寥。尽管1994年严力在《诗探索》发表《我与白洋淀也沾点边》(后转载于《七十年代》),但细读其诗歌会发现严力并未寄希望于加入"朦胧诗"的"诗歌家族"[20],正如唐晓渡所言:"朦胧诗人这一代也不能一概而论。比如严力,就可以说是一个风格上的异数"[21]。其诗歌的承担比之于北岛的"怀疑的英雄",和芒克"野性的孩子"[22]显示出完全

---

20 基于文类学的"惯例"研究,"诗歌家族"观念被有效提出。同一诗歌家族内部的成员,彼此享有亲缘关系认同或反抗的惯例。诗歌家族的边界既确定又模糊,互有交界,又各有领属,成为一个交隔互渗的群族空间,因此诗歌的发表语境既具有保护功能,也因此遮蔽诗歌阐释的丰富性。选自《今天与朦胧诗的发生》,张志国,博士学位论文,暨南大学,2009年12月,第4-6页。

21 唐晓渡、张清华:《当代诗歌观察笔记历史、谱系与个案——关于先锋诗歌与唐晓渡的对话》,张清华著:《穿越尘埃与冰雪》,西北大学出版社2010年8月版,第290页。

22 多多:《被埋葬的中国诗人(1972-1978)》,廖亦武主编:《沉沦的圣殿——中国二十世纪七十年代地下诗歌遗照》,新疆青少年出版社1999年4月版,第197页。

不一样的诗意。所以在朦胧诗发轫之时,与"一代人"的代言者身份出现在诗中"[23]呼唤人的价值并热衷于建构内在性的意象而言,严力的诗作即表现出不同于"朦胧诗人"因社会批判和人性呼吁的时代主题而无可避免带有反抗现实的暴力气质,当然严力也并未否认人的群体性、社会性,只是他没有使自己深陷于历史与政治的牵绊,避开高音调的"回答"取而代之的是"蘑菇""在阴暗的处境里,生命不见了/尽管是背着光/朽木/怀了孕"(《蘑菇》)[24]的个人经验的低音调叙述。也因此在一定程度上被与启蒙时代共振的诗人遮蔽。"与其他同代诗人比,我更早从人性角度观照、看待社会人生……我常思考,诗可以让人用智慧、思辨超越人的生物性、物质性,用文明去替代一般的器官享受"[25]。当人类的精神文明的维系点渐行渐远时,在普遍严肃的诗歌世界中,严力以一种超越时空和语词意义而与个体生命同构的状态实践"反思",以期提高人的内心文明。

重新审视严力去国前的诗歌,发现严力的诗歌始终指向"建构内心文明",有助于探索严力本人诗歌的独特性追求,乃至完善"朦胧诗"写作的多重面向的建构,这也是本篇论文的意义所在。

(二)后期:流散视野下的"反思"

根据普遍认同的流散文学代际划分,近代中国最早的流散文学可以追溯到19世纪末20世纪初,此后直至20世纪60年代,第一代从台湾赴美的白先勇、於梨华、聂华苓、陈若曦等作家背负着"孤岛意识",对于身份的追问是他们作品中的主题。第二代就是以严力为代表的80年代从大陆走出的一代,但无论是流散文学还是留学生文学,都毫无意外地讨论小说创作的问题,评论界也是对小说题材情有独钟,但对从"今天"走出的学人比如北岛、多多、杨炼等,洪子诚在《文学与历史叙述》中提出在海外流散的这一批杰出的大陆诗人继

---

23 孙基林:《崛起与喧嚣——从朦胧诗到第三代》,国际文化出版公司2004年12月版,第88页。
24 严力:《严力诗选(1979-1989)》,一行诗社出版1990年版,第1页。
25 张学昕:《唯美的叙述》,山东文艺出版社2005年12月版,第261页。

续创作的现象是一个应该被继续追问的话题。

流散的经历使诗人被异质文化包围而无可避免地处于边缘的位置上，但是正是这种边缘化的位置给予流散诗人具有既能看到中心又能因为处在两种文化的交汇地带而望见中心以外的地方，这种混杂化的独特视角使严力具有包容性的世界公民之眼光，突破个人的经验的叙述，因此相较于其他作家伴随着对资本主义的审视，或者对于归属感的焦虑，严力并无所谓"边缘人"的困扰。反而流散视野下的严力的诗歌创作以多维度的视角去呈现其反思性诗学观，而转向挖掘人类共存的问题，以期提高诗人自身的修养。

这一阶段主要是流散时期严力对"我是人类最后的集体"的人类群体代言者的身份对人类整体精神文明的反思，时间上包含纽约时期（1985年—1995年）以及中美两地时期（1996年—2016年），之所以在流散时间内划分出1995年，严力在这一年创作了第一首以世界性的眼光看待西方文明的诗歌《纽约》，标志着严力逐渐从地理意义上的"世界旅行者"过渡到精神上的"世界公民"的转变，他的"反思"也逐渐从人在现代文明的重压下的异化之焦虑以及孤独感的咀嚼，逐渐转变成在时代的高度上从人类整体角度出发与东西方文明进行的对话。严力将视野聚焦到现代都市文明中，对城市中人的异化亦抱有一种影响的焦虑，但与众多80年代出国的诗人不同，严力没有将自身放在一个"边缘人"的位置上，而是积极参与到现代文明中，在批判地看待现代文明中人的异化问题的同时不失调侃意味的反思意识："从物质到精神之间的差旅费/每年都在涨价/许多人只好缩在物质里"[26]，严力的反思意识贯穿生活的各个角落，生活中的地铁、商业上的股票、政治上的选举……对现代生活中一切问题的关注使严力始终具有时代赋予的新的活力，这种活力使严力在其文艺作品中形成独特的反思性诗学观。

不仅严力的作品具有这种独特的反思性诗学观，其创办的刊物亦是如此。很多学者提及留学生文学，首先想到的是1987年5月创

26　严力：《体内的月亮》，北京作家出版社2015年12月版，第222页。

办的华人文学团体——纽约晨边社，这一小说社团团结了一批同样对文学感兴趣的北美留学生。对于这一时期的留学生文学，当时的评论家认为留学生文学"不能仅仅停留在窗口的价值上，要更真实可信地展现出处于中西文化交点上的所谓'边缘人'形象。"[27]但是很少有人思考留学生文学如何从固有的情节中跳脱出来而真正具有主体意识，而并非将个人介入所在国的社会作为"边缘人"的存在。1988年的《小说界》正式开辟"留学生文学"专栏，并开始定期推介严力、小楂、施国英、易丹、戴舫、王鲁夫等人的作品。无论是诗歌还是小说作品，严力并未陷入到"边缘人"的困境中，所以恰恰没有迎合当时评论界的需要。从此一角度而言也是严力的作品非主流的一个原因。

如此境况中，同样于1987年5月，严力在美国举起"诗歌"的大旗开创了《一行》诗社并创办杂志《一行》，《一行》创办的价值性与国内诗歌发表的难易程度呈现正相关，换而言之，《一行》的出现应时而生亦应时而逝，严力没有将这份刊物定位在"边缘人"的角色中，而呈现出极具主体意识的"反思"以提升诗人自身的文明修养：严力认为《一行》的使命是："不断创作，不断挖掘自身……真正的诗歌一直在与人类内心的善恶作斗争"[28]。正是由于这种反思直接指向人类整体内心文明的建构而突破地理意义上的文化身份之局限性，因此严力在整个流散阶段始终保持着对多元文化保持强大的接受力与足够的尊重得以在诗歌中追寻"世界公民"的心迹。

（三）严力反思性诗学观

严力认为"我所有的作品，其实都是在言说这个时代的一些问题，这个时代的价值观，我去评判它，我去体验它，我去感受它，我

---

27 上海文化年鉴编辑部编：《上海文化年鉴 1989》，上海人民出版社1989年12月版，第194页。
28 谢冕、杨匡汉、吴思敬编：《诗探索》，首都师范大学出版社1994年8月，第128页。

去反思它"[29]。实际上,这决定了严力创作诗歌的定位是"反思"的言说。我们习惯于将"反思"作为一个总结经验的过程来对待,这种日常化的反思意识是根植于人类意识之中的,但也正是在这样的一个过程中,"反思"被我们屏蔽了其最终指向——对"内在文明"的提高,即人的自我"修养"的提高,严力正是以此种"反思"的方式来提高诗人自身文明。

严力的诗歌不是冷眼旁观,而是主动走向事物本身,从人类创造出来的事物中审视历史、反思人性自身的问题。在严力的诗歌中,现实生活与诗人"反思"的关系即客观世界的主观印象与诗人发挥主观能动性后的反应的关系,正如严力在《多面镜旋转体》中,指出"诗是多棱镜地反映现实,每一首诗就是一个面,如何立体地准确地表达出自己的思考是我的责任"[30]。"真正思考的言语的天性是诗意的"[31],那么诗人天生便承担思考者的角色,严力将自我放置在一个"观察者"的角色,以现实为镜像,思考事物的特征,反映在自己的内心当中,反思所观事物,以期完善诗人自身的"内在文明",因为严力认为"诗人写诗首先是建造自己内在的文明,每一次写诗就是审视人性、情感、社会形态、历史事件的过程"[32]。换言之,诗歌的创作过程就是一个诗人进行反思的过程。

反思的进行需要诗人自身具有独立思考的意识,阻挡外部物质的诱惑,成为真正的"诗人",才能对历史经验与社会现实做出自己的判断与思考。所以在"反思"的过程中,其前提便是诗人需要保持"独立"的自我,"道路与思量,阶梯与言说,在独行中发现"[33],严力在诗歌中呈现的反思意识是一个诗人独立思考的过程,在此一过

---

[29] 赵思运:《边与缘--新时期诗歌侧论》,时代文艺出版社2005年12月版,第159页。
[30] 羽菡:《遇见·你——艺坛名流访谈录》,上海辞书出版社2017年8月版,第155页。
[31] 海德格尔《诗·语言·思》,文化艺术出版社1991年2月版,第3页。
[32] 严力:《悲哀也该成人了》浙江文艺出版社2016年5月版,第119页。
[33] [德]海德格尔著:《诗·语言·思》,彭富春译,文化艺术出版社1991年2月版,第3页。

程中，诗人从中获得主体意识及不落窠臼的风格，从这一角度而言，与北岛呐喊的"我不相信"强调人的主体性的意味是相似的。这个独立思考的自我带着被勘破的玩笑来驱赶黑暗："我看见了黑暗和光明团结起来的力量/我看见这力量团结起来创造的巨大的市场/如果没有黑暗/灯泡卖给谁/电/卖给谁/还有我/谁来买我"[34]（《巨大的市场》）；可以反噬时代的欲望而表现对于强力语义场的拒绝："我太忙/每一次潮流或/每一届政权/垄断了各个出入口以及/生命的各种意义之后/就开始了新的安装/你不去吗/……不去/我哪儿也不去/我忙于独立/忙于把不去编成词典"[35]（《我太忙》）；因此才可以以玩世不恭的幽默回归人的本真："我不维修哭/也不维修笑/不维修上层建筑／不维修下层建筑/我维修建筑/维修哭笑不得"（《维修工之歌》）[36]，诗人需要在保持自身独立性的前提下才能不断改善自己的价值观，这个过程就是诗人自我修养的过程。也就不难理解特朗斯特罗姆所说的：诗是一种积极的禅坐，它不是催眠，是一种唤醒，唤醒一个人对最高文明的向往。[37]

黑格尔认为反思的作用有三点：第一反思能够认识到事物之间的一般性和普遍性，从中发现事物发展的内在必然性和规律性。也就是说反思具有改造感性材料的作用，从而才能更接近事物的本质及其规律。第二是反思可以改变感觉的内容，即能够克服感官世界带来的直接影响的片面性，所以思维的主观能动性的重要性不言而喻。第三，反思能够帮助我们认识到事物的内在矛盾性以及联系性。在感知的基础上，进行思想的加工处理，将感性的材料变成理性的认知[38]。而严力诗歌中的反思性诗学观促使严力的诗歌探索具有一种"通过某个既独特又带有某种普遍性的东西，引起人们的心灵震颤或发人深省，而不是止于表现唯有作者本人才感兴趣的现象、事件或心理过

---

34 洪子诚，程光炜主编，李润霞本卷主编：《中国新诗百年大典》（第11卷）长江文艺出版社2013年3月版，第223页。
35 聂广友编：《新诗》上海文艺出版社2011年8月版，第212页。
36 谭五昌编：《国际汉语诗歌》（2014年卷），线装书局2015年7月版，51页。
37 李小洛编：《新诗界》（第6卷），长江文艺出版社2012年7月版，344页。
38 黑格尔：《小逻辑》，商务印书馆2017年8月版，第109-123页。

程"[39]的意义。

出国前期，严力在社会环境和个人经历的影响下生发于对"死亡"意义的咀嚼的诗歌，因此，严力在出国前期即表现出低音调的叙述，对文革这一历史时期的感知，导致其后与这一历史阶段真正拉开时空的距离后，对这一时期的回忆与想象以反思将个人经验转变为一种可以使人在阅读经验中找到可以与之对话的经验，使得反思的最终获得一种普遍性和对未来的指导性。至于其"流散"的经历带给严力以人类整体观的角度对人类整体精神经验的反思，从严力的诗歌作品及创办的刊物中，可以看到既一反从朦胧诗走出的一代人的"苦"，又表现了的更为开阔的世界公民的心态，从而呈现出其反思性诗学的独特风貌。不管严力处于哪一时期，记录和表达自己对所处时代某些现象的想法和看法是其保持诗歌创作的理念。因为反思的最终功用还是要获得一种"真理"一样的普遍性和对未来的指导性，建构"内在文明"的要求就是必须具有对人类社会本身的整体性审查、批判与超越，"内在文明"的不断生成与不断提高的"修养"构成了人类社会继续延续下去的根本保证。也是在此一过程中，反思获得其存在与发挥功用的合法性。

第二章 反思性诗学之文本呈现

影响乃至决定人们对诗人及其功能和使命作出判断的主要因素是诗人所处的历史情境、意识形态背景及相关的问题框架、个性化的艺术选择和美学追求。当诗歌写作越来越多元化而逐渐出现远离责任与使命的时候，严力始终坚持其反思性的诗学观，在此关照下呈现出诗人个人的良知信念和理想主义追求。

对于从文革中走出的作家而言，严力拒绝对痛感经验的叙述，而是反思现时人们对于历史的记忆，从中窥见对现代社会中的人性之思，从某种程度上超越了对痛感经验的叙述本身。对于流散的经历，严力并未跟随当时流散文学的潮流，将自身放置在"边缘人"的角色

---

[39] 李子云：《海内外学者谈留学生文学》，《小说界》1990年第5期。

里，通过对故乡"北京"的怀念之背景的聚焦与虚化中，严力将全球化视野下的现代性价值融入至现代中国文化的内在有机构成。可见，严力把流散的经验从文化的夹缝中超脱出来，从而形成超越性的视野，为其建构自我表达提供了新的可能性。此外，严力辩证地看待现代物质文明的超速发展，视野始终贯穿着对人类社会的整体关注，并将生发的诗意融入进市场化和世俗化的审美取向之中。同时，流散的"遭遇"使严力将"母语"的地位放置在诗歌的创作之"根"上，强调以新的词汇表达人类更微小的感受，并且以对诗歌写作姿态自身的反思来凸显"灵感"之意义。严力通过对历史、故国、现代物质文明以及对母语写作的反思勾勒出诗人对于历史的使命感和对社会的责任感。

（一）拒绝与超越：对痛感经验的消解

饶芃子与杨匡汉关于北美华文文学自50年代以来的典型主题予以分类厘清，主要包括反思人性的"故国回望"主题、寻找精神寄托的"生存困境"主题、华人与主流社会的"异族交往"主题还有揭示华人内部多样性的"同胞互看"主题。作为经历过"文革"而走出的新移民作家，严力走过的青春本来就伴随着中国特殊年代的历史背景，学者们将华人对"文革"主题的书写归纳在第一种主题中，但遗憾的是在诗歌层面未有提及。相比较小说题材，诗歌本身即承担更智性的思考，在一定程度上是对"文革"叙述的互补。

对于从文革后走出的"新移民作家"，严力认为："我们对这个时代的背景、这个时代的价值观我们要做出反映，如果我们没有做出反映，就等于没有给后代提供、留下数据"[40]。难能可贵的是严力在世界平台上反思了20世纪中国的伤痛，并将此种伤痛指向形而上的人性之痛。正如查建英所说："'过去'既是报复也是财富，无论以他为荣还是为耻，我们既不可能躺在上面靠它吃饭也不可能将它扫地出

---

40 赵思运：《边与缘--新时期诗歌侧论》，时代文艺出版社2005年12月，第159页。

门、驱逐出境,因为它就藏在我们每个人的身体里,遗留在我们传给后代的基因里"[41]。严力将文革的经验统摄进入其反思性诗学中,以对未来的指导性为旨归,因此消解了其中的痛感经验而具有一种不局限于个人经验本身的超越性。

如前所述,严力去国前在《蘑菇》中就表现了在高压闭塞的情况下,也能孕育一些顽强的生命,这种生命依然具有思考和努力生活的追求。从中已然看到在地下文学之时严力就放弃了北岛"高音调"[42]的"反抗者"的姿态。流散的时空距离让严力的反思更具将自己曾经所处的历史社会生活进行抽象变形的力度,将这种反思延伸到普遍的人性之上。比如这首《悲哀也该成人了》:

> 一拖就是多少年啊
> 那时候的死亡也长大了
> 大到悼词也能生儿育女了
> 一部分留在那年的我也长大了
> 尽管长成了一个被拦截的网址
> 但学会了翻墙、翻栅栏
> 翻阅历史的沉冤
> 激情的长鸣没停过
> 长鸣上不断叠加着新鲜的花圈
> 但这远远不够表达对现实的质疑
> 为什么霓虹灯下
> 整个世界的黑白可以互相祝酒
> 为什么每次我上街散步时
> 总能看见一些名叫遗忘的人

---

41 查建英:《八十年代访谈录》,生活·读书·新知三联书店 2006 年 7 月版,第 3 页。
42 北岛在访谈中谈道:"我们的写作和革命诗歌关系密切,多是高音调的,用很大的词,带有语言的暴力倾向"。北岛:《中文是我唯一的行李》,《书城》,2003 年第 2 期。

在广场上朗诵未来[43]

"死亡"的事实已然显现,但是"一拖就是多少年啊",让这个事实的真相不被呈现,所以这样的"死亡"是含混而不明真相的,我们距离"冤假错案"已经有一代人的时间了,在这样被蒙蔽的世界中,"沉冤"的死亡伴随着我的"长大",或者可以说是不明就里的沉冤蔓延到"我"身上伴随了"我"的成长。随着"我"的成长,内心的反思力量也在萌生成熟,终于"告诉真相"的力量让"我"变成了一个带着答案和真相的具有公众性与传播性的"网址",从而象征着被掩盖的真相的"掌握者",意在还给当初的"死亡"以清白,尽管被整个社会系统"拦截",尽管是以迂回曲折的方式。

严力将历史现实抽象进个人的成长历程,一个与沉冤的死亡一起长大的现在的"我",带着将真相公之于众的使命感与停留在那年的历史现实不屈地对质的过程,但是这样的对质是否有所效用?洗刷"沉冤"的激情表面上看起来未曾褪去,"新鲜的花圈"似乎也是在粉饰无尽的"激情",但世界没有因此就得以正常运作,反而"整个世界的黑白可以互相祝酒",所以这种激情是让我们离死亡的真相更加靠近还是更加远离呢,结论不得而知。

1976年,郭路生的《相信未来》:"朋友/坚定地相信未来吧/相信不屈不挠的努力/相信战胜死亡的年轻/相信未来/热爱生命"[44]曾经对光明的憧憬,为理想而挣扎奋斗的压抑与热情在地下文学私人化的语境中被悄悄传送,但是如今在"霓虹灯"下代表现代物质文明发展的背景中,在公共空间的大声"朗诵"的展示中,或许是为了激情的展示而展示,其中的精神内核已被遗忘。正像严力在《超级英雄的反思》中说道:"这一年里只能把死人挖出来重埋一次"伊沙编:《被遗忘的经典诗歌》(上),太白文艺出版社2005年1月版,第34页。[45]

---

43 严力:《悲哀也该成人了》,浙江文艺出版社2016年5月版,第103页。
44 林莽,刘福春编:《诗探索金库·食指卷》,作家出版社1998年6月版,第11页。
45 伊沙编:《被遗忘的经典诗歌》(上),太白文艺出版社2005年1月版,第34页。

这是严力作为诗人对过去的年代的"死亡"的追问而向现在的世界发出的质疑之声。

从中可以看到严力没有将重点放在特殊年代的死亡之悲,拒接文革中痛感经验的叙述,而是置于现在社会中表现人对历史的善于遗忘,不禁让人发出未来又在何处的追问,从而将过去之悲指向未来之思,以对痛感经验的消解来超越对历史事件本身的关注。诗歌《负10》中写道:"以文革为主题的诉苦大会"最终"变成了一行数字:1966—1976/老张家的孙女说等于负10"[46]未经历者对"1966—1976"的一行数字等于"负10"的回答与文革的历史意义,及真正经历过这一时期的人的痛苦或疯狂的记忆之间形成一种张力,孩子已经对刚过去不久的被遮蔽的历史一无所知,毫无疑问,孩子接受的教育以及现在的成年人都在对这一历史进行遗忘的训练,使之具有一种极具强力指向的深意。

处理这种"遗忘"的药方便是重新建构关于事实的记忆,但实际上是荒诞的,因为之所以被称之为"记忆",正是因为它是过去时态的,所谓重新构建事实,就是当事人假定的,何为事实?如何构建?构建得出来的记忆多少都是与建构者带有某种共谋的性质,所以这种悖论在严力的思考中磨砺出一种矛盾的张力:"一条烂绳子松开的历史……松开了一捆出土的死亡/松开了祖先们系在绳子上的劲/那股劲/照遗传学讲/早已延伸到我们的手上/这手/正在把祖先们忘记告诉我们的一些话挖出来/但这些话/被烂绳子松开了/这些话/再也系不成句子了/这些话使我们无法组成文章"[47],以"烂绳子上"为喻,将"祖先们忘记告诉我们的一些话挖出来",消解其中的痛感经验转化为一种冷静的叙述,"烂绳子"最终作为"历史的记忆"而"延伸到我们的手上",如果说遗传学里的记忆被存储在基因上以遗传后代,那么"历史的记忆"就是一种不间断的对历史的重新建构,所以即便是这根"烂绳子上的那股劲"遗传到我们手中,"这些话已经再也系

---

46 严力:《黄昏制造者》,南京大学出版社1993年5月版,第174页。
47 洪子诚,程光炜主编,李润霞本卷主编:《中国新诗百年大典》(第11卷),长江文艺出版社2013年3月版,第214页。

不成句子了",即言没有经历过文革年代的人们已经不再真正具有重返历史现场的真实性。

巴金说:"往事不会消散,那些回忆聚在一起,将成为一口铜铸的警钟,我们必须牢牢记住这个惨痛的教训[48]。但人性是善于遗忘的,更加剧了这种痛感的经验。对于特殊年代历史经验的诗歌书写还有《不得不热爱北京》《中国抽屉》《还给我》《悲哀也改成人了》等。严力取消对历史进行沉重的控诉,超越历史背景本身,而指向现代社会中的人性之思,指向对痛感经验的遗忘性的批判而对未来具有指导性,把个人经验转变为一种可以使人在阅读中找到与之对话的经验。

(二)聚焦与虚化:"怀乡"背景的呈现

在流散的背景之下,于原乡文化的惯性与西方文明的对冲中,"乡愁"成为诗人无法逾越的心绪盘桓所在。在严力的诗歌中,家园意识是与世界意识联合的,故乡的回忆在他们的想象中呈现出一种崭新的色彩、气味和形象,试图寻找中国经验如何与时代精神的结合,"从身体到精神的'流散'使其获得一种对传统的再认识和再思考"从而"到世界文学的海洋中寻求自己民族传统的文化记忆"。[49]正如在《不得不热爱北京》中的言说:

不管我在什么地方
北京都会忠诚地无奈地
没有余地地跟着我
甚至我在纽约观看一场
1999年的好莱坞电影时
那椅背就像故宫的红墙
所以这场电影的最终的背景

---

48 张永健主编:《中国当代文学史参考资料》(第2卷)《诗歌·散文·报告文学·戏剧》,华中科技大学出版社2001年2月版,第289页。
49 崔春:《论北岛及<今天>的文学流变》,博士学位论文,山东大学,2015年6月,第3页。

对我来说还是北京
想起人民币上的画面
这些画面的价值观念
想起自行车上谈恋爱
更想起如今的商业炒作和
傍大款
股票和彩券的人生游戏

我的背景越来越丰富多彩
这正是我有血有肉的背景啊
前景是我的骨头我的理性
离开或者没有离开
我都在为北京制造我这个
因暂时的历史而拉开了距离的产品
无论好坏
最起码也要和与我有共同母语的
八宝山的火焰
聊聊北京的天空
所以
北京甚至还是我灵魂的背景[50]

严力将全球性视野与其"北京"这一原生故乡背景联结起来，如此便为其提供了一个极为有利的反思点，这个反思点既可以使严力关注到过去和现在，又可以关注到民族性和全球性之关系。一方面严力从现在所处的全球性的背景中出发观察自己极具民族意味的过去生活的"故乡"时，从怀乡背景于"北京"和"纽约"的不断游弋导致的聚焦与虚化中，"纽约电影院"的"椅背"与"故宫的红墙""人民币"与"股票彩券""自行车上的恋爱"与"傍大款"，在电影蒙太奇般闪现的镜头中开拓了地域的观念，体现出极具包容性的全球化视野与跨地域的元素。严力的生活背景由于历史拉开的距离而表现

---

[50] 严力：《悲哀也该成人了》，浙江文艺出版社，2016年版第43页。

出自身背景的虚化，在此语境下的背景不断变化，因此"我"的灵魂的背景也在不断变化，意象之间的跳跃造成时间与空间的距离，给人以强烈的视觉刺激。呈现出在现代化进程不断加快的今天，商业化的背景使城市越来越表现出趋同化的走势又日新月异，不得不肯定的是"我的背景越来越多姿多彩"，所以严力不仅仅把祖国定位在"回忆"和"历史"中，"阳光灿烂的日子"固然值得怀念，而以更开阔的世界性文化视野去关注现代化进程不断加速背景下的"北京"的发展与商业大潮席卷中"北京"的变迁，坚守"北京"总是"我永远的背景"，这是一个流散作家的灵魂构成，由此聚焦自己的怀乡背景。

另一方面，严力带着祖国的背景去反观全球化的时代发展，更确定了自身的故国定位，导致诗人在纽约看电影时的"红色椅背"恍惚间犹如"故宫的红色城墙"，跨国的经历让严力的生活凝结了更显著的文化差异带来的冲击，在这种有血有肉的背景中，"我"愿意在与在祖国并不近的地方打磨"我"自己，制造"我"这个因历史而拉开距离的产品，肯定了"流散"的身份对全球化的现代物质文明认识的全面性，结果便是更确定了自己的背景是与"八宝山"有着共同母语的"北京"，表现出一个从祖国中走出的积极的形象。

尽管严力自称"我的血液里流淌的是北京"。但是没有局限在传统"怀乡"的意趣之内，对比多多《阿姆斯特丹的河流》："秋雨过后那爬满蜗牛的屋顶——我的祖国从阿姆斯特丹的河上，缓缓驶过……"异国的风景触动怀念故国的心弦。相较多诗歌中承袭的传统怀乡悲秋意味，严力对于故国的怀念，由于其对情感的节制以及对全球化发展背景下的故国之思而更多体现一种智性的言说。在某种意义上，身体旅行的物理空间体现了严力心理、情感和诗人自我放逐的智力之旅。

严力将流散作为他寻找自我或某种自我的表达，或言其内心旅行与诗意空间的初衷。在诗歌中回溯历史记忆的意义的同时，严力对于探讨"中国经验"如何与当代文化精神结合也是严力诗歌的可贵之处。其中美两栖的跨境生活为他提供了客观的叙述距离，将全球化视野下的现代性价值融入至现代中国文化的内在有机构成，而不再表现为中国作为后发性的现代化国家而处于一种"他者"的存在，这为严力在全球化的语境中反思中国经验提供了条件，在今天也成为我们探讨被困缚在私语化表达的作家来对抗灵感枯竭以求创新的可能性有启示意义。

（三）"可乐"为镜：对物质文明的审视

物质文明的发展作为现代化的其中一个标志，在新诗产生之初，诗人即对物质文明的想象给予足够的敏感性，对"物质"的呈现为反映社会现实以及想象提供了新的抒情样式。但是当人对物质文明的欲望滑入失范的边缘时，诗人又以人类对物质文明的追求的批判来树立对精神文明的坚守。自20世纪90年代起，文学与物质文明呈现出共谋的姿态，诗人把个体锁定在"物"的包围之中，在肯定人对物质的自然欲念和对物欲进行负面批判的言说基础上，诗人开始在物质世界中寻觅人精神的支撑，试图建立现代主体意识。

对于在物质文明浪潮吞噬下的人类社会，北岛说"与地貌街道相对立的是内心迷宫和九曲回肠，是权力的转弯抹角和股票市场的曲线，这就势必会造成纽约人灵魂的扭曲"。而严力表现出了对"到过纽约就等于延长了生命/一年就可以经历其他地方十年的经验"[51]的"纽约"都市生活极大兴趣："纽约纽约/纽约是用自由编织的翅膀/胜利者雇佣了许多人替他们飞翔/多少种人生的汽车在纽约的大街上奔驰啊/不管你是什么牌子的创造发明者/或者你使用了最大的历史的轮胎/但纽约的商人已经在未来的路上设立了加油站/纽约纽约/纽约在自己的心脏里面洗血/把血洗成流向世界各地的可口可乐"[52]。一方面表现出严力对现代物质文明发展的关照，物欲化的纽约是"自由"的，它可以给人编造"自由"翅膀的机会，可以带来在人生道路上奔驰的最大可能性，从而将"自我"置于人对物质文明有着自然需求的属性之中，从而赋予现代物质文明以合法地位。但同时又表现出

51　米家路编：《四海为诗 旅美华人离散诗精选》北岳文艺出版社2014年10月版，第23-24页。
52　同上。

商业背景下人的异化状态，从诗歌中可以看到在经济全球化发展带动着民族、国家文化界限逐渐模糊的境况下，"可乐走向世界"即表现了美国以发达的物质文明为武器影响了整个世界的价值观，趋同的肉体感受同样飞速运转的世界形成普遍共识，在语言文化上也不断趋于同化一致。作为流散作家，严力的发声更能表现在异国文化圈中，既有文化习惯被吞噬的现实焦虑。

由此，严力的诗歌呈现出一种将诗意融入进市场化和世俗化审美取向的能力。正如被艾略特欣赏的玄学派诗人：既能仔细聆听物质的福音，又能坚守温柔的人性。严力也是这样的诗人，栖身于不以人类意志为转移的物质文明中，而选择主动融进世俗欲望将诗歌的意义导入物欲逻辑之外的经验层面，在人对物欲追求的无深度快感与文艺的高雅性之间找到诗意的平衡点。使现代物质文明发展在诗歌中呈现出融会美丑两极审美取向的运思维度，这与新诗之始对物质文明的想象以及现代性主体的觉醒相承，难能可贵的是严力并不拘泥于此，而以荒诞的方式将二者之间的矛盾化解而体现智性的思考，为当代的"物欲"主题的诗歌书写链条的建构呈现不可忽略的意义。

而且严力在荒诞性小说《血液的行为》这篇小说中引用此诗，将此种反思引申到人性的层面，为诗歌搭建起一个外叙事的构架：李雄的祖父李竹通过换"贫农"的血来改变自己的"地主"成分，若干年后，李雄在美国通过爷爷换血行为的启发将血换成可乐，从而取得了商业成功。联系小说背景，实际上是严力在回顾中国文革与现代美国资本的积累的过程中取得了某种内在联系，文革中概念性的粗暴判断和美国或者说全球概念式的商业性行为在消解人血液中的感情和人性是相通的。

从此一方面可以看到，置于流散的经历中，诗人居住空间的根本性变化，对于文学来说不仅意味物理空间的转移，也是一个放眼世界的契机。在流散背景下，面对现代物质文明的发展，严力无意于纠结是"落叶归根"还是"落地生根"[53]，是进行赚人眼球的欲望书写还

---

[53] 黄万华：《"出走"与"走出"：百年海外华文文学的历史进程》，《中山大学

是求全于西方主义的本土经验的书写，他的文学作品贯穿着对人类社会的整体关注，将中国经验与世界经验结合，严力认为"作为一个诗人一定要朝远看，要有地球价值观，人类唯一能确定的居住地点就是地球，他要成为你考虑问题的因素"[54]。

（四）远离与抵达：对母语写作的反思

当诗人们跨越海岸线，"流散"诗人最害怕的是孤独，在国内来自于社会的、意识形态的压力，在某种程度上隐形地遮蔽了作家对语言自身的关注。诗人将创作愿望与语言局限的矛盾点'外化'为：政治、权力斗争、社会问题等对外在危险的恐惧感。但是当异己文化成为生活的环境，母语的焦虑又被凸显出来，"出国后的环境，使你原来被压抑着、作为作家根本性的'处境'变得纯粹，使人与语言之间的冲突大大凸显出来了"[55]。杨炼认为失去语言抒发内心的空间，成为了诗人漂泊在海外后面临的最大的生存困境。

一方面，流散的"遭遇"使严力意识到"母语"在表达感受中的位置是"根"的存在："能把我的脚/从旅行全世界的鞋中挖掘出来的/只能是故乡的拖鞋"（《根》）[56]。"我被母语套牢了，写诗只能用母语，一是诗歌许多用语要借用文字的历史背景传达，二是语言中的语气、语法、语义相撞的转换只能使用母语找到其中的技术"[57]。由此，严力对母语的选择是积极主动的，远离母语的环境实际上造成对母语的进一步抵达。但是有些学者认为"不同语种之间的差异可以催化对母语特点的理解"[58]。笔者认为流散视野下的母语诗歌写作是诗人的自觉选择，如果世界文学的根本在于兼容统合，中文作为可以容纳

学报》（社会科学版）2019 年第 1 期。
54 蒯乐昊：《严力——画布上的诗歌》，《南方人物周刊》，2011 年第 6 期，第 85 页。
55 杨炼，友友：《人景·鬼话——杨炼、友友海外漂泊手记》，中央编译出版社 1994 年 5 月版，第 320 页。
56 严力：《体内的月亮》，北京：作家出版社 2015 年 12 月版，第 25 页。
57 严力：《历史的扑克牌》，山东文艺出版社 2007 年 12 月版，第 120 页。
58 翟月琴：《流散作家的语言危机：以朦胧诗人为例》，《作家》2009 年第 2 期，第 168 页。

40%的翻译词汇,又可以包容传统文化,在创作语言上并不影响使民族文学转变成为世界文学。

另一方面,在坚持使以母语来完成写作的宿命中,"汉语诗歌写作"如何创新的问题也被凸显出来,赵毅衡认为,"海外作家的写作很多时候并无名利可图,实在是'瘾发难忍'……说得直白一点:不是中国文学需要海外作家的写作,而是海外作家自己需要写作"[59]。同样,流散后的严力说:"诗歌在追随我的生活方式,我摆脱不了诗歌对我的追随……它让你浑身发痒地感到生命被挠的存在,但它不帮你止痒……我的理解是人对于感受的表达始终只能靠近不能真正到达而发痒"[60]。因为"既有的语言造句、表达习惯甚至思维逻辑模式组成了回答生活与人性问题的百科全书,那是一层厚厚的膜,后人只有穿透这层膜才能创新,才能对新的时代产生的问题找到新的表达方式,穿透那层膜意味着越过目前的思考深度与角度,所以在这个层面上,诗歌与诗人之间始终存在一种隔膜"[61]。这与语言学的"话在说我"遥相呼应。语言的此岸无法到达现实的彼岸:"生活从来就没有获得过/顺畅表达自己的机会/因为生活不可能很顺畅的/就像很多文章里的桥/禁不起真实的过桥行为/所以一看到这些桥/就必须从水里游过去"[62]语言看似在现实中有所建构,但是却无法到达现实本身,那么又如何处理诗歌不能如期表达客观现实和心理现实之间的差距的问题,以及如何在母语"发痒"之时感受生命被挠的存在呢?

在确定对母语扎根的定位中,严力认为要尽可能地发明新的词汇表达更微小的感受,以至"对语言极其敏锐的感受力最后发展出一种魔术:能够让词语之间像互相排斥的电子般在接触时放电"[63]。尤其是现代科技带来的现代词汇的使用,"科学技术的发展也在影响诗人的表达深度,许多科技的新词汇,就为诗人提供了新的形容人性的

---

59 赵毅衡:《流外丧志——关于海外大陆小说的几点观察》,《当代作家评论》1997年第1期,第116页。
60 严力:《历史的扑克牌》,山东文艺出版社2007年12月版,第160页。
61 同上,第245页。
62 严力:《悲哀也该成人了》,浙江文艺出版社2016年5月版,第91页。
63 刘禾:《持灯的使者》,广西师范大学出版社2009年5月版,第27页。

意象比喻，也就多了一些词汇去围攻表达生命的感受……对描述的准确性有帮助"[64]。至于一些原本没有诗意的词汇，在诗中让一些本来不可以连接在一起的词汇组合来撞击出新的意思。如《体内的电梯》："现代人早已挖到了遗迹下面的矿石和石油/考古学确实失去了以往的神秘/现代人甚至在自己的心中/也在用高楼来建立将来的遗迹/所以现代的我们/为了到头脑上去眺望思想的风景/甚至要像观光客一样/在自己的体内/等待电梯"[65]。古代的遗迹不再是给我们带来历史的哲思和价值，和"矿石、石油"这种物质的标志碰撞出反思的火花。我们在物化的处境中开始不断建造高楼，"电梯"这一现代化的产物，隐喻着幽暗、封闭和坚硬，这正是内心世界被高度物化、异化与技术化的意象性呈现。严力笔下的"电梯""可乐""口香糖"等母语书写的商业名词作为现代物质文明发展的查无在严力诗歌中多有出现。从此角度看来，严力并不排斥原本非诗意的商业名词入诗，纵观汉语在现代社会的应用，很多汉字词组大都源于近代从日本的再引进，这些在用的字词很大程度上得益于对西方语言的翻译，严力将其作为诗，与全球读者进行沟通交流的工具，为汉语言究竟在表达方面能够提升到一种怎样的境界给予了新的回答。

此外，布罗茨基在《我们称之为"流亡"的状态》中认为"流亡"给写作带来的变化中最显豁的就是"为我们原本属于专业性的飞行——或者说漂流——提供了极大的加速度，将我们推入孤独，推进一个绝对的视角："在这个状态下只有我们自身和我们的语言，而没有任何人或物隔在二者之间"[66]。在对母语"扎根"的定位中，严力开始进行"向内挖掘的晦暗艰涩的精神探索"[67]，在这一过程中，"诗的过程可以读作是显露写作者姿态，他的写作焦虑和他的方法论反思

64　严力：《历史的扑克牌》，山东文艺出版社2007年12月版，第246页。
65　洪子诚，程光炜：《中国新诗百年大典》（第十一卷），长江文艺出版社2013年3月版，第224页。
66　[美]布罗茨基：《从彼得堡到斯德哥尔摩》王希苏，常晖译，漓江出版社1990年11月版，第538页。
67　亚思明：《张枣的"元诗"理论及其诗学实践》，《当代作家评论》2015年第5期，第53-59页。

与辩解的过程"[68],这就是被张枣称之为"元诗"的写作,即"诗是关于诗本身的"。

在对诗歌写作姿态自身的思考中,严力极为强调"灵感"的表达,被柏拉图称之为"神示"的"灵感",作为一种人脑机能,是心理现象或客观的意识现象,其产生的前提是人对客观事物具有深刻的意识并且将这种意识表现在艺术创造中,作为创造性思维的核心,需要有定期积累、反复思考的实践过程。因此,严力强调用自身主观世界和客观世界愉快的不期而遇"让诗人的形象思维活动质变飞跃产生出高度创造思维的能力"[69]之"灵感"来冲破语言表达的虚无之感,但同时又需要不断地修改很多次来补充"灵感"表达时必要信息的缺失,严力试图对"灵感"进行的捕捉达到对生命之迷思的追寻:"我背叛你/蔑视你/声嘶力竭地喊过你/把我的手杖横在路口/用衰老等你/当你在纸上放牧一群/空虚的叹息/我将以一只野狗的迅猛/对你袭击/转而又在山岗上/等候你的下一批/和你作对/是为你被痛苦的遭遇/修改得面目全非/所以你更应该/被安葬在我的爱里/所以我要/让你从搭积木开始/重新解开生命之谜"[70]。被搁置的写作焦虑在纸上"放牧一群空有的叹息",如何真正进入写作状态成为诗人至于"衰老"甚至一生希望克服的问题,但是诗人与"灵感"总是不期而遇,转而灵感便对诗人的写作进攻。而当诗人遭遇有所改变,对"灵感"进行修改之时,反思的强力再次被激发出来弥补灵感的所失,但是只有"灵感"才能激发诗人的写作,真正进入写作状态从而"解开生命之谜",因此这种思考灵感对诗歌本身的建构过程的元诗写作状态本身即呈现了诗人的反思性诗学观。

从严力对母语的坚定选择中,可以看到严力对汉语诗歌写作的自觉性不仅表现在其流散身份下对汉语言进行充分发掘的探索与实

---

68 张枣:《朝向语言风暴的危险旅行:当代中国诗歌的元诗结构和写者姿态》,《上海文学》,2001年第1期,第74-80页。
69 吕进:《吕进文存》(第一卷),西南师范大学出版社2009年8月版,第149页。
70 严力:《事物是它们自己的象征》,Ostoore Publication.

践，而且生发了诗人与自身写作行为之间的反思。严力不断把反思纳入自己的创作主题之中。从对历史经验的反思，到对现代物质文明的反思再回归一个流散诗人对母语写作的反思，虽然严力诗歌中反思的具体内容几近无所不包，但贯穿始终的是严力自身对人之内心文明的构建，由此出发在文学创作中始终表现出历史使命感、社会责任感。

第三章 反思视野下的诗画互动

在中国新诗史中，很多诗人兼备画家的身份：新月派诗人闻一多、象征派诗人李金发、七月派诗人艾青等。这些诗人的作品中表现出明显的绘画创作给诗歌带来的不可避免的影响，比如新月派诗人闻一多提倡"绘画美""建筑美"的诗学主张，象征派诗人李金发提出艺术是"眼与精神的竞争"，因而其诗歌爱描绘细腻的光线和色彩效果。七月派诗人艾青提出"诗美"的"固体"学，提倡建立多维立体的可以凝结丰富情感的艺术审美空间。

不同的艺术领域带来的不同技巧的生发，启示艺术家将其移用于其他领域中。而诗歌与绘画在我国古代即有诗画同源说，诗歌与绘画在艺术领域中又被称之为"姊妹艺术"，具言之，如果诗歌是词语的想象性艺术，那么绘画则是色彩的视觉性艺术。而艺术之间之所以可以互相激发，实则源于精神的同构。严力将自己的反思意识贯穿到自己的诗画艺术中，使得其诗歌和绘画作品都在传达诗人自身的反思性诗学。

（一）严力的诗画艺术观

历史上《今天》的诞生从某种程度上也可以说明对时代进行"反思"的主题就是借以这种精神同构的"跨界"形式，北岛曾说："《今天》不光是一个文学运动，实际上它还包括摄影和美术，我们当时的'四月影会'，就是一个民间摄影团体。另外在《今天》中，后来派生出来一个组织，就是'星星美展'。《今天》还在刊物第6期专设了首届'星星'美展专栏"。严力早年便活跃在当时的文艺沙龙群体之中，尤其在诗人和画家圈子，也正是在如此契机下，严力认识了画现代绘画的李爽，此时严力第一次接触到绘画，被认为是半路出家但极具天赋的那一类，所以黄平在寻找作品参加"星星美展"时，严力的作品让黄平眼前一亮，李爽则评价严力的画作"总是直奔主题而去"[71]。

严力在上个世纪 80 年代以画家的身份留学美国，美国在这一时期新的"朋克审美观"正在悄然形成，这种审美的观念模糊了视觉艺术、音乐艺术、表演艺术的界限，昭示着一种新的精神的来临，朋克审美与拙劣的艺术相结合，他们的口号之一是："任何东西都可以被用来作为艺术的素材，所有的作品都有一个共同的特点，面对流行文化的亲近的态度以及对资本主义消费主义形象的爱鄙交织的感情"[72]。在此种文化背景的影响下，出国让严力看到很多不同体质下的东西，严力同样在商业大潮的席卷下，看到消费主义为人类文明布下的甜蜜的"陷阱"，严力认为这正是艺术家的责任：提出具有见证生活的问题并体现相关的价值。出国后的严力对抽象表现主义绘画有所推崇："波洛克和梵高都是那种天赋很强的画家，而且都能把自己的情绪与个性融合在技法中，画笔与他们的神经是相通的，所以表现出来的画作有一种脉搏运动的感觉，难以模仿和重复"。美国抽象表现主义画家杰克逊·波洛克（Jackson Pollock）同样是一个将所有的情绪与个性延伸到线条和绘画中的画家，他的作品让人有两方面的联想，一是生命力，二是音乐性和舞蹈。新的物质材料的叠加启发严力让他的画作体现出更强的视觉控制力的同时，也为严力反思性诗学观的"灵感"表达提供更大的可能性。

纵观严力的绘画创作，多呈现"系列"作品，表现出与前述诗歌反思性诗学相关的情感态度，并且与强调与写诗一样的"灵感"，严力认为"灵感"的多元性需要表达载体的多元性来配合："有的灵感只能用文字表现，而有的只能用绘画才能准确地表达。我们很难想象

---

71 李爽：《爽 七十年代私人札记》，新星出版社 2013 年 6 月版，第 256 页。
72 朱伯雄主编：《世界美术史——20 世纪西方艺术》，第 320 页，山东美术出版社 2006 年 6 月版，第 394 页。

鱼钩把自己吞食的画面,也很难用语言像绘画一样有趣地表述一个插着电线的扇子的演变"。[73]绘画艺术也成为严力表达灵感的另外一个渠道。多种艺术形式的并列创作为严力抒发灵感提供了可能性,正如黑格尔所说:"艺术形式乃是内容所固有的:艺术之所以抓住这个形式,既不是由于它碰巧在那里,也不是由于除它之外,就没有别的形式可用,而是由于具体的内容本身就已包含有外在的、实在的,也就是感性的表现作为它的一个因素"[74]。但是不同于中国古代"诗画同源"的思想,很难将其归纳于"语图合体"中的"题画诗""诗意画"或具有与情节相关的"插图"中来研究,相比较中国古典诗歌及绘画作品讲求的审美,现代诗歌及绘画作品则更强调心智。与严力同时期的诗人兼及画家的芒克、多多更多将色彩与特定意象的错觉和幻觉入诗,而严力的艺术作品则更关注植根的反思性诗学中人类生存的问题,以超现实主义风格为描摹出人类整体问题的"拓片"。

近半个世纪以来,严力的诗歌主题跟社会现实有很密切的联系,这让严力找到了表达内心反思的方向和途径,同时流散的经验让严力在艺术表达技艺上有新的发展,严力在坚守"诗人"身份的艺术实践中持续地追寻区别于"技术"的艺术创作信条。就诗歌和绘画的主题而言,同为表现诗人的反思性诗学,在绘画这一图像作品中这种反思以隐喻的方式承担,表现了严力对科技发展带来的新的思考的潮流,与其诗歌形成互文性关系。

实际上,"视觉隐喻存在于一切艺术形态之中,并且是视觉艺术'艺术性'的根本所在"[75]。1968年,奥尔德里奇(Virgll C. Aldrich)的文章《视觉隐喻》首次对其作了概念界定,试图通过纯粹的视觉形式分析视觉隐喻的属性及其特征(Visual metaphor)这一个概念,"隐喻",英文中译为"metaphor",从希腊语"meta"(跨越)和后缀"pherein"(传送)构成的,意为"将某种东西传送过去",在语言学中,"隐喻"

---

73 张学昕:《中国诗歌在当代的高度——诗人严力、朱朱、潘维、海波访谈》,《辽宁日报》2008年6月16日第5版。
74 黑格尔:《美学》(第一卷),朱光潜译,重庆出版社2018年2月版,页89。
75 郭伟:《视觉隐喻研究》,中国社会科学出版社2018年9月版,第13页。

意为：赋予一个词本来不具有的含义，或者用一个词表达它本来表达不了的含义。而视觉隐喻的载体是为图像符号，因此，视觉隐喻的基本内涵即为将某物以图像符号为载体传达物体本身表达不了的含义，但是本体和喻体之间需要存在相似性，因此概言之，视觉隐喻即"以感性意象为单位按照某种特定的意图，以融合或聚合的方式生成的具有合成性结构的图像"。[76]最终生成具有无穷暗示力量的不确定性意义，使读者的想象力得到最大限度的激发。

本章研究严力如何以跨媒介的方式传达其反思性诗学，重点研究严力的三个公开系列作品："砖头系列""补丁系列""黑胶唱片系列"画作及相关诗歌文本，以视觉艺术的言说方式为理论统摄，研究严力画作中视觉隐喻的艺术性生成机制，进一步探究其诗歌与绘画在对现代人类生存问题的反思这一诗学观上的互文关系。

（二）对人类生存时代及空间的思考

严力强调"立体"地表达自己的思考，将其反思性诗学植根于日常生活之中的所见所感。对现代科技发展造成的时代快速更迭与现代人类生存空间及其环境问题进行反思并指向诗人自身的修养。

1."黑胶唱片系列"

"黑胶唱片系列"画作始于严力在纽约的1986年，就物质材料上来看，严力将被科技发展新技术淘汰掉的黑胶唱片作为材料，与丙烯颜色和画布放在一起创作。严力对黑胶唱片这一物质材料的选择本身不但可以增加画面的形式元素，而且更重要的是黑胶唱片本身所蕴含的文化意义体现了艺术与时代的张力。

北岛在回忆录中说："20世纪70年代初，我和一凡、康成等人常在我家聚会，在当时的环境下，这如同围住火堆用背部抗拒寒风。在书籍与音乐构筑的沙龙中，我们开始写作。那是一种仪式：拉上厚重的窗帘，斟满酒杯，点燃香烟，让音乐带我们突破夜的重围，向远

---

[76] 同上，第16页。

方行进。由于听的遍数太多,唱针先要穿过尘世般喧闹的噪音区,再进入辉煌的主题"[77]。

黑胶唱片的存在为历史怀旧提供了真切的信息母本,唱片播放时特有的"噼啪"作响的噪音,粗颗粒的音色,毛糙的质感,这些都是机械复制技术的结晶。"每一张唱片都记录着他与它之间的关系的历史,胶片上的同心圆纹理,与大树的年轮相似,似乎暗示着记忆的纹路。每一次播放,主人就像一位祭司一般,仔细检查唱头、唱针和唱片,唱针臂的高度及其与唱片的垂直和水平夹角,唱头的偏压,移动的均衡曲线,这些都需要仔细调校。而这些调校技术完全依靠目测和手动来完成,由耳朵的监听来检验,跟大工业时代的机械技师用耳朵和螺丝刀检测验校机器一样。唱片机还残留有机械技术复制时代的'人性'因素。唱片的主人以这种方式跟唱片和唱机打交道,在这些器材上打下了他自己的身体和精神的印记"[78]。这个保存着昔日时光和记忆的唱片,象征性地成为特定年代工业时代技术文化的"图腾"。所以,从这个方面上来说,黑胶唱片不仅作为一种工业文明的象征或现代性所指,而且开启了一种新的图像和审美的可能性,加强了观赏者的视觉控制力,同时具有社会性和情绪性。

在画作中,"过去时态"的"黑胶"材料本身即隐喻了诗人对已经逝去的现代机械工业发展的"怀旧","由于文化时尚的变迁让人目不暇接. 感觉每隔几年时间就仿佛超越了一个时代、一个世纪,从 century 到 age 再到 decade,怀旧感产生的时间量准日益缩短,蓦然间,每个人对刚刚过去的流行时尚又产生怀旧感"[79]。科技的快速发展以及电脑化的更新换代使新东西变旧的速度加快了,我们可以怀念的旧东西一下子增多了,在诗人的立场上,严力将这种快速交迭的"怀旧"联系到诗歌的生存境遇:"我站在诗人的立场上,希望诗歌作为一种旧东西被 21 世纪的人更多地怀念起来,怀念它朗诵时不经修饰地从嗓门里发出的声音(因为其他各种都附加了科技的美化),

---

77　北岛:《城门开》,生活·读书·新知三联书店 2015 年 7 月版,第 49 页。
78　张闳《符号车间 流行文化关键词》,上海文艺出版社 2016 年 8 月版,页 182。
79　庄伟杰编:《流动的边缘》,昆仑出版社 2013 年 1 月版,第 118 页。

图 3-1 《雨中曲》

怀念它超越故事戏剧及新闻性的重量感。当然,也怀念它的纯粹性以及难以被改造成商业化的个性"。[80]这种个性使得诗歌具有让人类内心的原始的文明迸发,规避现实生活中的黑暗:"初春去了公园的河畔/因为先辈们早就发现/语言从柳枝上刚刚垂下来时/最适合朗诵/这天还巧遇了世界诗歌日/尽管它并不比其他节日更出彩/但它被春光勾着手臂的出场像个王/恍惚中/我看见来不及回避的黑暗/都在原地跪下来"[81]但是严力并未让这种"怀旧"中的"苦涩"意味过分延宕,在画作中如图 3-1《雨中曲》中,由黑胶唱片这一本来就承载着音乐的物质载体在此承担"音符"的效果,在画面中如"雨点"般的黑胶唱片作为"音符"粘贴所形成的形式节奏与乐谱本身的节奏构成了一种"韵律"的叠加,不仅赋予画面一种多重的变奏感,而且在波浪的纹理中有了"欢快"的声音流动,并且延展了整个画面的时间性。[82]

同时,严力认为对 21 世纪的诗歌展望也是离不开快速发展的科技,即便它无可避免地造成一些旧的事物的死亡。但是无法被商业改变个性的诗歌必须利用科技成果来充实自己。如前所述,诗歌应该用科技发展造成的新的词汇来表现人内心更细微的感受:"要用更积极的态度去很快地把利弊的东西澄清出来,寻找到一种比较有力的东西来表达我们具有深度的、有探索性的一些东西"。[83]在怀旧的过程

---

[80] 陈超编:《最新先锋诗论选》,河北教育出版社 2002 年 1 月版,第 359 页。
[81] 严力:《悲哀也该成人了》,浙江文艺出版社 2016 年 5 月版,第 108 页。
[82] 王德峰:《艺术哲学》,复旦大学出版社 2015 年 7 月版,第 71 页。
[83] 严力等:《为诗歌寻找表达——"网络时代的诗歌命运"五人谈》,出自诗歌报论坛一诗歌理论与诗歌批评栏目。

中，严力客观地呈现现代时代的变迁和发展，在怀旧的基调中，反思诗歌的生存处境，肇源于现代物质文明发展带来的碎片化、高速化的美感原则，对文艺的高雅性和深度模式似乎总是互相背离的姿态，但是在严力凭借其反思性诗学观将二者熔炼进自己的诗歌和画作中。

2. "砖头系列"

作为视觉艺术的基本表达手段，"视觉隐喻"根植于人对自身、社会和世界的综合感知能力。"砖头系列"出于严力对如今大肆建造砖头空间时代的感悟，"砖头"作为人类居住天性的一种物化，是对大自然中不利于人类生存条件改造的结果，人口的增加，生存资源的紧缺，砖头砌成的个人空间也变得更加昂贵。如图3-2《孤独》，严力画作中被砖块砌成的衣服即为一种视觉隐喻，看到这件绿色的衣服就会让观众想到人类生存的问题，"砖块"砌成的衣服变成了一种隐喻符号，在象征大自然的"树木"被现代化的"砖块"取代后，与其说"树叶"被绿色的"衣服"取代，不如说"树叶"被"人"的存在所取代，飘零的衣服隐喻飘零的人的躯壳，暗示人的无以为家，希冀于回归的自然终究还是成为了异化的砖块。同时，画作标题"孤独"又与画作本身传达的"异化"主题构成一种概念隐喻。概念隐喻是莱考夫和约翰逊在《我们赖以生存的隐喻》中将其论述为："通过一种事物来体验或者理解另一种事物"[84]。并将"一种事物"理论化为"源域"，"另一种事物"理论化为"目标域"，显而易见，"源域"还是"目标域"在本质上都是要有相似的特征才能作为隐喻生成机制的基础。在此画作中，被异化的"砖块"（冰冷坚硬）就是人生的"孤独"（凄凉无助）。城市人的视野被玻璃、钢筋、水泥充斥，在这样的背景下，人的审美开始偏向于刺激性的视觉审美，不同波长色彩的光信息作用于人的视觉器官，通过视觉神经传入大脑后，经过思维，从而与以往的记忆及经验产生联想形成了一系列的色彩心理反应，同时严力又用热烈明亮的绘画色彩消解了与表达孤独之思的晦暗底色。

84　郭伟：《视觉隐喻研究》，中国社会科学出版社2018年9月版，第78页。

不同于北岛诗歌中将具有历史象征意味的《钟声》："钟声深入秋天的腹地／裙子纷纷落在树上"描述错误的生命景象来象征生命的倒置。严力取消了历史的宏大叙事，将眼光转入日常生活的孤独感受，这种感受延伸到诗歌《出世》中："甩动我的裙子／甩掉花纹和颜色／甩成不修边幅的一块布／把布甩成棉花／把棉花还给你／我亲爱的土地／甩动我的头／甩掉癌一般的哲学／甩出一片空白／把空白甩在云上／把云还给你／我亲爱的天空"[85]。

图 3-2《孤独》

从"裙子—不修边幅的布—棉花"和"我的头—空白—云"的两条并列的逻辑链条中，其中的经过是甩掉人工制作的颜色和花纹，甩掉人脑思考后产生的哲学，以归还给"土地"和"天空"为最终旨归，暗含的是"回归"本源，但与之龃龉的是题目《出世》，以"回归"即为新的"出世"来表现对于人类精神本源的关照，他在诗歌中谈到"自杀者到了另一个世界之后／如果再自杀一次／就又回到了这个世界"[86]（《阳光明媚的星期天》），从中可以看到中国传统的生死循环观念，在这种循环中，人生一直就是孤独的，终归将一切还给大地和天空，以"甩"的行动进行历史虚无主义的实践。

同样以《孤独》为题的诗歌"我梦见米饭在往历史的反方向走／走成米粒／走成稻子／走成种子／又走成米饭／啊／空前的孤独哇／尤其是在／吃饱了之后端着像空碗一样的土地／我的手在发抖"[87]。"历史"

85　严力：《黄昏制造者》，南京大学出版社 1993 年 5 月版，第 74 页。
86　严力：《悲哀也该成人了》，浙江文艺出版社 2016 年 5 月版，第 29 页。
87　刘索拉编：《语·音·画 刘索拉 VS 艺术家》，广西美术出版社 2003 年 1 月版，第 84 页。

作为"时间"的具有个人化性质的代名词,米饭经过时间的倒退经历了"米粒""稻子""种子",最终仍然定格在"米饭"上,只剩下空碗一样的土地,"我"端着土地的手在瑟瑟发抖,这首诗歌表面上看起来与前一首的历史循环观相似,但是关键是"孤独"的"空前"性质,其产生的背景是在上述"往历史的反方向走"之后,这种"孤独感"是绝无仅有的,那么从时间前进轴的正方向来看,是否意味着"我"将经受在"空前"的"孤独"之后依然要经历"空前"的"孤独",以可知可感的可供人类食用的"米饭"在时间轴上的倒退作为参照系,意味着人的成长道路的倒退,米饭的倒退给以追溯人类的生存历程以合法性,二者联络成一个整体,但是不管在任何阶段,面临时间的推进,人类在永恒经历莫大的"空前"的"孤独",具有诗歌里传统诗学中清李渔《闲情偶寄·重机趣》语"机者,传奇之精神;趣者,奇之风致"之"机趣"。

随着人口、观念、资金的快速流动以及文化创造力的日益趋同减少了各个城市之间差异,贯穿始终的是人口的密集性不断提高,势必继续资源的抢占。图3-3《拥挤的和平》中攒动的人影即暗喻了严力对人类生存境遇的关注,所以严力依然

图3-3《拥挤的和平》

从关注人类整体生存的问题出发,认为科技在自然灾害与自然资源匮乏进行抗争的同时,也在我们与大自然之间搭建了隔离墙,我们享受着可以调节冷暖干湿的环境,却疏远了从大自然中获得启示的可能性。化学与电子的能量代替了阳光的自然亮度与温度,人的肉体与精神同时承受着环境的异化。

图片中的各色"气球",原本作为轻质的观赏性事物,出现在典礼或节日的欢乐气氛中,但是在画作中被具有与"轻质""欢快"的

本质属性相龃龉的"砖块"填充了整幅画作,将"砖块"与"气球"这两种属性不同的事物运用填充的手法组合,出现一种语法意义上的对立局面,隐喻中所表现出来的冲突与矛盾就可以看作是隐喻本身的一种符号与标识,"砖头"形式的"气球"隐喻了商业大潮之下"又轻又重的居住环境的矛盾性"。对于这种矛盾性的解决,严力提出自己的解决方案,他在诗歌《每日升空》中写道:"每日升空/气球被用来象征和平/其实也可以用其象征纷争/但我们一开始就用轻软的东西/象征了美好/所以就这样遗传下来了/至于'己不所欲,勿施于人'的教诲/则是文明终点站的牌子/所以先为途中的能源需求/动动枪炮吧/并让改装成无人侦察机的气球/每日升空"[88]。"气球"作为一个中心的语象,打破其人为赋予的"轻""软"的属性以及作为"美好"的象征,颠覆遗传下来的观念而被定性的真理,实际上象征"美好"的气球,也可以改装成为"无人侦察机"升空,在"美好"到"武器"的转变中,使气球的无法执行原有的能指,对"气球"进行彻底的颠覆,"气球"成为"无人机"驶向"己所不欲,勿施于人"的文明中,从这一方面来看,"气球"又似乎变成了诗人体内的警察"每天搜捕体内的恐怖分子/更不会把他们释放出来",表现诗人对自身动物性的克制,严力在散文中说:"文明就是要把欲望的能量转化为创造性的建设。最起码我们要把物质的市场化定位在一个最佳社会制度的范围里面。因为我们更需要文化和精神的空间,享受属于人类的而非动物的思想过程,享受非动物的那种同类互相关照的理想和关照地球环境的理想"。所以即便居住在"砖头"中也要摆脱"砖头"的局限性,用文明性克服耗尽人类物质资源的器官性或者欲望性。

但是,严力也肯定了作为人类必需品的"砖头",因为砖头是人类以自己辛劳换取的物质条件,也因此不得不对"砖头"抱有感情,即便远离大自然,但是只有砖头才能体现我们的生活质量。以"砖头"这一图像符号,严力在现代社会图景中为我们做出了启发性的解读。从此一层面上来说,"砖块"又代表了严力自身在世界与时代图

---

88 潘洗尘编:《读诗蜉蝣造句》,长江文艺出版社2016年2月版,第2页。

景中的冲撞，也可以看作是个体在现代文明中的失落之物，隐喻了严力试图抵抗生命虚无以及时代图景的一种自觉的行为。严力正是以这种既漂亮又丑陋的画面作为艺术家提出问题并记录这个时代场景的必然责任，将现代生活中的焦虑矛盾在艺术的形式和内容中得到解脱与和解。

3."补丁系列"

正如诗歌的意义存在于其"语言系统本身有它可想象的结构一样"[89]，图像作品中符号与符号之间的差异和某种特定的结构来暗示自己的存在。将"补丁"这一图像符号与画面中其他的视觉符号联系起来，突出体现了"补丁"这一能指符号的优势，其优势体现在接收者对符号感知的程式之中，"补丁"的背后一定会让人联想到"破洞""残缺"等，而给其打"补丁"的行为又引出这一视觉符号背后文化规范价值造成的"符指关系"[90]：节省与修补，内聚性的视觉隐喻由此而产生。

图 3-4《为家园补一块空中的蓝天》

诗人芒克的《天空》是："太阳升起来，天空血淋淋的，犹如一块盾牌"。多多诗里天空是："那空漠的，没有灵感的天空"，他们笔下的天空表现了内心绝望、愤怒和无助的感受。严力诗歌中的天空是残破的，如图 3-4《为家园补一块空中的蓝天》中破旧的一片家园背后是雪样的天空，群山的背景下，破旧的家园被不规则的笨拙的

---

89 [法]莫里斯·梅洛-庞蒂：《符号·前言》，姜志辉译，商务印书馆 2003 年 9 月版，第 20 页。
90 赵毅衡：《文学符号学》，中国文联出版公司 1990 年 9 月版，第 17-18 页。

"补丁"修补,刺眼的"补丁"的存在,更明显地提醒观赏者发现那一块块"补丁"背后出现的问题:人类使用的地球以及人类本身已经很多个世纪了,在物质和偏激的理想刺激下,从感情到物质都已经千疮百孔,呼吁拯救的声音越来越大,这既是事实也是无奈,无奈的人类在激烈的生存竞争中已经没有太多的时间顾及其他,但作为诗人的严力认为膨胀的物质欲望需要人类的紧急反思。严力将这种反思作为"人类最后的集体"的宣言在诗歌中呐喊道:"请还给我那扇没有装过锁的门/哪怕没有房间也请还给我/请还给我早晨叫醒我的那只雄鸡/哪怕被你吃掉了也请把骨头还给我/请还给我半山坡上的那曲牧歌/哪怕被你录在了磁带上也请还给我……请还给我整个地球/哪怕已经被你分割成/一千个国家/一亿个村庄/也请你还给我"[91](《还给我》)

严力把诗人比作"肥皂":"我突然发现最近有太多的肮脏/把我一下子洗成了一块肥皂"(《肥皂》)。正是由于诗人身份的自觉,他才得以从大量的物质欲求中抽身而出,使之保持了良知写作或者说是有信仰的写作,实际上仍然是诗人自身反思中的价值自为,"按生存的经验来说/野性不应该总是听从器官的/应该用思想里长出来的牙/去咬住追随原始程序的骨头(《野蛮颂歌》)这首带有元诗意味的思考,成为概括严力强调诗人反思性的追求。

在图 3-5《把诗稿缝在蝴蝶上到处飞》中,在"庄周梦蝶"的典故中,"蝴蝶"作为诗人精神的外化,将诗歌缝补在身上传播诗歌的"花

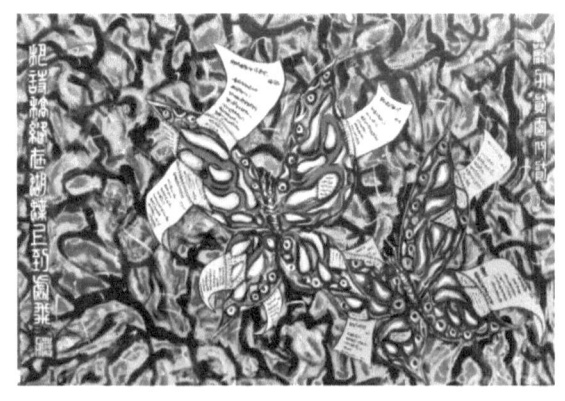

图 3-5《把诗稿缝在蝴蝶上到处飞》

91　严力:《体内的月亮》,作家出版社 2015 年 12 月版,第 48 页。

粉",隐喻中国传统中的诗学也是需要重新接受诗歌来缝补的。在图3-6《修补自我的诗人风度》中,残破的西装背后是闪耀的"红星","红星"这一图像符号隐喻了严力一代诗人走出的特殊背景以及彼时的原生思想,隐喻着诗人"灵感"的酒瓶也是需要修补的[92],不同时空的灵感传达总是互有补充,而破旧的西装领带背后深藏诗人的失落之感,"流散"的文化身份是其特殊年代的时空下的文化背景,反观原生记忆中的诗人自我也是应该修补的,"空间

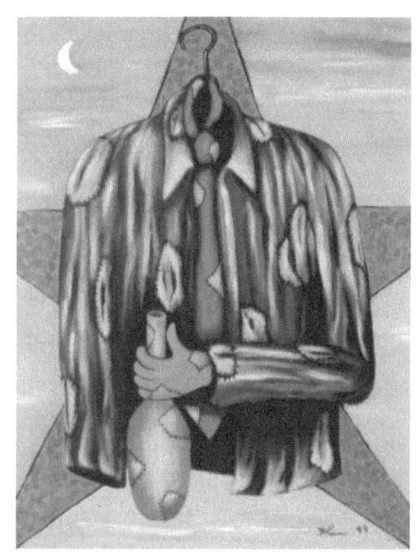

图3-6《修补自我的诗人风度》

和时间以及文化的'离散'状态与视域赋予了海外华人作家瓦解本质主义文化概念的力量"[93],而多元文化交汇的离散经验下丰富的反思意识又为文化的创造性融合提供了可能。这里的"补丁"隐喻了严力希冀弥补现实的责任和理想。

从"补丁系列"中,严力在梳理人类或时代生活中的精神数据时,收集、感知、审视、把握这个喧嚣时代中那些最基本的东西:欲望、文明、记忆、存在经验等:爱情中受伤的心灵需要修补、自由女神的法典需要修补,和平的熊猫需要修补,工商城市、书籍知识、蜡烛的微光、被污染的天空、历史的兵马俑,传统文化中的巨龙……严力的"补丁"几乎无所不在,他提醒我们一个残缺的世界就是我们现今生存于其中的现实,严力将自己定位在诗人的位置上发现生活中的漏洞和错位,以诗人的良心和责任修补生活的残缺。

---

92 严力在访谈中说到:"每个作者都有自己的创作心理学。早期我写诗时要先喝一点酒,因为当时我们禁锢的东西,我用喝酒来放松自己,让自己敢写",参见附录B。

93 刘小新:《对话与阐释》,花城出版社2016年10月版,第69页。

为了与更多人分享的文明的价值观传播，严力将每一次写诗作为审视人性、感情，或者社会形态与事件的过程，而每一次绘画创作也是作为自己内部经营的事情。严力以视觉隐喻的形式表现对于人类生存空间与时代的思考，提出在时代更迭加速度中诗人对诗歌应当承担社会的良心的责任问题，以及在面对空间资源被挤压之下的人类应该"修补"内心的文明以对物质欲望加以克制。这种因思考而触发的灵感和想象的触角又延伸到诗歌的领域中。反之，一些反思听上去是诗歌表达出来的，而它们更是诗人在其他艺术行为领域中共享的，所以严力的绘画作品与诗歌就反思性的诗学观构成互文的关系，成为探索其反思性诗学观意义的必要途径，从中足以预见诗人对这个时代和社会的责任追求。

结　语

严力诗歌的创作意义与启示：严力认为"要写诗，首先这个东西要触动你，才会写，写的过程中你在思考，对与错、写法、自己的价值观，写出的东西如何被接受，会有怎样的反应，这整个过程都在鞭策你，所以写诗首先是建设你自己内心的文明，而且最终要提高你自己的行为"[94]。因此严力将写诗的过程看作是一个诗人反思的过程、提高诗人修养的过程。"内在文明"的生成与"修养"的提高构成了人类社会继续延续下去的根本保证。

纵观严力的诗歌写作道路，严力诗歌创作意义首先在于其作品始终紧跟时代的步伐，从诗歌写作伊始，严力没有将诗歌作为反抗历史现实的武器，而是将其指向"内在文明的建构"，聚焦于对20世纪中国伤痛的反思，出国前期的国内环境及个人经历唤起了严力反思意识的萌芽，从个人经验出发，并将此种经验以含蓄的低音调叙述，为流散后极具普遍性和对未来的指导性的历史书写奠定基调，这是其异于同代诗人因社会批判和人性呼吁的时代主题而无可避免带有

94　严力、吕露：《吕录：与33个人的对话》，重庆出版社2016年1月版，第23页。

反抗现实的暴力气质的独特之处。在不久后"流散"生涯中，面对被遗忘的历史，严力将视点重返历史现场，在诗歌中回溯诗人对历史记忆的承担的意义，其诗歌的创作意义在于将个人经验提升为表现人类共同的维系点以获得某种普遍性和对未来的指导性。

其次，在流散的背景下，面对现代文明的全球化的发展，在诗歌中回溯祖国记忆的同时，严力没有将重点放置于"怀乡"之悲苦上，而是着重探讨了"中国经验"如何与时代精神结合，在"怀乡"的背景中展示出一个积极的主人公形象，提供了全球化背景中中国经验的新的书写方式，全球化视野下的中国现代价值的重建给被困缚在私语化表达的作家带来对抗灵感枯竭以求创新可能性具有启示意义。

再次，面对现代物质文明发展进程中人类不可避免的物质欲望的膨胀，严力既指出人的"异化"又指出"异化"的解决方案，严力在访谈中说明，能遵守法律还不能说是一个自觉的文明人，只能是一个害怕被法律惩罚的人，而"修养"就是要在遵守法律的基础上更高程度地培养自我文明，所以只有提升个人修养才能克服人身上的动物性。其对于新诗之始对物质文明的想象以及现代性主体的觉醒相承，严力以荒诞的方式将物质文明发展之间的矛盾化解而体现为一种智性的思考，对当代的城市诗书写链条的建构有不可忽略的意义。

除此之外，面对流散语境下对母语的孤独感受，一方面严力确定了在其创作中对"母语""根"一般的存在，这表现出严力对汉语诗歌写作的自觉性，不仅表现在其流散身份下对汉语言进行充分发掘的探索与实践，包括尽可能地发明新的词汇，尤其是商业名词来表达更微小的感受，还表现在在对母语"扎根"的基础上所进行的"元诗"创作，以"反思"对可以让诗人真正进入写作状态的"灵感"进行修改，对诗人自身创作的状态进行反思。

最后，身兼诗人和画家身份的严力，在画作中继续表现对这个世界的反思，严力以超现实主义的画作风格呈现现代文明中人类在日渐快速的时代更迭与世界日渐紧张的空间中挣扎与冲撞、繁荣与失落的图景。对人类的文明进行"修补"，其进行"修补"的"补丁"

正是对人内心文明的建设以提高自身的修养，也由此提高整个人类的修养，同时为跨媒介表达提供了新的思考方式。

在严力的作品中，似乎任何一个社会问题都可以刺激他的创作，他通过作品反对人类的冷漠、健忘、短视、奢侈和浪漫主义的消失。实际上，严力关心的问题既是人类的，也是个人的，正如约翰·多恩所言"没有人是孤岛，在大海里独踞，每个人都像一块小小的泥土，连接成整个大陆"，同样严力认为对人类整体命运进行关注本质上还是是对自己的关注，保证自己在大家都偏离的时候自己不偏离，尽管这个过程是痛苦的，但是艺术需要"痛苦"，因为"痛苦"是创作的财富，"痛苦"了才知道谬误在何处，才知道应当如何修正。

参考文献

（一）书目

严力：《历史的扑克牌》，济南：山东文艺出版社，2007年12月版。
严力：《严力诗选（1979—1989）》，美国：一行诗社出版，1990年版。
严力：《挤出微笑的石碑》，南京：译林出版社，2018年1月版。
严力：《悲哀也改成人了》，杭州：浙江文艺出版社，2016年4月版。
严力：《黄昏制造者》，南京大学出版社1993年5月版。
严力：《事物是它们自己的象征》
查建英：《八十年代访谈录》，北京：生活·读书·新知三联书店，2006年5月版。
李爽：《爽七十年代私人札记》，北京：新星出版社，2013年6月版。
北岛：《城门开》，北京：生活·读书·新知三联书店，2015年7月版
刘禾：《持灯的使者》，桂林：广西师范大学出版社，2009年5月版。
廖亦武：《沉沦的圣殿》，乌鲁木齐：新疆青少年出版社，1999年4月版。
孙基林：《崛起与喧嚣——从朦胧诗到"第三代"》，北京：国际文化出版公司，2004年12月版。
（德）海德格尔：《诗·语言·思》，彭富春译，北京：文化艺术出版社，1991年2月版。

洪子诚，程光炜主编，李润霞本卷主编：《中国新诗百年大典》（第11卷）武汉：长江文艺出版社，2013年3月版。

聂广友编：《新诗》，上海：上海文艺出版社，2011年8月版。

谭五昌编：《国际汉语诗歌》（2014年卷），北京：线装书局出版社，2015年7月版。

李小洛编：《新诗界》（第6卷），长江文艺出版社，2012年7月版。

倪梁康：《自识与反思：近现代西方哲学的基本问题》，商务印书馆2002年2月版。

黑格尔：《小逻辑》，北京：商务印书馆，2017年8月版。

黑格尔：《美学》（第一卷），朱光潜译，重庆：重庆出版社，2018年2月版。

（美）布罗茨基：《从彼得堡到斯德哥尔摩》，王希苏，常晖译，桂林：漓江出版社，1990年11月版。

郭伟：《视觉隐喻研究》，北京：中国社会科学出版社，2018年9月版。

[法]莫里斯·梅洛·庞蒂：《符号·前言》，姜志辉译，北京：商务印书馆，2003年9月版。

张闳：《符号车间流行文化关键词》，上海：上海文艺出版社，2016年8月版。

赵毅衡：《文学符号学》，北京：中国文联出版公司，1990年9月版。

王德峰：《艺术哲学》，上海：复旦大学出版社，2015年7月版。

庄伟杰编：《流动的边缘》，北京：昆仑出版社，2013年1月版。严力、吕露：《吕录：与33个人的对话》，重庆：重庆出版社，2016年1月版。

谢冕，杨匡汉，吴思敬编：《诗探索》，北京：首都师范大学出版社，1994年8月版。

张清华著：《穿越尘埃与冰雪》，西安：西北大学出版社，2010年8月版。

伊沙：《激扬文字》，广州：暨南大学出版社，2015年6月版。

赵思运：《边与缘——新时期诗歌侧论》，长春：时代文艺出版社，2005年12月版。

羽菡：《遇见·你——艺坛名流访谈录》，上海：上海辞书出版社，2017年8月版。

杨炼，友友：《人景·鬼话 杨炼、友友海外漂泊手记》，北京：中央编译出版社，1994年5月版。

朱伯雄主编：《世界美术史——20世纪西方艺术》，济南：山东美术出版社，2006年6月版。

许德民主编：《复旦诗派理论文集》（1981—2005），上海：复旦大学出版社2005年9月版。

（苏）罗森塔尔（М.Розенталь），（苏）尤金（П.Юдина）著：《简明哲学辞典》，中共中央马克思恩格斯列宁斯大林著作编译局译，北京：生活·读书·新知三联书店，1975年6月版。

杨健：《文化大革命中的地下文学》，北京：朝华出版社1993年1月版。

傅小平：《四分之三的沉默 当代文学对话录》，桂林：广西师范大学出版社，2016年8月版。

陈陶：《诗意地栖居 24位中国现代诗人小传》，武汉：华中科技大学出版社，2016年10月版。

张学昕：《唯美的叙述》，济南：山东文艺出版社，2005年12月版。

上海文化年鉴编辑部编：《上海文化年鉴》，上海人民出版社，1989年12月版。

（二）期刊论文

李子云：《海内外学者谈留学生文学》，《小说界》1990年第5期。

北岛：《中文是我唯一的行李》，《书城》，2003年第2期。

[澳]庄伟杰：《带着母语回家的书写者——试论严力诗歌及其意义》，《世界华文文学论坛》，2007年第4期。

黄万华：《"出走"与"走出"：百年海外华文文学的历史进程》，《中山大学学报》（社会科学版）2019年第1期。

崔春：《论北岛及<今天>的文学流变》，博士学位论文，山东大学，2015年6月。

赵毅衡：《流外丧志——关于海外大陆小说的几点观察》，《当代作家评论》1997年第1期。

张枣：《朝向语言风暴的危险旅行：当代中国诗歌的元诗结构和写者姿态》，见《上海文学》2001年第1期，第74-80页。

亚思明：《张枣的"元诗"理论及其诗学实践》，《当代作家评论》2015年第5期。

翟月琴：《流散作家的语言危机——以朦胧诗人为例》，《作家杂志》2009年第1期。

田志凌：《北岛访谈：青春和高压给予他们可贵的能量》，《南方都市报》，2008年6月1日B33版。

蒯乐昊：《严力画布上的诗歌》，《南方人物周刊》，2011年第6期。
张学昕：《中国诗歌在当代的高度——诗人严力、朱朱、潘维、海波访谈》，《辽宁日报》2008年6月16日第5版。

附录A 严力生平及作品年表

1954年8月生于北京。

1955年—1966年寄养于上海的祖父著名中医严苍山家中。

1967年—1969年在北京度过"阳光灿烂的日子"。

1969年秋—1970年随父母生活于湖南衡东县，在当地中学劳动学习。

1970年7月返京于北京社会路中学等待分配。结识芒克，以及北岛、多多、彭刚、张寥寥等人。

1970年12月分配到北京第二机床厂，任装配钳工学徒工，住在工厂宿舍。

1973年 开始诗歌创作。

1978年 手刻蜡本诗集《存荐集》。

1979年 二十五岁的严力开始画画，同年9月27日参加星星美展于北京中国美术馆墙外及北海公园画舫斋。

1980年4月《今天》第八期发表诗歌《穷人》《我是雪》《歌》《蘑菇》。

1980年8月20日于中国美术馆参加第二届星星美展。

1980年10月《今天》文学研究会资料中发表诗歌《离别之后》。

1981年 父亲因肝病去世。

1982年 油印诗集《公用电话》。

1984年8月22日—9月5日油印诗集《飞越词典》，同年在上海人民公园展览厅举行个人画展（在1983年与来自北京纽约学院进修的上海朋友吴曦策划，通过列车员朋友将画作每次带三五张去上海，陆续带了七八次，展览由颜文樑先生题字）。

1985年以自费留学名义取道香港赴美留学。

1985年于纽约上州瓦萨学院的哲学教授莫里策划的有史以来第一个中国大陆先锋艺术展，报道见于《纽约时报》。

1986年"集体巡回展"，纽约市府画廊/纽约凡莎大学/纽约州立大学。

1987年"集体展"，纽约苏荷ARTWAVES画廊/哈佛大学。

1987年在纽约组织创办"一行诗社"及《一行》诗刊，共出版了25期，周年纪念集10册。2000年停刊，2001年5月改为网上刊物，2003

年网刊停刊。

1986 年画家集体巡回展在市府画廊、纽约凡萨大学、纽约州立大学举行。

1986 年举办"集体展"于纽约林肯中心。

1989 年参加"香港星十周年画展,同年于江苏人民出版社与李冬妮合著《超越:现代人的自我实现》。

1990 年三首英文诗被选入美国狄更生大学出版的《文学评论》杂志。

1991 年台湾书林出版公司出版诗集《严力诗选(1985—1989)》。

1993 年第一次回国探亲,南京大学出版社出版诗集《黄昏制造者》《美国一行诗精选》,美国西雅图诗环出版社出版诗集《严力的诗歌生活》,华艺出版社出版小说《纽约不是天堂》,台湾联经出版事业公司出版小说《与纽约共枕》,后定居于美国纽约和中国上海,同年于北京九月画廊举办"个人摄影展"。

1996 年 青海人民出版社出版小说《纽约故事留学美国的 2666 天》。

1997 年 在香港"中"月刊杂志任资深编辑。

1998 年 在香港田园书屋出版小说《最高的葬礼》。

1999 年 青海人民出版社出版诗集《多面镜旋转体》。1999 年—2000 年任"美国文摘"杂志主编。

2000 年 于上海文艺出版社出版小说《母语的遭遇》,同年举办"星星画会成员展"于日本东京画廊。

2001 年 "个人展"于上海顶层画廊。

2002 年 上海文艺出版社出版小说《遭遇 9·11》,举办"个人展"于杭州金彩画廊。

2003 年 "个人展"于美国爱荷华大学艺术博物馆。

2004 年青海人民出版社出版诗画集《严力诗画集》《从我开始修补的新世纪》,举办"个人展"于上海莫干山路 M50/东廊艺术画廊。

2005 年 Ostoor publications 出版诗集《事物是他们自己的象征(严力的创作和他的朋友们 1974—1984 北京)》。举办"个人展"于伊朗德黑兰阿佛兰德艺术画廊。

2006 年 "集体展"于纽约 798 艺术画廊。

2007 年山东文艺出版社出版散文集《历史的扑克牌》,南京大学出版社出版小说《带母语回家》,举办"集体巡回展—插画"于北京 798—新锐艺术计划空间/南京艺事后素美术馆。

2007 年 北京今日美术馆开展星星回顾展于北京今日美术馆。

2009 年 纽约一行出版社出版诗集《诗歌的可能性》。

2009 年—2015 年 主持每年一次的北京中华世纪坛中秋国际诗歌会。

2010年"集体展"于北京798—纯粹画廊。

2011年"集体展"于纽约华美协进社。

2011年12月9—19日重庆渝澳国际艺术中心"中国当代诗人绘画十人展"。

2012年"双人展",北京捷克大使馆,同年,"集体展"于香港亚洲中心。

2013年台湾唐山出版社出版诗集《严力诗选》,举办"纸上系列—个人展"于北京在3画廊。

2014年诗意的幸存者——中国当代诗人视觉艺术展于上海浦东三林老街的中道(上海)艺术馆启幕。

2015年"民间的理论—北京民生现代美术馆开幕展"。

2016年 北京作家出版社出版诗集《体内的月亮》,浙江文艺出版社出版诗集《悲哀也该成人了》,北京汉语诗歌资料馆编辑出版诗集《诗歌的可能性》,举办"美国西雅图RedmondVALA文化基金会中美艺术家联合展"。同年,举办"沙龙、沙龙1972—1982"于北京中间美术馆。

2018年南京译林出版社出版诗集《挤出微笑的石碑》。出任纽约"法拉盛诗歌节"主任委员,纽约"海外华文作家笔会"会长。同年举办"诗意当代:我与我的40年—严力绘画个展"于上海临港当代美术馆。

2019年 参加"星星画会四十周年"画展。

附录B 严力访谈

访谈时间:2020年1月13日 星期一

访谈地点:严力上海家中

访谈对象:严力

采访人:亚思明、苗菲

亚思明:当代诗人很多都有跨界的表现,对于中国古代诗画同源的传统您怎么看?

严力:我们的传统只要往前推动几百年,就可以看到很多文人琴棋书画全都会,也是因为那时候的文人没有那么多高科技产品以及娱乐形式的诱惑，社会在改变，生存资源的获得越来越要付出更多的劳动，也越来越专业化，也就是你的时间精力不够让你在几个行业中同时获得成功，也就是我们所说的竞争越来越强，在专业或行业里你就筋疲力尽了。我们没有时间修炼并提升自己其他方面的修养，琴棋书画都会对于现代人来说确实很奢侈，所以一个人的全面发展可能性就萎缩了，造成修养不够的人越来越多。现代社会制约人的行为规范是法律，但人的文明修养是应该高于法律的，人在精神上的前进需要给各种日常生存加进审美，声音加进审美变成音乐，视觉加进审美就是绘画，诗歌加进审美就是挖掘人的内心和反省自己以求建立积累文明所需要的修养。诗人画家的出现或者跨界说法的出现，在西方超现实主义时期也有过，超现实主义发起人是法国诗人普鲁东，此外还有艾吕雅、阿波利奈尔，开始是诗人提倡超现实主义，结果收获的是超现实主义的艺术家，比如达利、玛格利特，这表明超现实主义诗歌的理念反而给了艺术家突破陈旧规范的灵感，自从有了超现实主义绘画之后，最大的收获就是绘画技术为想象力服务，画家能把自己的想象的东西，也就是体内的风景表现出来，比如达利把一个海平面画得像纸一样掀起来，一个钟软塌塌地搭在那里，有了超现实性？之后，人们更关注绘画要关注人所想象的东西，因为你把所能看到的东西用技术来表现仅仅是还原，像照相机。有个例子，超现实主义画家玛格利特的画：窗玻璃破了，掉在室内墙角里的一块玻璃碎片上还画有它在窗户时外面的树影反光，这就是很诗意的东西，好像玻璃是有记忆的，玻璃被诗意地拟人化了，它在经历了破碎后还记着之前的美好！有了这种诗意的借用，就会在构思和创意上收获更多的突破。另外，诗歌本身需要非正常词语的撞击，我们现在已经发明的文字够不够表达和描述我们的感觉呢？其实是远远不够的，诗歌在一定程度上帮我们解决了这个问题，用非正常的语言搭配、奇特的造句来撞击出一种感觉，而这个感觉在所发明的词语里没有更准确的词，这个词的含义被非正常的语言搭配、奇特的造句撞击出来了，由此拓宽了人的表达范围和深度。现代诗歌弥补了已经发明的文字不能更准确更展开表现的缺陷。从现代社会越来越细的分工来讲，才有了今天所说的跨界，其实是回归，回归到用更多的时间来体验人的本身和内心，在某种程度上，诗、画跨界对于不少现代诗人而言常常是一种生活所迫，把绘画当成谋生的手段，用销售来增加一些收入。但我所有的诗和绘画都有观念上的关系，不管早期还是现在我不会为了卖画而画画，我开始画画的上世纪七十年代末的那个时代，人们不知道画作还能卖，甚至认为卖画有可能是违法的，因为那时候没有市场经济。

亚思明：您绘画的市场主要是在国内还是海外呢？

严力：都有。

亚思明：您的画作在国内市场上大概是什么情况？

严力：出国前的，也就是1979年开始到1985年出国留学之前的画作，对我来说比较珍贵，在那个特殊时代的状态下画画完全是为了表现个人的感受，当时改革开放就是反扭曲，把政治运动所扭曲的人的本真扭回来！怎么扭？当然首先是还原自我，表述自己的感受和生存状态。比如我创作于1981年的这幅画：有一天北京晚上停电很久，我抽了很多烟地写诗，第二天就用烟头和诗的手稿以及一些蜡烛头拼贴了这幅画，这就是真实地记录自己的状态，而且那时候隔三差五地停几个小时的电是时常发生的，也记录了那个时代的情况。我的诗歌基本上用它来记录自己的感觉和所处的时代。我和很多画家不一样，我不强调也不表现技术，我用各种技术为我的想象服务，这就像获得了学位而进入社会的大学生，你用学位所获得的知识和技术在社会上做出了什么。

亚思明：现代社会的技术分工太细致化了，每个人就像是一个大机器上的零件而看不到全局。

严力：第一，看不到全局，第二，付出一点劳动和时间就在想能收获多少，竞争令人斤斤计较。另外，人类是同一个祖先的，民族的血缘比较重要是因为语言和文化造成的，所以我到了美国后就知道，我作为一个人能改变国籍，但我身上的母语——中文就不可能加入外籍，所以我写过一个中长篇小说《带母语回家》，讲述我出国十年后带着身上的母语回家，关键在于我一直在思考，不管我在哪儿，都不能让母语感到寂寞，幸好我是写作的人，母语在我这儿从来都不寂寞。母语里有文化、历史的基因，在美国，有各种民族的母语圈，所以母语创作要让英文圈的人读到，就要仰仗翻译的文本。

亚思明：您用外文写过吗？

严力：外文再好，最多写写散文或小说，诗歌还是用母语写最好，母语创造要让懂母语的人懂就可以了，比如在英文中的"Moonshine"在中文中就是"月光"，但它是指美国禁酒时期走私酒，所以用外文写作，还要懂很多社会历史和事件，有些词是双关语，特指某个时期的某种状态，不是你的母语就很难把握了……

亚思明：您的诗有翻译成英文吗？

严力：有过，我的诗歌翻译者是美国诗人梅丹理，他也是汉学家，他就认为中文的有些诗，如果没有注解就不能让别人读懂。最典型的是各种节日，中秋、清明等等，都要加上诗后的注解，诗的注解还不能太多，不然就会影响阅读者的兴趣，因为常常读了一行就要跑到后面去看看注解，进入注解的情节后再回到原文，就打乱了一起哈成的感觉，所以有些诗，因为太多的典故，他情愿不去翻译，而是选那些从英文角度看起来没有太多注解障碍的进行翻译。另一点，是翻译后的韵律能否继续保持，这也是很费劲的事情，所以诗的翻译有很多难题，有些诗只能把意思准确翻出来，但韵律只能被舍弃了。所有的诗都面临能否朗诵的问题，因为朗诵时的每一行连接是一次性的，听众不能回过头来看看上一行或上几行，所以有些比较复杂的诗适合阅读不适合朗诵，每个人的诗总有几首适合阅读也适合朗诵，有些就仅仅适合阅读。比如我的《还给我》以及《我是雪》就适合阅读也适合朗诵。

苗菲：您曾经与刘索拉提及将诗歌与音乐结合，在演唱的过程中让诗人进行朗诵的问题，这样是可行的吗？

严力：比如鲍勃·迪伦就是成功的例子，当然诗歌变成歌词需要改写，美国诗人金斯堡曾带我去过一个咖啡馆，老板是一位哲学教授，我说我有一首诗《中央公园组诗》，金斯堡把我的诗歌用了二十多分钟把句子改成适合朗诵的，真正的诗人知道什么是朗诵，比如金斯堡通过传递神态、声音、动作等等把朗诵变成了立体表演，所以诗人朗诵自己的诗可以更准确地把握诗里的语气和停顿。这种诗人朗诵自己的诗在中国遇到了口音的问题,如果诗人有一个词在四声上念不准就影响了整首诗的效果,所以中国让专业朗诵者来朗诵的形式很流行。英文在这方面问题就不大,它是以句子结构和句型为主体,有方言腔调也可以听得懂。

苗菲:您讲到自己的创作期包括"文革"前后(1973年—1979年)、朦胧诗在国内被广泛承认的时期(1980年—1985年)和纽约时期(1985年—1995年)以及中美两地时期(1996年至今),您认为这几个阶段中转变的是什么,贯穿的是什么?

严力:我基本上是跟着时代发生的事情在走,开始是表达自己的内心反扭曲,在某种程度上,我希望在诗歌技术上有新的发展,出国让我看到很多不同体制下的东西,人对自身的恶与自私其实是很了解的,关键能否把反省培养成一种修养的习惯,其实这在我们文化里早就有的,也是一直在提倡的,问题就是在知识和科技大步发展时,作为人能不能更文明一些,这就要看你自己能不能经常对自己有所反省,文明是个人的事情,这样的个人多了,才形成社会整体文明的提升,所以我的诗经常提倡反省。

亚思明:您觉得诗歌有助于让人向上吗?

严力:是反思。因为很多诗人用语文的技术"作业"来获得好评或奖项,充其量就是又写了一篇或一首技术,画画的也同样,很多画家充其量只是又画了一张技术,技术表演和责任表现是不同的。另外,阅读有两种方式,一种是阅读文本,一种是阅读人,很多人不写诗,但他们的行为具有更多诗意的东西,我经常阅读人的行为。文学艺术创作到底是为了什么呢?不就是能提高一点人的行为文明啊,做不到这一点,最多就是消费和商业文艺。

亚思明:对,就是"诗人者,不失其赤子之心也"。

严力:所以要从人的身上读出诗意。在其中,善良是一个永恒的能量。

苗菲:所以您的诗歌中一直有一个反思的在场。

严力:必须的。

苗菲：阿尔伯特·霍夫斯达特在《诗·言·思》的导言中说过真正思考的言语的天性是诗意的。

严力：对，人的身体本能追求舒服，到目前为止"己所不欲勿施于人"如果真的可以实现，那么这个社会肯定能形成更好的循环。

亚思明：就是西方基督教的教义"推己及人"。

严力：是的，从人性对自己的反省来讲，殊途同归。但是在碰到事情的时候就不那么想了，纽约要稍微好一点，某种程度上大家有"比好"的趋势，比如每个移民者代表了所属的民族，这有在社会场合中互相"比好"的压力。我认为只要这个社会提倡"比好"就不会有太多问题。从另一个对创作者的角度来讲，不能超越权威、金钱、就根本当不了诗人，真正的诗人需要有起码的尊严。而对于男诗人来说，还要超越色情的东西。普遍来讲，中国民间的诗人比作家多，作家更像是一个职业，从这一点讲，诗人更把生活作为人的专业，所以诗人首先是一个有修养的人，有反省的人，还是那句老话：所有的文学艺术最终就是为了能够把我们的行为和修养提升一点。

亚思明：可是为什么很多诗人的价值观是背离主流的？

严力：因为他们反省社会，反省很多东西，诗人喜欢马上表达，这也解释了中国文化中即兴作诗的传统，不掩饰，即兴表达出来，很透明的思想态度！他们很多时候是为了让这个社会更好，当然也带有浓重的浪漫的理想色彩，仰望是文明的动力。

亚思明：对，还有一个专有名词叫"现代恶魔诗人"，他们整体上就是反主流的，比如迪兰·托马斯，他会一口气喝十八杯威士忌，最后一命呜呼，还有兰波等等，他们选择的是一种很激烈的浪漫人生。

严力：对，迪兰是英国威尔士诗人，当时他喝了二十九杯威士忌，在纽约曼哈顿的一家酒吧里。这也印证我们文化传统里的典故：李白斗酒诗百篇。为什么西方这种诗人更多，是因为他们提倡个性解放，每个人都要对自己负责，可以选择自己的生活方式，强调不要压抑自己的感受，到了诗人那里就更强化了。我认为，前提是不能侵犯他人。当然有些人放纵自己还有很多其他生活和家庭甚至爱情的原因。

能够理性处理好各种矛盾、提升自我修养的人,这个过程并不容易啊。诗歌写作的本身就是一个价值观,你有了这个价值观就有动力写作,所以价值观引导诗人的创作。

从情感上讲,你想发明一种新的苦难和喜悦,是很难发明的,我们可以发明高科技和人工智能,但还是依照人脑模式和希望值发明的,有一个人说过,我们不是为了减少痛苦,而是要管理好痛苦,这说得很好。法律面前人人平等,律师就是为了维护这个平等而存在的,那么诗人在做的就是倡导修养能让平等的内容更美满一些。

我喜欢沙龙,沙龙才是真正文化生长的东西,因为在沙龙里每个人都是他自己,即便不发言,但他在没有权威、专家压力下展示的不掩饰自我的表情能刺激你或鼓励你。我想要新的东西,我不想要坐享其成,在诗歌创作因为深入思考能反省出自己的不足,而且互相分享的经验很重要,因为人性是共通的。70年代,我们写诗歌的、小说的、研究哲学的、专研音乐的、探索绘画的经常聚在一起,那种气氛很好,可以互相激发思考,脑力碰撞,我们也看到民国期间的文人也有很多如此的沙龙,西方在某些时期就更多了,比如前面提到的超现实主义的沙龙……但沙龙式的东西现在又缺少了,因为社会发展、人口增长、资源竞争加剧的各种原因,现在分工太细致。但我发现有一个东西可以改变它,叫做非盈利机构,比如我在美国要举办一个朗诵会,甚至在家里举办,也可以向文学类的非盈利机构申请赞助,有两次都得到了一张200的支票,他们在鼓励从事非盈利的文化活动,丰富盛会上的精神生活。他们还扶持民间刚生长出来的新的人和文化探索,比如我参与的美国纽约法拉盛诗歌节,是第一个海外华语的诗歌节,我们申请了非盈利组织的资格和免税号码,每年会收到各种机构和个人的捐款,这些捐款的额度,在有非营利组织开出的有免税号码证明下,到年度报税时这部分捐款额度是可以不交税的,非盈利机制是值得各种文明社会细致研究的。我们诗歌节就可以用捐款出版很多书,还可以举办海外诗歌评选等等,非盈利组织本身是基于人们知道文化性的东西需要培养,就好像自己的孩子是需要家长们付出的,诗歌也是人类文明的一个有骨气的孩子。

任何一代年轻人在日常生活的经济条件上都有压力，但不能成为能否进行文学创作的前提，穷人就没时间和精力创作了吗？事实证明很多文学艺术家都是穷困潦倒的，但很多人创作出了延续千年的精神食粮。不久前的上世纪七十年代，我作为学徒工的月收入只有16元，在刚刚能吃饱的情况下我照样写作，问题是你真的喜欢创作，真的有话想说。现代人买奢侈品的欲望不能成为不关心文化发展的理由，因为人身上的动物性无时不在，每天都要克制，别人会觉得累，但当你培养成习惯后就不会觉得累。所以有一个培养成习惯的过程，有人短一些，有人一辈子也没能成功。所以不要找借口，真想当诗人是一个自我培养的过程，形成独立思考的习惯就不会跟着时髦的潮流去追逐明星或攀比价格昂贵的生活道具了。现代社会的每个人用劳动解决自己日常的费用，所以不用谈几百成千种如何挣钱的方式，我们就谈养活了自己之后该干点什么的事情，比如我们就在谈诗歌的事情。每个人负责护理好自己的身体健康后，没有借口原谅自己不对社会事务做出赞扬或批评。在沙龙中就是要分享快乐，分享创造力，刺激创造力。我一直在文人的圈子里，文学艺术就是社会学，就是文明学。

亚思明：中国现在很大的问题就是解决贫穷，物质脱贫之后，面临更多精神的匮乏和审美的欠缺，不过这方面逐渐也有意识到。我九十年代上大学时，很多学生选择学经济，但是随着社会越来越多元化，很多省的高考状元第一志向都选择读中文。

严力：其实脱贫还包括精神脱贫，因为人不能太依赖物质而变得像一个只享受器官愉悦的动物，比如全世界每天都有很多人投资失败，所以每天有新的贫穷人出现，愿赌服输，量力而行是投资者的真谛。一个社会的真正脱贫，其实是最低工资够不够让人有尊严地生存，只要最低工资达到了生活尊严这一点，他们就可以理直气壮地选择不需要奢侈的清净生活，社会也会在"比好"的循环里享受诗歌的审美与思辨，我觉得要清楚这个道理才能更好地写诗。

亚思明：您在纽约华人艺术家经常聚会吗？

严力：经常，我到哪里，哪里就有沙龙，互相鼓励和刺激，一起繁荣文化气息。

亚思明：您在纽约的时候也认识木心吗？

严力：对，我们在同一个叫纽约艺术学生联盟里，大约是1987到1988年我们一起在那里学版画。也时常在学校的咖啡屋喝咖啡聊天。

亚思明：您对他印象如何？

严力：挺好的，他知道我做的比较先锋，而他比较注重传统的营养，他虽然比我大二十几岁，但和他聊天没什么障碍，因为有共同在国内的经历，后来陈丹青让木心把自己看过的书在沙龙里讲讲，他们那个沙龙肯定有积极意义的，因为文革期间我们这些人读的书不够，但木心读的书很多，也有很强的独立思考。

亚思明：所以他后来出了《文学回忆录》。

严力：木心在八十年代在台湾出了全集，挣到了第一桶金，拿到了很多的稿费。脱贫这个事很现实，也需要一些机缘，这个机缘就是台湾一些人很喜欢他的作品，还包括某个出版商。不过，克制欲望则是无穷无尽的，不需要机缘。木心是很能克制的，是一个榜样。对创作者来讲，创作是因为有话要讲，有社会不平的现象刺激，有反省，就用创作去解决。写诗的人要处理社会各种题材，但在绘画上，处理专一题材的是中国式的传统，用技术一辈子画一种东西，比如画虾的画虾，画马的画马，画猴画金鱼画风景画牡丹，那是审美中的消费艺术和商业艺术，在西方某些艺术评论家看来就完全是一个"Copy Machine"复制机器，所以中国画一般来说在西方卖不动。它太注重技术，太讲究在不能修改的宣纸上技术所能达到的成功率，准确地说不是对当今生活文明阶段的记录和创作，创作是对于一个时代要有反应，中国宣纸画的技术性作品对这个社会确实没有什么记载。所以一些中国艺术家在尝试"新水墨""抽象水墨"等等，以期能为当代生活留下比较贴近的情感记录。

苗菲：所以您的绘画中各种系列作品来源于哪里？

严力：我的创作都有所指，都来源于生活，我看到现在的主流生活中人们的误区，因为集体无意识，把自己置于何处都不清楚，人们对审美追求的进程应该是1,喜欢。2,追求。3,自我创作,4,创新并提高,很多人总是走到前两步就不走了,也就是追求到成为粉丝或超级粉丝为止,当然很多人没有条件来创作,我很多朋友迫于生活经济条件的压力,原来写东西很不错,但后来就不写了。不过我从他们对家庭的责任感上看到了正能量的循环,因为人类最好的产品是孩子(人的良性繁衍),这也需要付出很多的努力。

亚思明:纽约曾经有过中国艺术家的辉煌时期,有很多中国当代艺术家聚集在那里,他们现在怎么样呢?

严力:80年代中国刚刚改革开放,中国艺术家出去之后,80年代中后期我曾经接待过很多从中国出去的人,他们一下飞机,就对我说口袋里没什么钱了,所以我就把他们带到我家挤上一周,他们就到外面洗盘子或送外卖了,因为不需要英文,主要是体力活,但当时并不觉得苦,因为即便在国内,那时候工资也不高。当年的艺术家很多都在街头画肖像,可以挣很多现金,现金不存在缴税问题,也没办法查,而街头画肖像也是纽约市政府对艺术家的一种优惠政策。但现在不同了,现在出国容易很多,国内工资大幅度提高,也有了国外画廊和本地收藏家的经营环境,所以八十年代至90年代中出去的成百上千的画家中有百分之九十都回国内发展了,而且国内环境里人的母语系统、审美系统都是更接近的,中国人喜欢讲人情关系,整体富起来以后,亲朋好友都会买画,西方的画廊也来代理中国的画家。

同时,我们受到媒体的影响,新闻标题常常是报导某幅画卖了多少钱,从来不说这个作品对这个社会审美和时代的关系与深度,多少画家生前默默无名,死后身价翻了上万倍,所以现在的炒作,点击率再高没有用,因为当代的点击率有政治、人情和金融的策划,水分很大,我觉得真正的文化经典的点击率是艺术家身后几代或十几代人点击出来的。还有很多所谓成就的研讨会是权力操作的。所以当你活着的时候不要太考虑点击率。当然也有人真的喜欢你,因此点击率很高,这样的艺术家也有一些。当年我们在北京时的1970到1978年的抽屉文学,如果不把它们写出来就是自己不给自己自由。创作永远是自由的,不自由或有障碍的是如何发表,谁在掌控发表。

亚思明：您在纽约认识一个艺术家叫李山吗？

严力：对，他除了画画现在还做装置，在上海浦东临港新城有一个工作室，我跟他很熟，原来他是上海戏剧学院的，现在也有70多岁了。

亚思明：我有一个朋友是搞收藏的，跟他很熟。

严力：我的一个美国的搞收藏的朋友告诉我真正的收藏，第一要素不是投资，而是你有多余的钱去买你喜欢的东西，他说你知道你喜欢的东西应该是多少钱一斤吗？无法衡量！所以买你喜欢的东西一定不会错。第二步，你比别人更早地看到这个东西的创新意识了，再过几年这个东西就突然涨了好几倍，这叫投资，也是你鉴别创造性能力的体现。比如二战前很多犹太人收藏了超现实主义的作品，关键是你能不能知道他的亮点在哪。投资错了也不行，所以现在代理人或者收藏家也很聪明，找十个艺术家开一个联展，哪两个画家的作品卖得比较好，就和他签约，用市场来淘汰。

还有为什么我们现在画抽象画的很多，因为我们现在的视觉审美习惯都被每天看到并生活其中的大楼、街道等几何的东西培养了。而古人画的山水，也都是他们每天看到的，所以他们要用山水来移情。我们现代都市人用几何形的电器的生活道具来移情。所以色块的线条的抽象画迎合了现代生活道具的审美。其中另一点是：色彩是无声的音乐，每个人的视觉基础都一样，我们现代人更经常看到的是霓虹灯、具有坚硬线条的东西。所以审美的东西要放到时代背景下分析，差别是不一样的生活内容的变迁而造成审美的。

苗菲：您之前写过一首诗《不得不热爱北京》，您在93年第一次回国，当时的感受是怎样的？

严力：每个人的历史是有限的，我在北京长大"无论好坏/最起码也要和与我有共同母语的/八宝山的火焰/聊聊北京的天空"，这句话里面其实也包含了"死亡"的主题。中国的物质越来越丰富了，人的能动性被调动起来了，中国人不比任何国家的人差。我们对现状的不满意是因为它还可以更好。

亚思明：现在还有贫富不均的问题。

严力：这就是因为垄断，还没有真正市场化，真正的市场是谁都有机会试一下，不需要靠关系和权力来拉项目。让市场的民间需求正常发展，才可以形成"比好"每个人的社会，不需要比关系和依赖垄断者。中国的问题就是垄断，甚至你想做好事，也不一定能拿到执照。

亚思明：那您现在的生活状态是中美两地？

严力：对，我基本在美国八个月，在中国三个月，一半时间在北京。现在我很自由，大女儿已经自立，小女儿也上大学了，我在美国已经可以拿社会安全金七八百块钱，我自己还可以画画，我也留下不少自己的画，因为这样我有主动权，可以随时和别人分享。我认为我的画和很多流行画是很不一样的。

亚思明：对，您的画作有很强的思辨性。

严力：很多东西你要把时代带上。比如这张画，描述的是拥挤的地铁，就像画像砖的拓片。

亚思明：我注意到您的诗画很少描摹风景。

严力：我觉得人文的东西更重要，因为风景是不变的，风景是让人去放松，让人看看这个世界外在不变的形态，但我觉得人的想象很重要，有些想象是可以画出来的，这就是体内的风景。我画体内的风景。文明是人类生活最重要的东西，所以我去一个地方，先去看朋友，不是看普遍意义上的景点，因为各种人都是一种风景。

苗菲：电梯、地铁等现代文明的发展极大地方便了人们的生活，但实际上也给人们带来压抑封闭的感受，您对现代文明发展的态度是怎样的呢？

严力：现代的物质诱惑力太多，使人的时间精力分散而变得没办法深入理解自己的身体和头脑，有些诱惑要推掉，是器官无休止的欲望来自人的动物性。大都市确实很方便，但有一个故事，苏格拉底的弟子带他到集市上逛了一圈，他说原来市场上有那么多东西是我不需要的。所以不要大家追求你就去追求，流行的东西不一定适合你，什么是适合你的呢？上苍造人，把人造成了自己的最好大学，要深入感悟自己学习自己人性中的一切，达到人文知识上的留存与克制。

亚思明：现在很多学生接触社会太少，从一个学校到一个学校，眼光没有放得足够开阔。

严力：现在要是让我说有什么要劝告他们的，就是你要确定你想做什么，你真想做文艺创作的话，就要广泛接触社会，并且把经济基础打好。如果确定不了，就先广泛接触社会。现代诱惑很多，很多人还不懂拒绝。对于诱惑力的克服，社会风气很重要，家庭教育也很重要，所以育人是最重要的。

苗菲：您在诗歌中写过"纽约在自己的心脏里面洗血把血洗成流向世界各地的可口可乐"，在小说《血液的行为》中是不是也有过同样主题的表达？

严力：这是一种讽刺，就是在表达如果人完全是追求财富，要冷血才能赚钱，是对社会上的某种现象的一种批判。很多年轻人误以为赚钱有捷径，看到别人从一百块到一百万地成功了，但是模仿的人多了，再想从一百万挣到一千块都很难。因为一件新事物的盈利空间已经被用到头了。

苗菲：托马斯说："写诗时，我感受自己是一件幸运或受难的乐器，不是我在找诗，而是诗在找我。"诗不是表达瞬间情绪就完了。您在艺术创作时经常谈及"灵感"，灵感与瞬间情绪之间是一种怎样的关系呢？

严力：每个作者都有自己的创作心理学。早期我写诗时要先喝一点酒，因为我所处的时代禁锢的东西比现在还多，我就用喝酒来放松自己，让自己敢把禁忌的东西先写出来，这就是主动想办法克服长久积累下来的自我审查。创作就是要自由表达，这是我的创作心理学。写出来后，修改时就要理性一点了，有的要经过半年的沉淀才会定稿，为什么，因为要尽量避免个人情仇，把作品写得更具有人的共性，以此达到能让更多人分享的程度，而这种衡量如何把握只能以不断地尝试和努力来积累经验了。另外，即兴创作时你以为所有的信息都在纸上了，其实常常是还有两个信息是在你脑子里，你把它们与纸上的信息放在一起，但读者并没有你留在脑子里的信息，所以就觉得缺少了什么。这是说一定要让刚写完的诗与你自己拉开距离后再修改，通常我是写完后放上几个星期或几个月再拿出来修改的。我培养的习惯就是我的诗歌不会马上发表，会过一段时间修改完了再发表。起码修改一次到三、四次，有的感觉情绪比较相近的三首诗最后会合成为一首诗。比如我今天写了三首题材完全不同的诗，但是因为都是今天状态下的创作，所以又是有内在关联的，都在表现这个当下 The moment。

苗菲：您在《价值观的门牌号》中有提及，三十多年前的句子到来又退场，是因为价值观的转变。

严力：对，很多东西当时你觉得是对的，但当你有了对比，可以跳出原来的位置和状态，你会发现很多东西当时没有考虑到。我觉得每个创作者都有自己的创作习惯和心得，最后还是落实到作品上。

亚思明：您有自己非常喜欢的诗人或者画家吗？

严力：其实只要有亮点我都会喜欢，因为没有一个人身上有从 A 到 Z 的维他命，我从各人身上去吸收这些营养，我从来不盲目崇拜，因为我要超越权威和已经成为经典的表现方式。不能背负太多的名人压力，每一个"我"都是不一样的，这样我身上积累的优势逐渐会越来越多，在生活里做一个好人很容易，在创作上做一个很有创意的人很难。很多人就是写了一手语文，画了一幅技术，但是作品和这个社会文化发展没关系。好的作品要让读者有发现的满足感，要有获得了作品精华的满足感。

苗菲：我的毕论一直都有种写不下去的想法，有的时候会担心自己扭曲了诗人的原意自说自话。

严力：有的东西你可以理解百分之百，有的东西你只需要理解百分之三十就够了，有时候一首几十行的诗歌，其实就想表达其中的一行。就像我的"口香糖诗歌"，在《新民晚报》连载了十二年。就是把有些诗的其中一两行单独拿出来嚼嚼，看看在没有其他行的铺垫时又是什么味道。

苗菲：您在当代文学和艺术上有多种身份，但是您觉得本质上是什么身份呢？

严力：本质上是诗人，人在追求诗意的生活，本质上就是人在追求文明的生活，诗歌在某种程度上类似宗教，是向善的，是质问的，最早诗歌是从巫师开始的，所以诗人本身不是一个职业。诗人首先就是要完善自己，我写过一个文章《建造自己的内在文明》，社会让人有了尊严后，这个社会还应该有纠错能力、补救能力。作为诗人什么都要了解，从本质上其实我们研究的是分享如何更好地生活和快乐。

苗菲：很多诗评家认为您是在对人类整体命运进行关注，还是说您作为诗人，本质上是要提高个人修养？

严力：其实本质上是对自己的关注，别人好了才能保证你的好不孤独，我们都知道什么是好，人只能保证自己，只有把自己保证好了，才能让这个社会更好，不要想着依赖别人。你说的是对的，首先你要保证自己在大家都偏离的时候自己不偏离，你总能给别人带来快乐很难，但是对于创作者而言，"痛苦"是创作的财富，痛苦了才知道别人哪里不对，才知道怎么去修正。别人过得好才能保证我的好。

亚思明：对，"没有人是一座孤岛/可以自全"。严力：我也常说我拥护你反对我的权力，诗歌的创作者必须有担当，善良才能使审美坚持下去。但是创作永远是自由的，你把它写下来，留给后代就够了。另外一点就是我投稿或别人约稿，我给你十首诗，你可以选用其中的几首，但绝不能修改，修改等于是你在命令我创作。

苗菲：您反思的意识是不是也会带入到写作状态中作为"元诗"？

亚思明：这是张枣提出来的，就是"关于诗的诗"，把写诗的过程当成一个主题来写。

严力：是的，写诗的过程也是生活的一部分，生命一部分。任何诗的写作首先忠实于自己，后来发现很多东西是人类共性的，于是就有了几个人或几万人甚至全人类的分享。汉语诗当然首先是让汉语读者读懂，然后能否让世界的人都能读懂，就依赖翻译者的水平了，有时翻译者会帮你美化，所以翻译家说翻译常常是一种再创作。

亚思明：您现在也做翻译吗？

严力：很少，没有时间，不过我觉得翻译能学到很多写作技术。

多看，多翻译，但是一个人时间有限。每个人都有自己的时间划分和被家庭占有的部分，还要保证自己的生存健康。我九十年代中间有停过画画，因为很耗费财力，所以有一个阶段我就疯狂地写小说，因为小说在哪里都可以写，我写了上百篇中短篇小说，两个长篇小说。我还和朋友一起开过摄影工作室，后者当然是谋生，每个创作者都必须自己解决日常的开销。如果真的热爱创作诗歌那就要玩命挣钱，让自己有时间创作，因为你要养它，像养自己的孩子一样。

苗菲：您的诗歌诗歌中绝少用形容词，多用待变现代文明的名词，宇文所安认为和真正的国家诗歌不同，世界诗歌讲究民族风味。您是如何理解世界诗歌中的民族风味的呢？

严力：每个时代都有每个时代的词语，只要我的诗歌这个民族都能读得懂，他就是民族的，如果刻意民族风味的，那是科技发明之前的东西，非要强调是没有必要的，我的作品能够中文媒体发表就是民族性的，如果背景是当代生活，那也就是民族性的。现代的词语没有那么多地域性，生活器物在全世界基本都是标准化的了，还要强调什么民族性的道具？要强调的是，生活表达以2000个词就够了，大家都读得懂。隐喻就不一样了，要创造新的表达方式和还没有完全表达清楚的人体头脑内涵，总之我强调一点，诗歌的目的首先是为了改善人的行为，提升人的修养，让人文明一点，其他没有别的目的了。

亚思明：对，就像有人说诗歌是"无用之用"。

严力：如果一个诗人是杰出诗人，那就要看他的行为，最起码要在他身上统一啊，不能说诗歌作品得奖，但诗人在日常生活上的道德一塌糊涂，那就是笑话了，当然，以前的历史允许某些类似的现象存在，因为后代人不知道创作者当时个人生活的品性怎样，作品离开了他行为的现场，加上人类记录的细致与科技化也是近百年来的事情，现代诗人的作品已经离不开他（她）的生活品行记录了，这是好事，真正的榜样应该是这样的。社会记录手段在进步，人呢？我悲观地不敢确定！

亚思明：所以您觉得是"人之初性本恶"，善良是后天习得的吗？

严力：肯定是这样的，人首先要跟自己的动物性搏斗，后天的培养真的很重要，家庭素质和社会环境都很重要，文化积淀很重要。

写诗的人要多经历一点，多出出国，写的东西更接地气，当然我只能说我是这么过来的，我不是说非要批判什么，我也不喜欢排位的东西，每个人都有自己的特色，而且我也希望沙龙中分享的不要仅仅是诗人，要有音乐家、画家、这个就是文化的原生态。

苗菲：在曾经的访谈中，您说到了西方之后才意识到作画的材料原来不局限于笔墨纸砚，所以我们看到了您用极具时代性的材料比如唱片、木框链子、钥匙等等作为绘画作品材料，确实加强了张力，对于诗歌创作，您去国后也曾有过这种别有天地的时候吗？

严力：基本没有，因为诗歌的材料全部产自自己经历的时代和生活，表现它们就是忠实于表现这个舞台上发生的事情，表现人性在这个舞台上的优劣。我表现不了我没有经历过的生活。在某种程度上我们近百年来的文化积淀不够，作为个性发展是有欠缺的。

另外，最近几年来我会把自己的写作印成一两百份册子送人，而不是主动找出版社什么的，我需要绝对自由，我不想焦急地等待编辑的审判，除非出版社主动来找我。坚持了这么多年以后，最后解决了自己的生存，也可以自己高兴了就印一百本送人，有一个美国人，我给他讲了朦胧诗和星星画会的事情，给他看过部分资料，最后他帮我写了一本书，澳大利亚的朋友给了我七千美金，有一个伊朗诗人翻译家在伊朗帮我出版印刷的，很多民间的文化历史就是自己印刷后送人而流传的。

苗菲：《一行》出刊的动力来源是哪里？后来为什么停掉了？

严力：我是 1985 年 5 月到纽约的，1987 年的中国还没那么开放，发表现代诗歌很难，在纽约有很多来自大陆、香港和台湾的诗人艺术家，我就召集了一些人，提出出版一本诗歌与艺术的杂志期刊，一年四期。杂志取名《一行》的意思是，诗是一行行写的，而我们是这个时代的一行人。杂志资金是成员们每人每三个月拿出一天的工资，成员总共是三十人左右，假设一天工资是一百块钱，这已经是三千块了，一千五是印刷，五百是打字校对的，还有一点钱就是邮寄的，劳动都是免费的，就是这么做下来了。当时纽约佩斯大学的一个历史学教授以他系的经费帮我们每个月寄八箱到国内,省了大概六百多块钱,印刷厂老板给我百分之三十的折扣。《一行》刊登的百分之七十都是大陆邮寄来的稿子,很感动人的,很厚的一沓稿子,邮费就三、四十块钱,那可是一个月工资啊,但也有很多投稿没有被采用,几乎大部分作者的名字对我来说都是陌生的,我们都是按作品的优劣挑选,最终都是我审稿,所以当时我读了很多国内的诗,我觉得我的阅读量很大,所以这些都是我能够吸收营养、丰富自己的过程。

中间停刊是因为后来发表诗歌就比较容易了,《一行》是历史时期的一个需要。你们看到当年的《今天》还在出,但很少被注意了,一个原因是许多诗都可以在国内发表,或在微博微信上随时出现,纸刊的衰落是必然的。

谢辞

写下"谢辞"二字,涌起许多不舍,从此心里又多了一个怀念的地方。

在这里感谢我的导师孙基林老师对我论文写作上的指导帮助,每次开学都会和海威一起去孙老师办公室聊一聊,孙老师总是笑呵呵的样子,给我和海威足够的独立思考的空间,鼓励我一点一滴的进步,让我鼓起勇气继续走下去。感谢崔春老师的流散文学课堂,让我决定自己的毕业论文选题,现在回想起来我们每一次上课窗外好像总是草长莺飞的样子。在我论文构思处于低迷期时,崔春老师决定带我飞到上海对严力先生进行面对面的访谈,此次访谈给我一次突破自己固有思维的宝贵机会。感谢杨慧老师在研究方法上的启示和指导,感谢于京一老师对我们学术思维上的训练与拓展。感谢每一位前来讲座的老师们,一次次丰富了我的知识体系。

感谢现当代文学专业的所有同学们的陪伴,我们在课上的思辨切磋,课下的闲谈娱乐,都将是我珍贵的回忆;感谢师兄师姐们的鼓励和支持;感谢师弟师妹们的关心和温暖,感谢一路上遇到的小伙伴们,让我看到更多优秀的可能性。

还要感谢严力先生,他总是充满活力,他是一位真正生活着的诗人。严力先生热情地提供珍贵的历史资料,让我在完成论文时,仍有言有尽而意无穷之感,最忘不了严力先生对我的教诲,在今后的人生道路上,重要的是我要用我所学做些什么。

最后还要感谢我的家人们,他们为我提供了尽可能优越的环境,给我强大的力量和无微不至的关怀,使我能够一直安心求学。

这个恰逢疫情的毕业季,能够健康无恙地完成毕业论文的写作,让我更珍惜现在拥有的一切。在此衷心祝愿各位老师同学们身体健康,遇见更多美好!

本文为山东大学硕士学位论文
2020

第三部分　媒体报道

海外新诗座谈纪实

——第一届法拉盛诗歌节纽约圆满结束

常少宏

四月是美国的诗歌月，它由美国诗歌协会创办于 1996 年，此后每年四月，美国各地的诗歌爱好者都会举办形式多样的诗歌活动。为了扶植及推广华人诗歌创作，打造海外华人诗歌品牌，法拉盛诗歌委员会于 2017 年年底成立，并于 2018 年 4 月 14 日在美国纽约法拉盛图书馆举办了第一届法拉盛诗歌节。来自北美地区的数百位诗人及诗歌爱好者参加了一整天的活动，包括上午 10 点半到 12 点半的新诗论坛，下午 2 点到 4 点半的颁奖、朗诵及诗人签售活动。上午的新诗论坛由著名诗人严力开场致辞，由诗人王渝主持。主席台参加讨论的嘉宾包括王渝、严力、陈九、枫雨、邱辛晔、张耳、冰果、应帆、苏凤、雷人。原定论坛主题是海外母语写作/华人诗歌创作/海外举办诗歌节的意义，但是当提到什么是诗、什么可以入诗、新诗与古诗韵律、中外诗歌特色等时，台上台下展开了热烈的互动性讨论，尤其就近年出现的"口语诗"，明显区别于传统新诗中的抒情诗与意象诗，台下近二十位观众质疑、提问，并发表了自己的见解。

严力于 1973 年开始诗歌创作，1979 年开始从事绘画，是星星画会成员之一。1985 年夏留学美国纽约，1987 年在纽约成立一行诗社，并担任"一行"社长。严力回顾了海外诗歌界的简单历史，以及成立诗歌节的意义。每年四月诗歌节时，严力都在纽约曼哈顿的四五六画廊举办新诗朗诵会，是纽约诗坛的重要活动。严力说：诗人不是个职业，诗人要有反省。诗歌很难翻译，口语诗比抒情或者意象诗歌更适合于翻译。下一步希望把获奖诗歌翻译成英文，与当地英文诗歌社团交流。严力认为诗人在关注自己的同时也要关注世界，他的《诗人何为》就是有感于巴黎的恐袭事件：《诗人何为》2015年11月13日

> 巴黎出事了
> 警察和军人在搜捕恐怖分子
> 有人问
> 这时候诗人何为
> 诗人是自己的警察
> 每天搜捕体内的恐怖分子
> 更不会把他们释放出来
> 如果这种功能的软件
> 能流行人体世界
> 那么
> 出事的不会是巴黎

王渝是旅居纽约的知名台湾作家，她认为诗歌是语言与文字美的表达方式，中华民族诗歌的传统比我们的饮食传统还要渊远流长，希望法拉盛诗歌节可以一直办下去，希望带动年轻一代对诗歌的爱好。王渝说：诗的功能是美化生活，但有些口语诗是语言的堕落。王渝特别提到木心的诗歌《从前慢》是一首好诗，把口语写得很美。

> "……
> 从前的日色变得慢
> 车，马，邮件都慢
> 一生只够爱一个人
> 从前的锁也好看
> 钥匙精美有样子

> 你锁了　人家就懂了
> ……"

而王渝自己的诗歌《咖啡馆中》更是表达了异域文人的一种生活和心理状态：

> 咖啡馆中
>
> 我认识他时
> 还不曾认识你
> 他认识你时
> 你们都不认识我
> 绕过诗句砌成的小径
> 我们聚会在
> 异国的咖啡馆
> 头顶的天窗
> 扔进来破旧脏乱的
> 贫穷风景
> 我们怡然将这一方小天地
> 坐谈成我们的波西米亚
> 虽然那个来自东欧的女侍
> 僵硬的待客之道一如她僵硬的英语

来自加拿大的诗人雷人说他2010年60岁时开始写诗，迄今为止写了六千多首诗，有时一晚上写五首诗，引发了台上诗人冰果的好奇。两人火花四溅的讨论也引发台下观众的热烈响应和参与。

北美中文作家协会主席、诗人陈九认为诗人的作品要有个性，他认为现在好像写诗的人比读诗的人更多，其实是好事，因为他认为诗首先是写给自己的，每个人本身就是一首诗，没有个性的东西不能是艺术。他认为中文是一种象形文字，诗中的每个字都可能具有极大的象征性，这也体现出中文的张力。

法拉盛诗歌节组委会执行委员、法拉盛图书馆副馆长、诗人邱辛晔认为口语诗也可以讲究韵律，他本人就是古典文学科班出身。他主张口语诗人首先应该有扎实的文言文与中国古典诗词的基础，诗是对于历史和当下之哲理思考的文学性表达。现在大家对于"口语诗"定义不清楚。蓝蓝居然写成了"口水诗"，凯文则说是"口气诗"。现在很多人写口语诗，意象有了，但对于语言的精致，要求太低了。没有古典汉语底子的，别碰口语诗，这可能被写'口语诗'的诗人骂个狗血喷头。他认为如果连文言文的基础也没有，怎么能写好白话诗呢？所以邱辛晔称他自己的现代诗算是"典雅的白话诗"。

邱辛晔的代表作有《一块钱》。

　　一块钱

在法拉盛
满是中文招牌的街道上
有一个老妇人
乞讨一块钱
她说的是英文
有腔有调
她的呼喊真响亮
和小贩的
叫卖此起彼伏
好几年过去了
小贩的吆喝涨价了
她还是一块钱

组委会执行委员枫雨女士也引经据典，给口语诗提供新的定义。来自加拿大的苏凤、纽约的张耳、应帆、冰果等人也从个体诗歌写作经验出发，发表了他们对于海外华语诗歌创作的见解。

文学团体"文心社"美国新泽西分社社长枫雨发言：汉语文学起源于诗经，诗经本身分《风》《雅》《颂》，雅俗共赏。诗歌一直就有两个发展方向：一个是平民口语化，如李白的"窗前明月光，疑是地上霜"；另一种就是意象诗。她认为口语诗更难写，比如叶芝的诗《当你老了》，打动了多少人！口语诗不是"口水诗"，它要有诗的底蕴，有美的感觉。抒情诗与意象诗已经被中国古典诗歌发展到了极致，不容易突破与超越，但是口语诗还有很大的发展空间。

纽约诗人张耳发言说，她1986年来到纽约，开始写小说，也写诗。王渝发表了她的小说，严力主编的《一行》发表了她的诗歌。她一直写下来，写了30多年，上千首诗。前五年都是练手，诗歌写得没有个性，多是全人类都会有的感情感怀。到了1992－1994年，她开始感觉到写诗更多的是需要融入当地生活，就好像"在绿草地铺一张红毯子"，开始种自己的花园。她推崇胡适的《两只蝴蝶飞上天》，认为那是最好的口语诗之一，语言形象而生动。

附：新诗原文两只蝴蝶
　　　（胡　适）
两只黄蝴蝶，双双飞上天；
不知为什么，一个忽飞还。
剩下那一只，孤单怪可怜；
也无心上天，天上太孤单。

来自加拿大的画家、诗人苏凤说，她是去过巴黎之后开始写诗，但写得不多。后来去了加拿大，那里写诗的朋友多，互动也多，受到鼓励，她写了更多的诗。目前出了12本合集，2006年出了自己的个人诗集。她认为诗歌是表达自己的方式，可以从诗中回味，得到生活的启发。

应帆讲到自己在诗歌中写什么是与自己不同的生活阶段联系在一起的。诗歌应该写什么？怎么写？什么可以入诗？八十年代开始恋爱时写爱情，1998年到了美国，开始写乡愁，后来再写什么呢？

冰果说自己过去一直是一个人在封闭的状态下写诗，一年前才开始与周围的诗人有互动。她说自己的诗都是有感而发，并且认为这个积累阶段很重要。积累了一定的程度之后需要提升自己，这时候需要走出去交流。

诗歌节组委会成员阮克强，美籍华裔诗人，野生动物摄影师，现居纽约长岛，著有诗集《冬天的情绪》。曾任福建师大南方诗社社长及福建省大学生诗歌学会主编。近年诗歌和摄影作品散见于多种中英文报刊杂志。摄影作品曾入围英国BBC年度野生物摄影大赛总决赛。他的发言强调大家关注海外与国内诗歌的不同内容与手法。

台下的诗友常少宏发言特别提到，她在1988年大学毕业时为毕业纪念册写诗，挖空脑筋绕来绕去找意象表达，但是她近来越发看不进去许多诗歌的抒情与意象给人千篇一律的感觉，反而是口语诗的真情实感更能打动她。最近她在文学公众号《忆乡坊文学城》编发了北美诗人洪君植的十首"口语诗"，写他对已经去世的母亲与父亲的刻骨铭心的思念，写他在纽约的移民生活、……

刚到美国，不懂英语
只要动动嘴巴
就能轻松赚钱的职业
只有做牧师
那时候，天天读圣经
神学著作
心中的魔鬼，谁都看不见
用三年时间读完神学硕士
有资格当牧师了
反而更绝望
又开始我行我素
喝酒抽烟
隔三差五去教堂做晨祷
向上帝报告，厄运不断

一反过去发表诗歌读者寡众、毫无反应，这次这些"口语诗"引起了读者强烈的共鸣，在《忆乡坊文学城》读者群引起了几乎前所未有的关于诗歌表现形式的讨论。常少宏认为口语诗有自己内在的韵律，看似简单，写好了很难。

诗友梓樱发言说：她从十八九岁开始爱诗写诗，也许几十年写下的诗歌算不上严格意义上的诗歌，但她视诗歌为情人，会一辈子爱下去。她认为最重要的还是要把生活过得有诗意。这次她与先生及89

岁的老父亲都参加了诗歌节征稿,三个人都初选入围,诗歌有幸被收在同一本诗集里。一家三口,父女两代,夫妻两人参加首届法拉盛诗歌节,成为本次活动的一个亮点。她谢谢组委会周到完美地组织了这次诗歌节。她的诗歌《生命之妙》曾发表于《诗刊》,来源于她的医生生涯:

  谁料想
  大千中无数物种
  启动于
  眼不能见的
  DNA
  飘在浆中
  缩在核里
  划出
  高级与低级的
  分水岭
  ……

论坛最后,大家一致同意:海外诗人可以多写移民生活,弘扬中华民族传统文化。

下午的颁奖、朗诵及诗人签售活动由著名华人艺术家李昌林主持,纽约州与法拉盛地区的民选官员及代表出席会议并发言祝贺。

诗歌节入围作者彼岸流年带领12岁的儿子特意从旧金山飞来,参加诗歌节颁奖活动,还有上午的新诗研讨会。彼岸流年自己在家教儿子学习中文,她希望此行可以激发儿子对中文与诗歌文化的热爱。傍晚他们又返回加州,赶去参加儿子第二天的冰球选拔赛。尽管辛苦,但是相信此行会给儿子的生活留下深刻的印象。

第一届法拉盛诗歌节由评选委员会匿名评选,从近两百诗人的约五百首诗中选出一、二、三等奖共12名。约180首诗歌入围终选,并被收入结集出版的《法拉盛诗歌节》作品集。

获得一等奖的两首诗已经被一些报刊转发、流传,分别是《关于一本诗集》（作者：云中雀）、《Jo—Jo》（作者：陆地鱼）。

纽约七堂 7s Art Group、史颖舞蹈团、八板中乐团及钢琴家卢梦佳，在诗歌节上表演了精彩的文艺节目。

大会最后，海外散文大家王鼎钧先生上台发言，向获奖者以及组委会表示祝贺。鼎公幽默风趣的发言博得阵阵掌声，他以"诗人万岁，诗歌万岁"结束发言，表达了对于华语诗歌乃至华语文学在海外继续发扬光大的热切期待。

"诗意当代：我与我的40年——严力绘画个展"在临港当代美术馆举办

12月8日，上海迎来初雪天，"诗意当代：我与我的40年——严力绘画个展"在临港当代美术馆开幕。临港管委会党组成员、南汇新城镇党委委员、组织人事（党建工作）办公室主任苗挺为开幕式致辞，指出"诗意当代"作为艺术融合展的一个品牌，已经成功举办了第三届，这不仅是严力先生对自己40年的艺术生涯的回顾，也是我们对艺术融合展作的一个阶段性小结。"诗意当代"给出了一种尝试，通过不同形式艺术间的融合，以个体的真诚去获得一种把握。

参展艺术家严力致辞

开幕式邀请到了众多业内著名的艺术家评论家、画家、策展人，如国家画院理论部研究员、中国文艺评论家协会理事、独立策展人朱其、中国美术批评家年会秘书长，国际艺术评论家协会（AICA）会员，中国美术家协会策展委员会委员，清华大学艺术博物馆策展委员会委员,中华国际科学交流基金会科学与艺术委员会委员,天津美术学院客座教授,吉林艺术学院客座教授、硕士生导师杨卫、南方周末副刊编辑朱又可、意大利汉学家朱西·塔慕布莱罗等。

  本次"诗意当代"活动仍坚持诗歌与当代艺术的深度、多元融合。开幕式上,来自上海和全国各地的20多位诗人、艺术家用朗诵、吟唱、当代表演等多种方式诠释和刷新了当代诗意,充分体现出文学和艺术的当代进行时。诗人、艺术家严力先生在画展开幕式朗诵了他的新作《与鼠标一起玩儿》和《一串骆驼》。出席开幕式的嘉宾诗人李占刚、千夜、舒冲、瑞箫、郑洁、许德民、李斌、海岸、小鱼儿、许云龙、古冈、祁国、陆渔、李天靖、李笠、冰释之、春野以及当代表演者何雨,音乐人陶泥、夏宜同、魏濛等也演绎了各自的代表作和新作。

  近3个小时的开幕式洋溢在朗诵和音乐声中,令在场观众大呼过瘾、掌声不断。开幕式后,严力先生带领嘉宾和观众们一一浏览本次参展的画作,从1984年严力上海个展到2018年严力临港个展,40年的跨度虽然带走了时间,但也存续了时间,留在这些画作中,也留在所有观者的心里。

  本次展览回顾了严力先生跨越40年的创作生涯,共展出其绘画作品近80幅,包含了5部分主题,分别为"1984年严力个展专题""补丁系列""唱片系列""砖头系列"与"构思系列"作品。作为国内最早举办个人画展的先锋艺术人之一,观众将通过本次展览全面了解艺术家不同时期的创作主题与风格,以及他在时代背景下对人类生存状态的关注与审视,感受其作品意识所反映的时代精神。无论作为诗人还是画家,严力都不曾停止过对生活和人性的思考,正如序言所提及的,其作品保持了如刀刻般的审思和硬度,同时又洋溢着对生命的挚爱。不管是企图挣脱地平线起飞的梦,还是在砖缝里由砖组成的梦气球,严力通过画面提出问题,记录时代,同时也一如既往地对人生寄予希望,指向人类的出口,这正是当代艺术家必须承担的责任。

地址：临港当代美术馆 2、3 号展厅（上海市浦东新区水芸路 418 号 2 楼）

展期：2018 年 12 月 8 日—2019 年 2 月 2 日

严力（诗人、画家、作家）1954 年生于北京。目前定居纽约和上海。1973 年开始诗歌创作，1979 年开始绘画创作。1979 年北京先锋艺术团体"星星画会"和文学团体"今天"的成员。1984 年在上海人民公园展览厅举办了国内最早的先锋艺术的个人画展。画作被上海美术馆、日本福冈亚洲美术馆、以及私人收藏家收藏。1985 年从北京留学纽约并于 1987 年在纽约创立"一行"诗刊，任主编（2000 年停刊）。出版有：诗集、中短篇小说集、长篇小说、散文集、画集等二十多本。2009 至 2015 年主持每年一次的北京中华世纪坛中秋国际诗歌会。2018 年开始出任纽约"法拉盛诗歌节"主任委员，并出任纽约"海外华文作家笔会"会长。

展览详情介绍

一、"1984 年严力个展专题"

1983 年的中国，改革开放的气氛正在渐渐升温，而现代艺术运动的浪潮也已经开始在全国各地展开。发轫于 1979 年北京的现代艺术活动得到了民间自发的传播，那时候，举办展览的意愿与经济毫无关系，而是为了表达自己个人的想法与生命主张，因为经过了多年的阶级斗争，个人的价值正在苏醒，人们终于开始表达自己对社会和生存状态的看法，还原个人的价值是第一步。那时候所有的"具有审美觉醒的展览"基本上还是靠朋友互相张罗，联系展地，如果遇到保守一点的展场主管，还有可能被拒绝，因为很多人还远远没有习惯不通过组织，而由自己来策划艺术活动。而严力一开始就将艺术作为一种纯个人的自由活动。他当时在北京参加了 1979 年和 1980 年两届星星画展的同时，又画了不少的画。

1983 年严力与来北京音乐学院进修的一个上海朋友商议在上海办展览的可能性，得到的回答是可能的，但是要有专业人士的推荐和支持。他们联系到了颜文樑和王个簃，让他们看了画作的照片后，他们表示没有问题，可以帮忙与适合的场地主管部门沟通。所以，从1983年底严力通过在北京至上海列车上当乘务员的朋友，把他的画每一次带三、五张去上海，这样陆陆续续地在近十个月的时间里带了七、八次。最后选定的展览地点是上海人民公园的展厅，时间是1984年的8月。8月初严力来到了上海准备展览事宜，结识了一些老画家，通过热爱艺术的医生介绍，认识了当时上海水彩协会的李咏森和上海画院的陆俨少。老画家颜文樑看了严力的画作照片后为展览的请帖题字。然后就是跑印刷，挂画等实际操作。

从当今这个时代看来，这样办展览，而且又不是为了营销，确实是一个很大的工程。可是当时的中国人或者说艺术家有了这样可能的空间是多

小燕肖像 62×92cm，1982

么兴奋，可以对比的极端性处境就在短短的几年之前。严力和几个帮忙操作的朋友事先也曾考虑过万一开展后有什么麻烦，也考虑到有人会以画得过于抽象或怪异而向有关方面告状，所以在带到上海的三十多张画中，把他们可能过于抽象、怪异的几张画没有挂上墙去。另外还准备了七、八本意见本放在展厅的四周，展示一个愿意接受批评的姿态。

展览于1984年8月23日在人民广场的人民公园展厅开幕，来的人很多，严力每天一开馆就到展厅，一直会有一些观众来交流，很多大学生的热情让我感动，社会上也有很多人鼓励他，许多人因为没有机会或时间与他交谈，就把简单的话留在意见本上，还有不少人留下了宝贵的书法，鼓励他继续努力。

当时媒体的宣传在对待这样新生事物时还是很谨慎的,新民晚报在开幕后的第二天刊登出消息:"北京青年工人严力今天起在人民公园展览厅展示三十余幅油画,这个三十岁的美术爱好者的作品构思新颖,布局别致。"能够

复仇者 布面油画 80×85cm, 1981

在新民晚报上刊发消息让他感到欣慰,因为这样的个人艺术展览,在新中国成立后可能还是第一次。

严力每天去展厅与观众交流,每天去的另一个意思就是,万一作品有问题,他本人必须在场解释。就在这个过程中他认识了很多上海文学艺术界的朋友,很多至今还保持着交往。展览到8月31号结束,因为受欢迎,再加上展厅的下一个展览也没有那么急,展厅主管就决定让他的展览延长到9月5号。展厅里面设置的观众意见本被写满了整整五本,其中百分之七十以上是支持和

爬上地平线来刷牙的太阳 布面油画 58×95cm, 1983

鼓励的，当然也有一小部分意见是看不懂或反对的。

"1984年严力个展专题"因此成为中国艺术史上独特的大写的一笔，是中国当代艺术家们往心灵自由和艺术独立方向迈出的第一步。

二、"补丁系列"

关于1999年开始的"补丁系列"，不得不说起严力1986年底所作的诗《还给我》：

秋恋 布面油画 116×88cm, 1981

　　还给我

　　请还给我那扇没有装过锁的门
　　哪怕没有房间也请还给我

　　还给我
　　请还给我早上叫醒我的那只雄鸡
　　哪怕被你吃掉了
　　也请把骨头还给我
　　请还给我半山坡上的那曲牧歌
　　哪怕已经被你录在了磁带上
　　也请把悠扬的笛子还给我

　　请还给我
　　我与我兄弟姐妹的关系
　　哪怕只有半年也请还给我
　　请还给我爱的空间
　　哪怕已经被你污染了
　　也请把环保的权利还给我

还给我
请还给我整个地球
哪怕已被你分割成
一千个国家
一亿个村庄
也请你还给我！

"补丁系列"的另一个灵感来源于艺术家的奶奶，作为一名标准的中国传统家庭妇女，严力从小由奶奶带大。他说："她曾给我讲过一个她自己的故事，她在二十世纪二十年代结婚的时候，为了节省，向我爷爷提议不要买金戒指，而是买一个金的顶箍来替代，是套在手指上缝补衣裳时用的，现代的年青人可能已经不太知道了。"这一要求既象征了结婚的神圣也表达了节省的习惯。金顶箍这个细节，完整了艺术家提出的"这个世界需要修补"的概念。艺术家是大胆的，他挑战你将这个千疮百孔的被"吃掉的"，被"录在磁带上"固化的，被缩短的'关系'，缩小的"爱的空间"，被"污染

修补自我的诗人风度　100×76cm，1999

自由更需要修补　76×58cm，2000

的"，被"分割的"世界统统还给他，还给像他奶奶那样富有爱心的人，好好进行一番修补。如果说解构是这个世界的常态，那么补丁便是艺术家重组世界重要的道具。严力的补丁是绚丽的，光亮的蓝色，红色和绿色。经过他的手补过的嘴唇即使不光滑也能接吻，补过的书籍哪怕文字被删了也能明白。从这组系列，我们可以看出艺术家年轻时改造世界，完美世界的崇高愿望。

三、"唱片系列"

"唱片系列"为艺术家 1986 年在纽约开始的创作，将被科技发展的新技术所淘汰的黑胶唱片当作材料，与丙烯颜料和画布进行混合创作，还制作了一些雕塑，此系列于1993 年中断。2007 年艺术家重新把"唱片系列"和当时正在进行中的"砖头系列"合为一体，仍然命名为唱片系列。"唱片系列"

玫瑰 60×60cm, 2012

继续了艺术家重组世界的理想。淘汰的，破碎的，无人要的唱片也许唱片不在，歌却依旧。这就是他想给予世界和自我的希望。

四、"砖头系列"

"砖头系列"是由"窗景系列"进入的，严力先画了回味七、八十年代北京窗景的画，之后自然延伸到关注如今中国大肆建造的砖头时代。根据艺术家生活场所的经验：先后在上海、北京、纽约、香港居住过，对砖头和窗景的感受是最深的。他说："二十一世纪中国发展房地产的速度惊人，绝对值得用画笔记录一番。砖头其实就是人类居住之天性的一种物化，是对大自然不利条件之改造的成果，但随着人口的增加，加速了土地资源分配的紧张，砖头所形成的个人空间越来越昂贵。"

在"砖头系列"中，艺术家探讨了环境和人类的互动与异化。一方面，人类大肆消耗生态资源；另一方面，又在不断在更加恶劣机械的生存环境被异化。在一个被砖定义的生存空间，人们眼中的悬浮在广

阅读的都市　70×104cm，2007

都市幻梦　80×100cm，2007

场上空的浪漫都是"砖化"的，人们读的书都是"砖化"的，那么和平呢？爱呢？理想呢？在这里，艺术家并没有给出答案，因为答案是没有的。如果有，那么也必须由每个观众来提供。

五、"构思系列"

"构思系列"为艺术家近几年的创作主题，和前几个系列不同的是，全部围绕他自己展开。在画中，他是中心人物，他叼烟斗和猫谈心，他苦思冥想他的小说构思，他的食指戳到天空，他的女人，他的鱼，他的问号。但重要的却不是他在想什么，而是他"在想"，"在构思"。

严力 2015 年曾写过一首诗《门》：

对简单的形象
我一直很有亲近感
比如板凳和鞋拔子
唯有对门一直不敢轻信
主要是门后太复杂了
我还听说
为此有人在制作门的时候
特意往里面加进了敲门声
那是干什么用的呢
几十年过去了
我觉得真的很管用
门要时常敲敲自己的内心

门 丙烯画 100×76cm, 2015

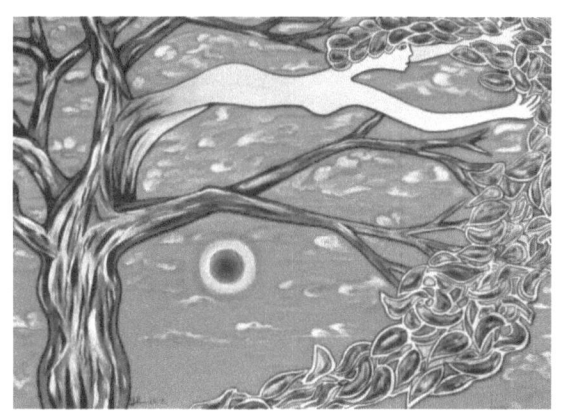

秋恋 丙烯画 90×120cm, 2015

如果说过去的严力忙着敲打世界的话，那么现在的他更着重于"敲打自己的内心"，优雅地，不动声色地，不乏幽默地，但最终依然是严肃地把敲门声加进了画面。

2018-12-10

www.ingramcontent.com/pod-product-compliance
Lightning Source LLC
LaVergne TN
LVHW041742060526
838201LV00046B/887